Microsoft Press

La Maison d'édition de Microsoft

FORMATION À...

HTML

D1080026

Titre original :
HTML In Action
ISBN : 1-55615-948-X

Microsoft en direct
Tél. : 0 825 827 829*
http://microsoft.com/france/mspress/
*N° indigo 0.99 F/HT la minute

Publié par Microsoft Press,
un département de Microsoft France.
18 avenue du Québec
91957 LES ULIS Cedex
Tél. 01 69 29 11 11
http://microsoft.com/france/mspress/

Mise en page : IID
Secrétariat de rédaction : D. Vautier
Couverture : Agence SAMOA

ISBN : 2-84082-530-9
© Copyright 2000 Microsoft Press.
Tous droits réservés.

Microsoft Press
La Maison d'édition de Microsoft

FORMATION À...

HTML

Bruce Morris

Adapté de l'anglais par :
Maïté et J.Claude De Vos

Sommaire

Leçon 5   Les fonds   127

Leçon 13 ActiveX 279

LE HTML SANS PEINE

Ne parcourez pas ce chapitre trop rapidement, même si vous pensez être un programmeur HTML chevronné. Vous y découvrirez, en effet, plusieurs marqueurs (*tags*) et attributs HTML essentiels, susceptibles de pimenter votre site Web. Nombre de ces marqueurs et techniques HTML fondamentaux sont, à tort, ignorés ou sous-employés. HTML, Netscape Navigator et Microsoft Internet Explorer comprennent tous de nouveaux marqueurs et attributs exclusifs vous permettant de rendre vos pages non seulement fonctionnelles mais aussi parfaitement originales. Souvent, il suffit d'un peu de créativité pour que vos pages se détachent du lot.

Même s'il faut éviter d'utiliser une technique nouvelle dans le seul but d'afficher ses connaissances, vous trouverez sûrement, parmi les derniers attributs et marqueurs, celui qui fera la différence. Soyez parmi les premiers à le tester et employez-le ensuite à bon escient dans vos pages Web.

Tous les marqueurs et attributs décrits dans cette leçon ont pour fonction de rendre une page Web plus pratique et plus attrayante par son graphisme. Si certains marqueurs de moindre importance, tels que <CITE>, <CODE> ou <COMMENT>, ne sont pas étudiés, nous en verrons beaucoup d'autres très utiles, propres à Netscape Navigator et à Microsoft Internet Explorer.

Commençons par quelques notions élémentaires. Comme cette section est rapide, peut-être serait-il utile de vous référer, si possible, à l'un des nombreux ouvrages d'initiation au HTML.

LES BASES DU HTML

HTML est un langage de marquage de pages. Les marqueurs qui entourent un texte (ou une image) déterminent son apparence lorsqu'il sera visionné à l'aide d'un programme de navigation: grand ou petit, gras ou italique, aligné à gauche ou à droite, clignotant ou normal, voire même sa couleur. Les marqueurs déterminent également l'emplacement d'un objet sur une page.

HTML est un langage de mise en page très primitif. Vous devrez mettre votre imagination à contribution et bien manipuler les outils existants pour réaliser vos souhaits. Heureusement, des outils de développement HTML, tel Microsoft FrontPage, vous facilitent la tâche, de sorte que même un novice est en mesure de créer des pages prêtes à l'emploi sans apprentissage fastidieux. Ces programmes placent les marqueurs pour vous. Il ne vous reste plus qu'à fournir le texte et les graphiques et à choisir les boutons et les commandes appropriés pour formater la page. La plupart des méthodes de mise en page devraient vous être familières si vous connaissez déjà d'autres applications Windows récentes.

LES MARQUEURS

Les marqueurs HTML les plus primitifs spécifient la taille du texte. Des caractères entourés par <H1></H1> ont une valeur de titre. S'ils sont placés entre <H2> et </H2>, ils seront un peu plus petits, comme dans un sous-titre ; entourés de <H3> et </H3>, ils seront encore plus petits et ainsi de suite. Vous pouvez spécifier des tailles dégressives jusqu'à <H6></H6>. Le corps d'un texte ne nécessite pas de marqueur ; vous pouvez cependant utiliser celui de paragraphe (<P>), afin de séparer de manière appropriée deux paragraphes.

Les marqueurs gras (<B></B>), italique (<I></I>), centré (<CENTER></CENTER>), clignotant (<BLINK></BLINK>), etc., ajoutent des options de formatage supplémentaires. Il existe également plusieurs marqueurs de liste pour créer des listes à puces ou des listes numérotées. Pour une mise en page simple, vous pouvez vous contenter de marqueurs tels que <BLOCKQUOTE></BLOCKQUOTE>, mais des opérations de positionnement et de présentation plus complexes demandent de placer le texte ou les images dans des tableaux (<TABLE></TABLE>). Comme les contours d'un tableau ne sont pas nécessairement visibles, les éléments qu'il contient peuvent être placés n'importe où sur une page, sans que le lecteur sache qu'il s'agit d'un tableau. Il est donc essentiel de bien maîtriser l'usage des tableaux pour créer des pages complexes. Nous les verrons en détail au chapitre 3.

LES ATTRIBUTS

Les attributs apportent une spécification supplémentaire au contenu des marqueurs. Ainsi, un texte entouré de <H1 ALIGN=CENTER></H1> se présentera comme un titre centré. L'attribut ALIGN=CENTER indique la position du texte.

L'attribut <TABLE BORDER=4> crée un tableau avec des contours de taille moyenne, alors que <TABLE BORDER=0> crée un tableau sans encadrement.

 ATTENTION Les marqueurs et attributs peuvent varier selon l'outil de navigation utilisé. Les plus récents, tels que Microsoft Internet Explorer et Netscape Navigator, en proposent qui, bien qu'utiles et esthétiques, pourraient ne pas fonctionner avec d'autres logiciels. Si vous pensez que vos lecteurs risquent d'utiliser un navigateur particulier, vous devriez tester vos pages avec celui-ci. Heureusement, la plupart des programmes moins avancés suivent la ligne donnée par Microsoft et Netscape et s'efforcent d'implémenter les nouveaux marqueurs et attributs aussi rapidement que possible. Ceux qui ne se trouvent pas parmi les spécifications HTML actuelles sont désignés comme *extensions du HTML*.

L'ALIGNEMENT ET L'ESPACEMENT

Il est surprenant de voir ce que l'on peut faire une fois assimilé le fonctionnement des outils d'alignement et d'espacement. L'utilisation créative de ces codes peut faire de vous un véritable « manitou » de la conception de pages Web. La présentation d'une page est presque aussi importante que son contenu.

L'ATTRIBUT ALIGN=

Avec l'attribut ALIGN=, HTML vous permet de préciser si votre texte sera aligné à gauche, à droite, centré ou justifié. Par défaut, votre texte apparaîtra aligné à gauche. Cet attribut s'applique également aux images et aux tableaux.

L'alignement à gauche

Un texte HTML est par défaut aligné à gauche et décalé à droite. Le début des lignes est alors aligné, alors que la fin ne l'est pas. La plupart du temps, cela convient parfaitement, car un texte est plus lisible si l'espacement entre les mots est égal – ce qui est le cas en mode aligné à gauche. Étant donné que l'alignement à gauche est le paramètre par défaut, il n'est pas indispensable d'utiliser l'attribut ALIGN=LEFT.

L'alignement à droite

Un texte aligné à droite et décalé à gauche (le début des lignes n'est pas aligné alors que la fin l'est) présente beaucoup d'avantages, notamment d'ordre esthétique. Cet effet s'obtient en ajoutant l'attribut ALIGN=RIGHT à des marqueurs communs tels que <P> (figure 1-1).

```
<HTML>
<BODY>
Normalement, un texte apparaît aligné à gauche<BR>
et décalé à droite par défaut.<BR>
Il peut toutefois être centré ou aligné à droite.<BR>
Un paragraphe aligné à gauche n'a pas besoin de commencer
ou de se terminer par un <BR> marqueur de paragraphe.<BR>
<BR>
<P ALIGN=RIGHT>Un texte justifié - ou aligné - à droite
et décalé à gauche<BR>
rendra vos pages à la fois plus esthétiques<BR>
et plus pratiques. Des notes explicatives peuvent être
insérées très proprement à côté<BR>
de figures et d'images. N'oubliez pas de délimiter la
zone choisie pour l'alignement<BR>
à droite en fermant le marqueur.</P>
</HTML>
</BODY>
```

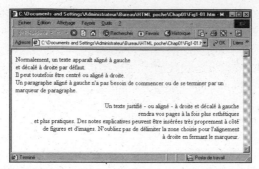

Figure 1-1 Un texte est généralement aligné à gauche, mais peut être aligné à droite à l'aide de l'attribut ALIGN=RIGHT.

N'oubliez jamais qu'en utilisant des attributs d'alignement avec le marqueur <P>, vous devez placer le marqueur de fermeture </P>.

CENTRER TEXTE ET GRAPHIQUES

Il existe plusieurs possibilités pour centrer du texte ou des graphiques. Les spécifications HTML vous proposent d'utiliser le marqueur <ALIGN=CENTER> pour centrer certains objets. Cependant, il ne s'applique pas à tous les objets d'un document HTML. C'est pourquoi Netscape a implémenté le marqueur <CENTER>. À condition de le visionner avec Netscape Navigator, Microsoft Internet Explorer ou tout autre navigateur qui prend en charge <CENTER>, ce marqueur peut centrer n'importe quel objet. Des exemples de <ALIGN=CENTER> et <CENTER> sont illustrés à la figure 1-2.

Je ne déconseille pas une utilisation modérée de <CENTER>. Au pire, un navigateur l'ignorera et alignera le texte à gauche. Si vous voulez être absolument certain de ne pas devoir revenir en arrière pour remplacer le marqueur <CENTER>

par <P ALIGN=CENTER>, vous pouvez les utiliser simultanément, bien que cela me semble un peu exagéré.

Certains puristes du HTML pensent que « le Grand Architecte du Web » n'a jamais eu l'intention de centrer du texte HTML et que toute tentative en ce sens serait sacrilège.

```
<HTML>
<BODY>
<B>Utilisation de &lt;P ALIGN=CENTER&gt;</B>
<P ALIGN=CENTER>Il existe deux façons de centrer du
texte. Soit entourer simplement le texte avec les
marqueurs &lt;CENTER&gt; soit utiliser l'attribut
ALIGN=CENTER.<BR>
Toutefois, le marqueur &lt;CENTER&gt; n'est pas reconnu
par tous les navigateurs.<BR>
L'attribut &lt;P ALIGN=CENTER&gt; est beaucoup<BR>
plus répandu.</P>
<B>Utilisation de &lt;CENTER&gt;</B>
<CENTER>Il existe deux façons de centrer du texte.<BR>
Soit entourer simplement le texte avec les marqueurs
&lt;CENTER&gt; soit utiliser <BR> l'attribut
ALIGN=CENTER.<BR>
Toutefois, le simple marqueur &lt;CENTER&gt; n'est pas
reconnu par tous les navigateurs <BR>
L'attribut &lt;P ALIGN=CENTER&gt; est beaucoup<BR>
plus répandu.
</CENTRER>
</HTML>
</BODY>
```

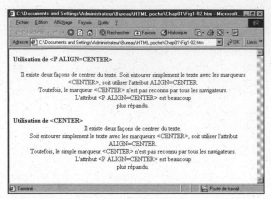

Figure 1-2 Un texte peut être centré à l'aide des marqueurs <CENTER> ou <P ALIGN=CENTER>. Toutefois, <CENTER> n'est pas reconnu par tous les navigateurs Web.

L'utilisation de marqueurs pour centrer du texte à l'intérieur d'un tableau est plus délicate et sera traitée plus en détail au chapitre 3.

INSÉRER DES IMAGES OU D'AUTRES OBJETS DANS LE CORPS DU TEXTE

Si vous voulez, comme certains magazines, insérer des graphiques dans le corps du texte, utilisez l'attribut ALIGN=. Où que vous souhaitiez faire apparaître votre graphique, placez simplement l'indispensable marqueur <IMG SRC="/chemin/d'accès/du.gif"> et ajoutez un attribut ALIGN=LEFT, ALIGN=RIGHT, ALIGN=JUSTIFY ou ALIGN=CENTER. Vous pouvez également préciser l'espacement horizontal ou vertical entre le texte et l'image à l'aide des attributs HSPACE= et VSPACE= (décrits plus loin dans ce chapitre). Vous pouvez aussi encadrer une image ou envelopper un tableau avec du texte (figure 1-3).

```
<HTML>
<BODY>
<H2>Vous pouvez entourer des images et d'autres objets
avec du texte.</H2>
<IMG SRC="clownfis.gif" ALIGN=RIGHT>
Imsep pretu tempu revol bileg rokam revoc tephe rosve
etepe tenov sindu turqu brevt elliu repar tiuve tamia
escit billo isput
Imsep pretu tempu revol bileg rokam revoc tephe tiuve
tamia queso utage udulc vires humus
<IMG SRC="clownfis.gif" ALIGN=LEFT>
<BR>
<TABLE BORDER=4 ALIGN=RIGHT>
 <TR>
  <TD>Vous pouvez même</TD>
 </TR>
 <TR>
  <TD>entourer des tableaux</TD>
 </TR>
  <TD>avec du texte.</TD>
 </TR>
</TABLE
Tiuve tamia queso utage udulc vires humus fallo 25deu
Anetn bisre freun carmi avire ingen umque miher muner
veris adest duner veris adest iteru quevi escit billo
isput
Imsep pretu tempu revol bileg rokam revoc tephe rosve
etepe tenov sindu turqu brevt elliu repar revoc tephe
rosve etepe tenov sindu turqu brevt elliu repar revoc
tephe rosve
</HTML>
</BODY>
```

Figure 1-3 Vous pouvez insérer des images et d'autres objets dans le corps du texte.

L'attribut CLEAR=

Vous pouvez ajouter l'attribut CLEAR= au marqueur <BR> pour interrompre le texte qui « s'enroule » autour d'un objet à un endroit précis, puis le faire reprendre au prochain espace vide après l'objet (figure 1-4). L'attribut CLEAR= peut être enrichi avec les attributs LEFT, RIGHT ou ALL pour aligner le texte quand il reprendra :

<br clear=left>   Indique que le texte reprendra à la prochaine marge gauche vide.

<br clear=right>   Indique que le texte reprendra à la prochaine marge droite vide.

<br clear=all>   Indique que le texte reprendra lorsque la marge gauche *et* la marge droite seront vides.

```
<HTML>
<BODY>
<H2> Vous pouvez empêcher un texte de s'enrouler autour
d'un objet à un point donné.</H2>
Imsep pretu tempu revol bileg rokam revoc tephe rosve
etepe tenov sindu turqu brevt elliu repar tiuve tamia
queso utage miher muner
<IMG SRC="clownfis.gif" ALIGN=LEFT>
veris adest duner veris adest iteru quevi escit billo
isput Imsep
pretu tempu revol bileg rokam revoc tephe rosve etepe
tenov sindu turqu brevt elliu repar tiuve
<BR CLEAR=LEFT>
tamia queso utage udulc vires humus fallo 25deu Anetn
bisre freuncarmi avire ingen umque miher escit billo
isputImsep pretu tempu revol bileg rokam
<IMG SRC="clownfis.gif" ALIGN=RIGHT>
revoc tephe rosve etepe tenov sindu turqu brevt humus
fallo 25deu Anetn bisre freun carmi avire ingen umque
miher muner veris adest duner veris
<BR CLEAR=RIGHT>
adest iteru quevi escit billo isput Imsep pretu tenov
sindu turqu brevt elliu repar tiuve tamia queso utage
udulc vires humus fallo
</BODY>
</HTML>
```

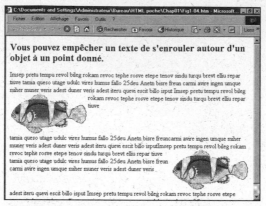

Figure 1-4 L'attribut CLEAR= oblige un texte à cesser de s'enrouler autour d'une image à un point précis et à attendre le prochain espace vide pour recommencer.

Le marqueur <NOBR> (Netscape Navigator et Microsoft Internet Explorer)

Avec le marqueur <NOBR> (No Break), vous pouvez contraindre un navigateur à afficher un texte en une seule ligne, au lieu de le découper en plusieurs (figure 1-5). Par exemple, si vous ne voulez en aucun cas qu'un titre s'affiche sur plusieurs lignes, entourez-le du marqueur <NOBR>. Si ce titre est plus large que l'écran, le navigateur ajoutera automatiquement une barre de défilement en bas de l'écran. Le marqueur <BR>, au contraire, sert à insérer un retour à la ligne à un endroit précis.

Si vous souhaitez ne pas tronquer un élément particulier, par exemple un nom de société, utilisez alors également le marqueur <NOBR> en le plaçant devant le nom.

Vous pouvez, avec le marqueur <WBR> (Word Break), *suggérer* les endroits où le texte peut être éventuellement coupé.

```
<HTML>
<BODY>
<H4><NOBR>Le marqueur &lt;NOBR&gt; sert à forcer un
navigateur à afficher une chaîne de caractères sur une
seule ligne au lieu d'insérer des retours à la
ligne.</NOBR></H4>
<H4>Le marqueur &lt;NOBR&gt; sert à forcer un navigateur
à afficher une chaîne de caractères sur une seule ligne
au lieu d'insérer des retours à la ligne.</H4>
</BODY>
</HTML>
```

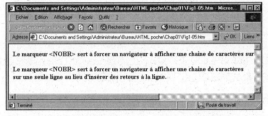

Figure 1-5 Vous pouvez utiliser le marqueur <NOBR> pour indiquer une ligne de texte à ne pas couper en dehors des endroits que vous avez spécifiés.

L'attribut BORDER= (Netscape Navigator et Microsoft Internet Explorer)

Vous pouvez attribuer un contour à une image en ajoutant l'attribut BORDER=n au marqueur <IMG>, n indiquant ici l'épaisseur de la bordure en pixels. L'éventail d'épaisseur de bordures est très vaste, mais quatre pixels représentent une taille convenable. Des bordures d'un ou de deux pixels risquent de ne pas ressortir correctement sur certains écrans. En général, j'utilise quatre pixels. Sachez aussi que certains outils de navigation ne peuvent afficher le contour des images.

REMARQUE Avec Microsoft Internet Explorer, si une image est un hyperlien, son cadre prendra la couleur du lien. S'il ne s'agit pas d'un lien, il sera invisible.

L'attribut HSPACE= (Netscape Navigator et Microsoft Internet Explorer)

Habituellement, les images sont alignées à gauche ou à droite sur la marge de la page et le texte s'arrête tout contre l'image. Mais le texte est alors souvent trop près de l'image. Avec l'attribut HSPACE= (*Horizontal space*), vous aérez l'image et contraignez le texte à « garder ses distances ». La quantité d'espacement ajouté se mesure en pixels. Mais cet attribut ajoute de l'espace des deux côtés de l'image, de sorte que l'alignement sur la marge de la page n'est plus respecté. L'image n'est donc plus alignée sur la colonne de texte. Il n'existe pas encore de solution à cette anomalie, sinon d'utiliser un tableau, un fichier GIF invisible, ou tout autre expédient pour insérer de l'espace entre le texte et l'image.

L'attribut VSPACE= (Netscape Navigator et Microsoft Internet Explorer)

Tout comme HSPACE= ajoute de l'espace sur les côtés d'une image, VSPACE= (*Vertical space*) en insère au-dessus et en dessous. Avec l'attribut VSPACE= les images ont tendance à ne pas s'aligner correctement entre les lignes de texte (figure 1-6) et, à ce jour, il n'est pas possible de spécifier l'espacement entre les lignes (appelé interlignage) avec HTML. Une solution – peu viable – consiste à ajuster minutieusement la taille de l'image. D'habitude, l'espace entre une image et un texte est assez grand pour ne pas recourir à l'attribut

VSPACE=. Une fois de plus, les tableaux, même s'ils manquent d'élégance, peuvent représenter une alternative aux problèmes d'espacement.

```
<HTML>
<BODY>
<H2>Les attributs HSPACE=, VSPACE= et BORDER= vous
permettent de manipuler l'alignement d'images.</H2>
<H3>Notez que, dans la deuxième image, le bord de l'image
ne s'aligne pas sur la marge gauche.</H3>
<IMG SRC="clownfis.gif" ALIGN=LEFT BORDER=2>
Imsep pretu tempu revol bileg rokam revoc tephe rosve
etepe tenov sindu turqu brevt ellifreun carmi avire ingen
umque miher munerveris adest duner veris adest iteru
quevi elliu utage udulc vires humus fallo 25deu Anetn
bisre freun carmi avire ingen umque miher munerfreun
carmi
<IMG SRC=»clownfis.gif» ALIGN=LEFT BORDER=2 VSPACE=20
HSPACE=20> freun carmi avire ingen umque miher munerveris
adest duner veris adest iteru quevi escit billo isput
Imsep pretu tempu pretu tempu revol carmi avire ingen
umque miher munerfreuncarmi avire ingen umque miher muner
veris adest duner veris
</BODY>
</HTML>
```

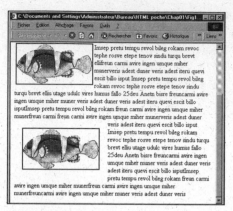

Figure 1-6 Avec les attributs HSPACE=, VSPACE= et BORDER=, vous pouvez manipuler l'alignement d'images.

Créer des alinéas à l'aide de listes de définitions ou d'identificateurs de blocs

La présentation graphique d'une page n'apporte pas seulement un intérêt esthétique, mais peut aussi contribuer à la lisibilité d'un document, en attirant l'attention du lecteur sur les points essentiels. Lorsque j'écris une page avec beaucoup de texte, j'aime séparer l'introduction du corps du texte en le mettant légèrement en retrait. Le texte devient ainsi plus facile à lire ; de nombreux navigateurs ont tendance à remplir une page, sans aucune marge. Il existe plusieurs façons de mettre des blocs de texte en retrait, chacune présentant ses avantages et ses inconvénients.

■ Les tabulations sont prises en charge par assez peu de programmes de navigation et, même lorsqu'ils les reconnaissent, ils ne mettent en retrait que la première ligne d'un paragraphe. Comme dans un traitement de texte, les tabulations ont une utilisation limitée dans une page HTML.

■ Les marqueurs de listes de définitions (<DL>) s'utilisent de la même façon que les boutons d'indentation qui se trouvent dans la plupart des programmes de traitement de texte. Ce marqueur a été créé pour faciliter la mise en forme du texte qui définit un terme. Le terme défini apparaît sur une ligne, et sa définition sur la ligne suivante, légèrement en retrait. Avec <DL>, vous pouvez créer des paragraphes en alinéa sans puces ou numéros. Le retrait ne se fait que sur la gauche. Lorsque vous ajoutez plusieurs marqueurs <DL>, tout se déplace vers la droite. Plus vous ajoutez de <DL>, plus le texte sera à droite. Insérez le marqueur </DL> à la fin du texte mis en retrait. N'oubliez pas que <DL> modifie uniquement la marge gauche.

■ <BLOCKQUOTE>, marqueur très utile, ajoute une marge gauche et une marge droite. Le texte est ainsi regroupé au centre de la page. Vous pouvez placer plusieurs marqueurs <BLOCKQUOTE> pour concentrer le texte en milieu de page.

■ Internet Explorer permet d'utiliser les attributs LEFTMARGIN=n et TOPMARGIN=n en combinaison avec le marqueur <BODY>, où n représente la largeur de la marge en pixels. L'attribut LEFTMARGIN=n définit la marge gauche pour la page entière et TOPMARGIN=n insère une marge en haut de la page. Le marqueur <BODY LEFT­MARGIN="40">, par exemple, place une marge gauche de 40 pixels sur toute la page. Si n = 0, la marge gauche sera inexistante.

 ASTUCE Si vous souhaitez créer une étroite colonne de texte au milieu de la page, vous pouvez vous passer des tableaux en utilisant plusieurs marqueurs <BLOCKQUOTE>. Essayez de bien centrer le texte pour qu'il prenne l'allure d'un poème.

Les exemples de la figure 1-7 illustrent la façon dont les alinéas modifient une page et rendent un texte plus original et plus lisible.

```
<HTML>
<BODY>
<H2 ALIGN=CENTER>Créer des alinéas à l'aide de<BR> listes
de définitions ou d'identificateurs de blocs</H2>
freun carmi avire ingen umque miher munerveris adest
duner veris adest iteru quevi escit billo isput Imsep
pretu tempu revol rosve etepe
<H3 ALIGN=CENTER>Le marqueur &lt;DL&gt; crée un retrait à
gauche.</H3>
<DL><DL>bisre freuncarmi avire ingen umque miher muner
veris adest duner veris adest
iteru quevi escit billo isputImsep pretu tempu miher
munerfreun carmi avire ingen umque miher muner </DL></DL>
<P>
<H3 ALIGN=CENTER>Le marqueur &lt;blockquote&gt; modifie
les marges gauche et droite.</H3>
<P>
<BLOCKQUOTE><BLOCKQUOTE>
freun carmi avire ingen umque miher munerveris adest
duner veris adest iteru quevi escit billo utage udulc
vires humus fallo 25deu Anetn
</BLOCKQUOTE></BLOCKQUOTE>
</BODY>
</HTML>
```

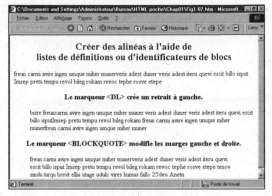

Figure 1-7 Les marqueurs <DL> et <BLOCKQUOTE> mettent des blocs de texte en retrait.

Les tabulations

Les tabulations ont été longtemps absentes du formatage HTML, et elles manquaient cruellement. Certains outils de navigation ne les reconnaissent toujours pas, mais quand elles fonctionnent, elles le font parfaitement. Vous pouvez les utiliser de plusieurs façons.

Pour une tabulation simple, ajoutez le marqueur <TAB INDENT=n> où n représente la largeur du retrait en demi-cadratins. Le demi-cadratin est une unité de mesure typographique qui correspond approximativement à la largeur de la lettre « n », quelle que soit la police utilisée. Le marqueur <TAB INDENT=4> crée donc une tabulation de quatre demi-cadratins.

Si vous souhaitez utiliser des tabulations identiques à des endroits différents de la page, placez le marqueur <TAB> là où commence la mise en retrait et ajoutez l'attribut TABONE, comme ici :

```
<tab id="tabone">
```

Ensuite, chaque fois que vous voulez aligner une tabulation sur TABONE, écrivez <TAB TO="TABONE"> et les tabulations seront alignées. Vous pouvez ainsi placer plusieurs alinéas en définissant des tabulations successives avec TABTWO=, TAB-THREE=, TABFOUR=, et ainsi de suite.

Vous pouvez également combiner l'attribut ALIGN= avec le marqueur <TAB> pour créer des mises en page plus complexes. Si vous spécifiez un alignement à gauche, à droite ou centré, le texte, après le marqueur <TAB> (jusqu'au prochain retour à la ligne ou marqueur), sera aligné à gauche, à droite, ou centré, autour du marqueur <TAB>. Voilà comment centrer du texte autour d'une tabulation et non au centre de la page. Vous pouvez aussi ajouter l'attribut ALIGN=DECIMAL pour tout aligner sur une décimale.

Le marqueur <TAB> peut également servir à placer de façon précise du texte et des graphiques sur une page.

Des puces et des listes

Les marqueurs utilisés pour créer des listes non ordonnées <UL> et ordonnées <OL> sont des éléments fondamentaux du HTML. HTML offre plusieurs attributs qui s'ajoutent aux marqueurs de listes. Dans une liste non ordonnée, ils modifient le type de puces et dans une liste ordonnée, la numérotation. Ces attributs peuvent aussi s'appliquer au marqueur <LI> (List Item) employé pour changer de type de puce au milieu d'une liste. Les puces de tous les éléments listés après un tel attribut seront modifiées.

LE TITRE DE LISTE

De la même façon que vous pouvez attribuer un titre à une image, vous pouvez aussi en placer un au-dessus d'une liste. Insérez simplement le marqueur <LH> (*List Header*) et votre titre apparaîtra correctement en retrait au-dessus de votre liste. <LH> ne nécessite pas de marqueur de fermeture </LH>.

LES ATTRIBUTS DE TYPE DE PUCES POUR LES LISTES NON ORDONNÉES (NETSCAPE NAVIGATOR)

Si vous aimez les listes et si vous ne vous contentez plus des puces par défaut des listes hiérarchiques imbriquées, l'attribut TYPE= est tout indiqué. Vous pouvez faire apparaître n'importe quel type de puces, et ce n'importe où dans une liste. Vous pouvez même utiliser plusieurs types de puces dans une même liste. Voici les marqueurs de types de puces standards, qui sont illustrés dans la figure 1-8 :

`<UL TYPE=DISC>`   **Crée des puces pleines, les mêmes que les puces par défaut de premier niveau.**

`<UL TYPE=CIRCLE>`   **Crée des puces vides carrécs.**

`<UL TYPE=SQUARE>`   **Crée des puces carrées.**

Nous verrons plus loin dans ce chapitre comment HTML vous permet de substituer aux puces ordinaires des images GIF et des symboles typographiques (dingbats).

```
<HTML>
<BODY>
<UL TYPE=DISC>
    <LH><B>Le marqueur &lt;UL TYPE=DISC&gt; crée des puces
    pleines, les mêmes que les puces par défaut de premier
```

```
       niveau.</B>
       <LI>Premier élément de la liste
       <LI>Elément suivant
       <LI> Elément suivant
   </UL>
   <UL TYPE=CIRCLE>
       <LH><B>Le marqueur &lt;UL TYPE=CIRCLE&gt; crée des
       puces vides.</B>
       <LI> Premier élément de la liste
       <LI> Elément suivant
       <LI> Elément suivant
   </UL>
   <UL TYPE=SQUARE>
       <LH><B>Le marqueur &lt;UL TYPE=SQUARE&gt; crée des
       puces carrées.</B>
       <LI> Premier élément de la liste
       <LI> Elément suivant
       <LI> Elément suivant
   </UL>
   <UL TYPE=SQUARE>
       <LH><B>Cela vous permet d'insérer dans votre liste
       n'importe quel type de puces.</B>
       <LI> Premier élément de la liste
       <LI TYPE=DISC> Elément suivant
       <LI> Elément suivant
   <UL TYPE=SQUARE>
       <LI> Premier élément de la liste
       <LI> Elément suivant
       <LI> Elément suivant
   <UL TYPE=SQUARE>
       <LI> Premier élément de la liste
       <LI> Elément suivant
       <LI TYPE=CIRCLE> Elément suivant
```

```
</UL></UL></UL>
</BODY>
</HTML>
```

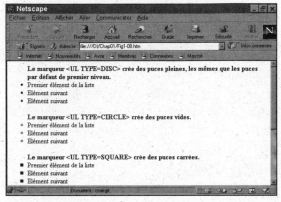

Figure 1-8 Vous pouvez spécifier plusieurs types de puces avec l'attribut TYPE=.

L'ATTRIBUT PLAIN=

L'attribut PLAIN= crée une liste non ordonnée sans puces. Le moyen le plus simple de créer une telle liste est, bien évidemment, la création d'une liste de définitions ; cependant, si vous souhaitez insérer dans votre liste une ou deux puces inattendues, utilisez PLAIN=.

L'ATTRIBUT SRC=

L'attribut SRC= permet d'utiliser un fichier GIF au lieu d'une puce normale. Le format GIF, format de fichier graphique le plus répandu dans le HTML, sera décrit au chapitre 4. Au lieu de placer une image GIF devant une ligne de texte et d'insérer le marqueur
 à la fin, vous pouvez créer des puces pimpantes et les utiliser par défaut dans une liste. Vous profitez alors des avantages d'une liste non ordonnée, tout en utilisant des images GIF comme puces. Vous pouvez ajouter l'attribut SRC= au marqueur <UL> pour l'appliquer à toutes les puces d'une liste, ou bien vous pouvez l'introduire dans chaque marqueur <LI> d'une liste afin de spécifier un GIF différent pour chaque élément. Toutefois, vous devez ajouter l'attribut PLAIN= pour que l'attribut SRC= fonctionne avec le marqueur <UL>.

L'attribut SRC= a été très attendu par les développeurs de pages Web et peut créer des pages très attrayantes. Mais attention, tout abus peut provoquer un résultat contraire !

L'ATTRIBUT DINGBAT=

L'attribut DINGBAT= vous permet d'utiliser des symboles fournis par le programme de navigation. Cela vous évite de télécharger des fichiers GIF à utiliser comme puces. Les symboles standards sont :

- Text (texte)
- Audio
- Folder (dossier)
- Disk drive (lecteur de disque)
- Form (formulaire)
- Home (page d'accueil)
- Next (suivante)
- Previous (précédente)

Pour insérer un symbole, ajoutez simplement son nom au marqueur <LI>. Par exemple, pour utiliser le symbole Home (page d'accueil), écrivez <LI DINGBAT="home">. Vous pouvez également ajouter des symboles à des marqueurs de titre.

LES ATTRIBUTS DE LISTES ORDONNÉES NUMÉROTÉES

Le marqueur <OL> et l'attribut TYPE= de HTML vous permettent de varier les listes ordonnées et d'utiliser des chiffres, des lettres majuscules et minuscules et des chiffres romains majuscules et minuscules (figure 1-9). Si nécessaire, vous pouvez les employer conjointement dans une même liste.

```
<HTML>
<BODY>
    <OL TYPE=1>
    <LH><B>&lt;OL TYPE=1&gt; crée des listes numérotées
    ordinaires : 1., 2., 3., etc.</B><BR>
    <LI>Premier élément de la liste
    <LI>Elément suivant
<LI>Elément suivant
</OL>
<OL TYPE=A>
    <LH><B>&lt;OL TYPE=A&gt; crée des listes avec des
    lettres majuscules : A, B, C, etc.</B><BR>
    <LI>Premier élément de la liste
    <LI>Elément suivant
    <LI>Elément suivant
</OL>
<OL TYPE=a>
    <LH><B>&lt;OL TYPE=a&gt; crée des listes avec des
    lettres minuscules : a, b, c, etc.</B><BR>
    <LI>Premier élément de la liste
    <LI>Elément suivant
    <LI>Elément suivant
</OL>
```

```
<OL TYPE=I>
    <LH><B>&lt;OL TYPE=I&gt; crée des listes avec des
    chiffres romains majuscules : I, II, III,
    etc.</B><BR>
    <LI>Premier élément de la liste
    <LI>Elément suivant
    <LI>Elément suivant
</OL>
<OL TYPE=i>
    <LH><B>&lt;OL TYPE=i&gt; crée des listes avec des
    chiffres romains minuscules : i, ii, iii,
    etc.</B><BR>
    <LI>Premier élément de la liste
    <LI>Elément suivant
    <LI>Elément suivant
</OL>
</BODY>
</HTML>
```

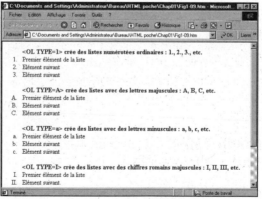

Figure 1-9 Vous pouvez utiliser plusieurs modèles de numérotation avec les listes ordonnées.

`<OL TYPE=1>`	Crée des listes numérotées aux formats 1., 2., 3., 4., etc.
`<OL TYPE=A>`	Crée des listes avec des lettres majuscules aux formats A, B, C, D, etc.
`<OL TYPE=a>`	Crée des listes avec des lettres minuscules aux formats a, b, c, d, etc.
`<ol type=I>`	Crée des listes avec des chiffres romains majuscules aux formats I, II, III, IV, etc.
`<OL TYPE=i>`	Crée des listes avec des chiffres romains minuscules aux formats i, ii, iii, iv, etc.

MODIFIER L'ORDRE D'UNE LISTE

Vous pouvez changer les séquences de numérotation et de caractères dans une liste avec les attributs SKIP=, START= et VALUE= (figure 1-10). Vous pouvez indifféremment combiner ces attributs avec les marqueurs <LI> ou <OL>.

L'attribut SKIP=

Si vous ajoutez l'attribut SKIP= à un marqueur <LI> dans une liste numérotée, la numérotation ignorera le nombre d'unités spécifiées après le signe =. Par exemple, si vous insérez <LI SKIP=3>, la numérotation sautera trois numéros dans la séquence.

L'attribut START= (Netscape Navigator et Microsoft Internet Explorer)

L'attribut START= sert à déterminer le type de séquence (chiffres, lettres ou chiffres romains) avec lequel vous souhaitez commencer une liste. À titre d'exemple, si vous appliquez

`<OL TYPE=a START=5>` à une liste, la lettre e sera attribuée à son premier élément.

L'attribut VALUE= (Netscape Navigator et Microsoft Internet Explorer)

À l'intérieur d'une liste numérotée, vous pouvez attribuer un chiffre particulier à un élément de la liste grâce à l'attribut VALUE=. Si vous utilisez l'attribut VALUE= pour un élément, le suivant utilisera cette valeur comme référence. Si vous aimez vous entêter, vous pouvez forcer une liste ordonnée à recommencer sans cesse une séquence de numérotation où vous le spécifiez.

 REMARQUE N'oubliez pas que les attributs SKIP=, START= et VALUE= pourraient ne pas fonctionner avec certains navigateurs.

```
<HTML>
<BODY>
    <LH><B>Avec les attributs START=, VALUE= et TYPE= vous
pouvez structurer des listes
    numérotées.</B><BR>
    <LI>Premier élément de la liste
    <LI>Elément suivant
    <LI>Elément suivant
    <LI VALUE=8>Elément suivant (Mais que se passe-t-il
    donc ici ?)
    <LI VALUE=7>Elément suivant
    <LI VALUE=6>Elément suivant
    <LI TYPE=i>Elément suivant (Bizarre, bizarre.)
</OL>
</BODY>
</HTML>
```

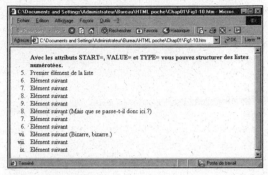

Figure 1-10 Vous pouvez changer les séquences de numérotation des listes ordonnées de façon étonnante.

L'ATTRIBUT WRAP=

L'attribut WRAP= que nous propose HTML aligne une liste horizontalement au lieu de l'afficher en colonne. Cela vous permet d'intégrer une liste à puces ou à numéros dans un paragraphe.

LA MANIPULATION DES POLICES

Les polices de caractères sont finalement arrivées sur le Web, à la grande joie de certains et au grand regret des autres. Indices supérieurs et inférieurs, polices plus ou moins grandes, caractères rouges ou bleus, tous contribuent à rendre un document plus intéressant, lisible et pratique. Avec l'attribut FACE= de Microsoft Internet Explorer, le rêve ultime des créateurs de pages Web dans le domaine de la typographie devient réalité. Dorénavant, vous pouvez combiner plusieurs polices sur une page, palliant ainsi les lacunes d'un programme de navigation donné. Les programmeurs HTML orthodoxes s'arrachent les cheveux car les graphistes réalisent enfin tout ce qu'ils peuvent faire d'une page Web avec HTML. L'ère des pages Web ressemblant à ces lettres anonymes composées de caractères découpés dans des journaux est-elle arrivée ? Pour ma part, je suis sûr qu'elle a déjà commencé.

 ASTUCE J'aime les polices et ce qu'elles peuvent apporter à la présentation d'une page. Pendant mes années d'étude (il y a quelques décennies), j'ai travaillé pour plusieurs typographes et j'ai passé pas mal de temps à lorgner des plateaux de Bodoni Bold et de Garamond Bold Italic. Il ne reste plus qu'à espérer que les autres navigateurs rattrapent rapidement Microsoft Internet Explorer dans le domaine des polices ! Je pense que bientôt les sites Web de pointe offriront des polices à télécharger, comme certains offrent des plug-in multimédias particuliers, et qu'ainsi pratiquement tout le monde pourra visionner ces pages correctement.

LES INDICES SUPÉRIEURS ET INFÉRIEURS

Vous pouvez utiliser des indices supérieurs et inférieurs dans vos pages avec les marqueurs <SUP> et <SUB>. Les marques déposées, les symboles de copyright, les références et les renvois en bas de page nécessitent d'être mis en indice : ces marqueurs vous permettent d'en insérer au milieu d'un texte. Pour perfectionner l'apparence des indices supérieurs ou inférieurs, combinez-les avec l'attribut FONT SIZE= pour qu'ils soient plus petits que le texte principal.

L'ATTRIBUT SIZE= (NETSCAPE NAVIGATOR ET MICROSOFT INTERNET EXPLORER)

L'attribut SIZE= d'un marqueur <FONT> vous permet de spécifier la taille d'une zone de texte. La taille par défaut, que vous pouvez changer avec le marqueur <BASEFONT SIZE=n>, est automatiquement de 3. Le type <H1> équivaut à 6, et un type de taille plus grand que <H1> est donc <FONT SIZE=7>.

Ce marqueur altère quelque peu la qualité de la présentation, car il change l'interlignage en même temps que la taille des caractères. HTML est encore loin d'offrir des commandes typographiques professionnelles. Peut-être, un jour, pourrons-nous ajuster l'interlettrage et l'interlignage au dixième de point.

Certains outils de navigation ne prennent pas en charge le marqueur <FONT>. Il est donc conseillé de l'employer pour changer la taille de la police seulement au milieu d'une zone de texte. Sinon, contentez-vous de <H1>, <H2>, <H3>, etc. L'avantage principal du marqueur <FONT> est de modifier la taille des caractères sans changer de ligne, alors que les marqueurs <Hn> provoquent un retour à la ligne. Vous pouvez donc agrandir ou réduire des caractères au milieu d'une ligne. Voilà un marqueur très pratique !

Faites appel à votre imagination pour bien exploiter ces marqueurs. Si jamais vous avez besoin de petites majuscules, <FONT SIZE=n> est idéal. Dans la section suivante, nous verrons qu'il existe un autre marqueur ayant à peu près la même fonction.

LES MARQUEURS <BIG> ET <SMALL> (NETSCAPE NAVIGATOR ET MICROSOFT INTERNET EXPLORER)

Ces marqueurs sont simples et sympas. Entourez simplement une séquence de texte de <BIG> </BIG> ou <SMALL> </SMALL> pour qu'il devienne plus grand ou plus petit par rapport au texte qui l'entoure sans retour à la ligne (figure 1-11).

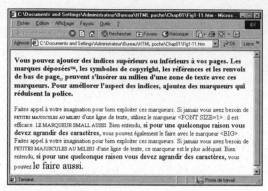

Figure 1-11 Vous pouvez spécifier des polices grandes ou petites, des indices supérieurs ou inférieurs.

```
<HTML>
<BODY>
<H3>Vous pouvez ajouter des indices supérieurs ou
inférieurs à vos pages.
Les marques déposées<SUP><FONT SIZE=1>TM</FONT></SUP>,
les symboles de copyright,
les références et les renvois de bas de page<SUB><FONT
SIZE=1>12</FONT></SUB>
peuvent s'insérer au milieu d'une zone de texte
avec ces marqueurs.
Pour améliorer l'aspect des indices, ajoutez des
marqueurs qui réduisent la police.</H3>
Faites appel à votre imagination pour bien exploiter ces
marqueurs.
<P>
Si jamais vous avez besoin de <FONT SIZE=1>PETITES
MAJUSCULES AU MILIEU</FONT>
d'une ligne de texte, utilisez le marqueur &lt;FONT
SIZE=1&gt; : il est efficace. <SMALL>LE MARQUEUR SMALL
AUSSI.</SMALL> Bien entendu, <BIG>si pour une quelconque
```

```
raison vous devez agrandir des caractères,</BIG> vous
pouvez également le faire avec le marqueur &lt; big &gt;
Faites appel à votre imagination pour bien exploiter ces
marqueurs.
Si jamais vous avez besoin de <SMALL>PETITES MAJUSCULES
AU MILIEU</SMALL> d'une ligne de texte, ce marqueur est
le plus adéquat. Bien entendu, <BIG> si pour une
quelconque raison vous devez agrandir des
caractères,</BIG> vous pouvez <FONTSIZE=5>
le faire aussi.</FONT>
</HTML>
</BODY>
```

L'ATTRIBUT COLOR= (NETSCAPE NAVIGATOR ET MICROSOFT INTERNET EXPLORER)

Pour colorer vos pages, vous pouvez utiliser l'attribut COLOR= du marqueur FONT. Seule la palette de couleurs de ceux qui y accèdent limitera la visualisation de vos programmes.

Comme pour la plupart des marqueurs HTML, l'utilisation de <FONT COLOR=> pour changer la couleur de vos polices est assez simple. Entourez le texte des marqueurs <FONT COLOR=> et </FONT>. Si vous ciblez les utilisateurs de Netscape Navigator 1.1, spécifiez la valeur numérique de la couleur choisie. Si vous vous adressez aux utilisateurs de Netscape Navigator 2.0 ou de Microsoft Internet Explorer, indiquez le nom de la couleur, comme « red » ou « green ». Netscape Navigator 2.0 et Microsoft Internet Explorer reconnaissent les noms de couleurs suivants : black, maroon (bordeaux), green, olive, navy, purple (mauve), teal (turquoise), gray, silver (argent), red, lime (vert citron), yellow, blue, fuchsia, aqua (vert d'eau) and wine (lie-de-vin). Essayez d'éviter des couleurs trop rares au cas où quelqu'un visionnerait votre page avec un mode d'affichage autorisant peu de couleurs.

Le marqueur optimal pour les utilisateurs de Netscape Navigator 1.1 est le suivant :

```
<font color="FF0000">Cela donnera une belle couleur rouge
à votre texte.</font>
```

Le marqueur idéal pour les utilisateurs de Netscape Navigator 2.0 et Microsoft Internet Explorer est :

```
<font color=red>Voilà une manière encore plus simple de
faire apparaître votre texte en rouge.</font>
```

L'ATTRIBUT FACE= (MICROSOFT INTERNET EXPLORER)

Les utilisateurs de Microsoft Internet Explorer ont l'avantage de pouvoir visionner des pages Web dans le style de caractères que vous avez prévu. Vous pouvez spécifier plusieurs styles de caractères avec l'attribut FACE= et le marqueur <FONT> (figure 1-12). Le style de caractères choisi doit se trouver sur le système du visiteur qui accède à vos pages ; le cas échéant, le programme de navigation utilisera son propre style par défaut. Si vous aimez le risque, vous pouvez partir du fait que la plupart des navigateurs prennent en charge les polices True Type standards qui se trouvent dans Windows.

Vous pouvez spécifier plusieurs styles de caractères si celui que vous aviez choisi n'était pas disponible dans le système d'un de vos visiteurs. Le navigateur parcourra la liste et utilisera la première police disponible dans le système.

Si vous voulez, vous pouvez mélanger différents styles de caractères dans une ligne, mais votre texte risque alors de ressembler à une lettre anonyme.

```
<HTML>
<BODY>
<H3><FONT FACE="ARIAL, HELV, LUCIDA">Les utilisateurs de
Internet Explorer ont l'énorme avantage de pouvoir
visionner vos pages dans le style de caractères que vous
avez choisi.</FONT><P>
<FONT FACE="TIMES NEW ROMAN">Vous pouvez spécifier
différents styles de caractères où vous voulez en
utilisant simplement l'attribut FACE= avec le marqueur
&lt;FONT&gt;.</FONT></H3><P>
<FONT FACE="ARIAL ROUNDED MT BOLD">Le style de caractères
choisi doit se trouver sur le système de l'utilisateur,
sinon le programme de navigation utilisera le sien par
défaut.</FONT><P>
<FONT FACE="BRITANNICBOLD">Vous pouvez mélanger </FONT>
<FONT FACE="COMIC SANS MS">des styles de caractères
</FONT> <FONT FACE="DESDEMONA">sur une même
ligne</FONT><FONT FACE="ARIAL ROUNDED MT BOLD"> si le
style typographique &quot;lettre anonyme&quot; vous
plaît.</FONT>
</BODY>
</HTML>
```

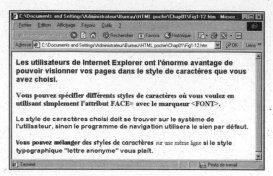

Figure 1-12 Microsoft Internet Explorer vous permet de spécifier des styles de caractères particuliers.

Au-delà des bases

Bien que cette leçon soit essentiellement consacrée à des notions élémentaires, il est également possible de faire des choses fantastiques en repoussant un peu les limites. C'est ce que nous allons voir dans la dernière partie de cette leçon.

Les lignes originales, épaisses et fines

Nous pénétrons maintenant le domaine du « vrai » bricoleur HTML.

Les techniques suivantes sont particulières et rarement employées. Pourtant, le marqueur <HR>, aux résultats tout à fait surprenants, illustre bien ce qu'il est possible d'obtenir du HTML pour qui sait l'exploiter à fond.

Tenter quelques expériences avec le marqueur <HR> (Horizontal Rule) vous fera sortir des sentiers battus. Essayez ensuite d'utiliser des lignes aussi farfelues que celles illustrées dans les figures 1-13, 1-14 et 1-15.

```
<HTML>
<BODY>
<H3>Ajout des attributs SIZE= (taille) et WIDTH=
(largeur) dans le marqueur &lt;HR&gt; </H3>
SIZE=50 WIDTH=&quot;10%&quot;
<HR NOSHADE SIZE=50 WIDTH="10%" ALIGN=LEFT>
SIZE=40 WIDTH=&quot;20%&quot;
<HR NOSHADE SIZE=40 WIDTH="20%" ALIGN=LEFT>
SIZE=10 WIDTH=&quot;50%&quot;
<HR NOSHADE SIZE=10 WIDTH="50%" ALIGN=LEFT>
SIZE=5 WIDTH=&quot;60%&quot;
<HR NOSHADE SIZE=5 WIDTH="60%" ALIGN=LEFT>
</BODY>
</HTML>
```

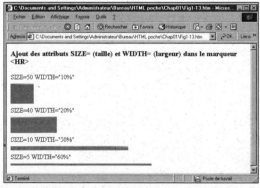

Figure 1-13 Allez jusqu'au bout avec le marqueur <HR> et vous obtiendrez des effets intéressants.

```
<HTML>
<BODY>
<H3> Vous pouvez créer des formes avec le marqueur
&lt;HR&gt;.
<HR NOSHADE SIZE=100 WIDTH="1%">
```

```
<HR NOSHADE SIZE=40 WIDTH="1%">
<HR NOSHADE SIZE=20 WIDTH="1%">
<HR NOSHADE SIZE=10 WIDTH="1%">
</BODY>
</HTML>
```

Figure 1-14 Vous pouvez créer des formes avec le marqueur <HR>.

```
<HTML>
<BODY>
<H3>Vous pouvez créer des formes encore plus
intéressantes en combinant le marqueur  &lt;HR&gt; et
l'attribut ALIGN=.</H3>
<HR SIZE=30 WIDTH="10%" ALIGN=RIGHT>
<HR SIZE=30 WIDTH="20%" ALIGN=RIGHT>
<HR SIZE=30 WIDTH="30%" ALIGN=RIGHT>
<HR SIZE=30 WIDTH="40%" ALIGN=RIGHT>
<HR SIZE=30 WIDTH="50%" ALIGN=RIGHT>
<HR SIZE=30 WIDTH="60%" ALIGN=RIGHT>
</BODY>
</HTML>
```

N'oubliez pas d'essayer l'attribut NOSHADE. Vous pouvez dessiner des lignes épaisses, fines, courtes, longues, alignées à gauche, à droite ou centrées.

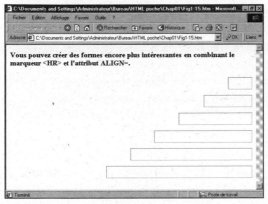

Figure 1-15 Vous pouvez créer des formes encore plus intéressantes en combinant le marqueur <HR> et l'attribut ALIGN=.

 ASTUCE Si vous spécifiez une couleur de fond et une image GIF de fond sur une même page, la couleur de fond transparaîtra à travers l'image GIF à chaque encadrement ou ligne. Cela ne fonctionne pas avec l'attribut NOSHADE. Cette astuce vous permet d'ajouter encore une couleur à votre page.

Expérimentez à loisir, mais n'oubliez pas que l'utilisation abusive de ces effets nuira à la réussite de l'ensemble. Si vous êtes créatif et prudent, <HR> est un outil de présentation HTML très utile.

LE MARQUEUR <META> (HTML)

Le marqueur <META> est un outil extraordinaire en même temps qu'un véritable casse-tête. <META> a de nombreux usages. Un des plus intéressants est celui qui oblige les pages à se charger automatiquement l'une après l'autre. Par ailleurs, si vous n'avertissez pas votre lecteur qu'il s'agit de pages <META>, il risque avec raison de s'irriter de ces pages défilant sans contrôle possible de sa part.

Placé entre les marqueurs <HEAD></HEAD>, le marqueur <META> peut soit recharger la même page au bout d'un nombre donné de secondes, soit provoquer le chargement d'une autre page, toujours après un laps de temps spécifié. Je ne vois pas de raison valable à charger encore et encore la même page ; toutefois, le chargement automatique ouvre quelques possibilités intéressantes :

■ Vous pouvez maintenant afficher vos présentations en diapositives pour des réunions de travail sur votre site Web. Transformez simplement chaque page de la présentation en une page HTML et demandez leur chargement successif.

■ Vous pouvez arranger une visite guidée d'un manuel d'instructions sans intervention de l'utilisateur.

■ Vous pouvez recharger sans cesse une même page mais avec une couleur différente à chaque fois.

Voilà pour la théorie. Passons maintenant à la pratique :

```
<HTML>
<HEAD>
<META HTTP-EQUIV="refresh" CONTENT=2>
<TITLE>Une drôle de page qui se recharge</TITLE>
</HEAD>
<BODY>
Cette page va se recharger toutes les deux secondes. Vous
pouvez modifier ce nombre et la faire se recharger plus
rapidement ou plus lentement.
</BODY>
```

```
</HTML>
```

ou :

```
<HTML>
<HEAD>
<META HTTP-EQUIV="refresh" CONTENT="5;
url=http://page.suivante.com/page2.htm">
<TITLE>Une ribambelle de drôles de pages qui se
rechargent</TITLE>
</HEAD>
<BODY>
Cette page va se charger
http://page.suivante.com/page2.htm dans cinq secondes.
Vous pouvez faire pointer la page 2 vers une autre page,
et la suivante vers encore une autre, et ainsi de suite
</BODY>
</HTML>
```

La dernière page de la série ne devrait pas contenir de marqueur <META> pour permettre à votre lecteur de se remettre et de décider de la suite des événements.

LE MARQUEUR <MARQUEE> (MICROSOFT INTERNET EXPLORER)

Si vous voulez optimiser votre page Web pour Microsoft Internet Explorer, profitez du marqueur <MARQUEE> qui vous permet de faire défiler du texte horizontalement (voir l'arrêt sur image dans la figure 1-16). Beaucoup penseront qu'il ne s'agit que d'un gadget, ce qui est vrai, mais il peut également se révéler un outil efficace. Non seulement il fixera l'attention du lecteur sur le texte, mais il vous permet aussi d'insérer plus d'informations dans un seul espace, par exemple dans le haut, très convoité, d'une page Web. Même si cet effet vous fait penser à l'affichage de l'heure et de la température sur la façade d'une banque, il existe beaucoup d'utilisations envisageables pour <MARQUEE>.

Comme le regard du lecteur est immédiatement attiré par le défilement, voilà l'emplacement tout trouvé pour les messages importants. Veillez à ce que l'essentiel de votre message soit exprimé dans la première moitié du texte, car la plupart des gens ne lisent pas la totalité d'un long flux défilant.

```
<HTML>
<BODY>
<H1>
<FONT FACE=ARIAL COLOR=BLUE><MARQUEE VSPACE=5
WIDTH=80% BEHAVIOR=SCROLL>Le meilleur moyen de capter
l'attention du lecteur est de placer votre  message le
plus important dans un texte défilant.</MARQUEE>
</BODY>
</HTML>
```

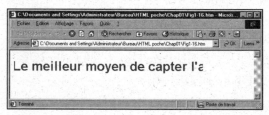

Figure 1-16 Microsoft Internet Explorer peut afficher un texte défilant créé avec le marqueur <MARQUEE>.

Choisissez votre texte, entourez-le des marqueurs <MARQUEE></MARQUEE> et ajoutez les attributs voulus. Nul besoin de code compliqué. Les outils de navigation autres que Microsoft Internet Explorer afficheront un panneau de défilement comme pour une ligne de texte ordinaire. Un texte qui défile peut être épais, fin, aligné à gauche ou à droite, centré, bleu, vert, rouge, large, étroit, aller de gauche à droite ou de droite à gauche, « rebondir » ou combiner tous ces attributs.

Pour appliquer des attributs de police à un tel texte, vous devez entourer le marqueur <MARQUEE> </MARQUEE> tout entier avec les informations sur la police. Le marqueur <MARQUEE> a également quelques attributs propres.

L'attribut ALIGN=

Avec l'attribut ALIGN=, vous pouvez placer votre texte en haut (TOP), au milieu (MIDDLE) ou en bas (BOTTOM) de la zone de défilement.

L'attribut BEHAVIOR=

Sans l'attribut BEHAVIOR=, le texte ira de droite à gauche. BEHAVIOR= vous permet de spécifier l'un des comportements suivants :

SCROLL   Le texte quitte l'écran. C'est le paramètre par défaut.

SLIDE   Le texte arrive sur l'écran et s'y arrête.

ALTERNATE   Le texte glisse dans la zone de défilement et rebondit de droite à gauche à l'intérieur des limites de la zone.

L'attribut BGCOLOR=

Vous pouvez préciser la couleur de fond de la zone de défilement en utilisant soit les noms usuels des couleurs, soit les définitions hexadécimales des couleurs (rrggbb). Vous pouvez également spécifier la couleur du texte, mais vous devrez

alors placer les marqueurs <MARQUEE> </MARQUEE> à l'intérieur des marqueurs <FONT COLOR= > </FONT> pour
qu'ils soient intégrés aux marqueurs de polices.

L'attribut DIRECTION=

Choisissez la direction que prendra votre texte, puis ajoutez
l'attribut approprié, LEFT= (gauche) ou RIGHT= (droite) à
votre marqueur. L'attribut par défaut est LEFT= et, à moins
que votre message soit très court, il est plus judicieux de le
conserver.

L'attribut HEIGHT=

L'attribut HEIGHT= vous permet de créer une zone de défilement plus ou moins haute. Vous pouvez préciser la hauteur
en pixels par des chiffres, ou bien la spécifier en pourcentage de la hauteur totale de l'écran, en entrant un chiffre suivi
du signe %.

L'attribut WIDTH=

L'attribut WIDTH= vous permet de créer une zone de défilement plus ou moins longue. Vous pouvez préciser la largeur en pixels par des chiffres, ou bien la spécifier en
pourcentage de la largeur totale de l'écran, en entrant un chiffre suivi du signe %.

L'attribut HSPACE=

L'attribut HSPACE= spécifie en pixels la taille des marges gauche et droite entre la zone de défilement et tout texte ou graphique environnants. Il est très utile pour placer un texte
défilant dans un tableau.

L'attribut VSPACE=

Vous pouvez utiliser l'attribut VSPACE= pour spécifier en pixels la quantité d'espace située au-dessus ou en dessous de la zone de défilement et tout texte ou graphique environnants.

L'attribut LOOP=

Vous pouvez déterminer combien de fois le texte doit défiler sur l'écran. Si vous ajoutez l'attribut LOOP=3 au marqueur <MARQUEE>, le texte traversera l'écran trois fois. Après la troisième fois, la zone de défilement restera sur l'écran, mais sans texte. Si vous ne précisez pas d'attribut LOOP= ou si vous utilisez LOOP=INFINITE, le texte défilera jusqu'à ce que le lecteur passe à une autre page.

L'attribut SCROLLAMOUNT=

L'attribut SCROLLAMOUNT= vous permet de déterminer la vitesse de défilement. Si vous choisissez SCROLLAMOUNT=1, votre texte va se traîner à travers l'écran comme Humphrey Bogart à travers le désert dans *Le Trésor de la Sierra Madre*. Si vous fixez la vitesse à SCROLLAMOUNT=3000, le texte clignotera rapidement. Si vous dépassez SCROLL AMOUNT=7000, vous finirez par ne plus rien voir du tout.

L'attribut SCROLLDELAY=

L'attribut SCROLLDELAY= diffère quelque peu de l'attribut SCROLLAMOUNT=. Il spécifie en millisecondes le laps de temps qui s'écoule entre deux apparitions de texte. Vous pouvez régler très précisément votre texte par l'emploi rigoureux des attributs SCROLLDELAY= et SCROLLAMOUNT=.

Le marqueur <BGSOUND> (Microsoft Internet Explorer)

<BGSOUND> est un marqueur spécifique à Microsoft Internet Explorer qui joue un fichier son dès que celui-ci est chargé. Lorsque la page est chargée, le fichier son l'accompagnant l'est également. La page sera généralement affichée en premier, mais dès que le fichier son se charge, les animations sonores débutent. Il est assez facile à implémenter. Par exemple, si vous souhaitez que les visiteurs de votre page entendent le son du fichier BIGBURP.WAV, insérez simplement <BGSOUND SRC="bigburp.wav">, et BIGBURP.WAV démarrera dès que le fichier son sera téléchargé. Microsoft Internet Explorer prend en charge les fichiers son .AV, .WAV et .MID. On peut associer deux attributs avec <BGSOUND>.

L'attribut LOOP=

Indiquez simplement le nombre d'occurrences souhaitées du son. Pour entendre le son du fichier BIGBURP.WAV dix fois, utilisez le marqueur suivant :

```
<bgsound src="bigburp.wav" loop=10>
```

Vous pouvez aussi vous montrer impitoyable et jouer le son à l'infini (ou jusqu'à ce que le visiteur s'en aille) avec le marqueur suivant :

```
<bgsound src="bigburp.wav" loop=infinite>
```

Les caractères spéciaux

Bien qu'il y ait toujours eu une variété de caractères spéciaux pouvant être incorporés dans des documents HTML, certains d'entre eux ont brillé par leur absence jusqu'à HTML 3.0. Les adeptes de l'orthodoxie typographique peuvent maintenant incorporer des demi-cadratins et des cadratins, des tirets et des espaces insécables en utilisant des références d'entités.

&endash; Crée un tiret d'un demi-cadratin (-).

  Crée un demi-cadratin.

&emdash; Crée un tiret d'un cadratin (–).

  Crée un cadratin.

  Crée une espace qui ne sera pas coupée lorsque le navigateur effectuera un retour à la ligne.

REMARQUE Les références d'entités doivent être écrites en caractères minuscules.

LES MARQUEURS D'EXEMPLES

Les marqueurs <XMP> et </XMP> vous permettent d'afficher des exemples de code HTML qui ne seront pas interprétés par l'outil de navigation. C'est le code lui-même qui s'affichera, avec tous les signes </> inclus. Le marqueur <XMP> est pratique pour afficher du code HTML à des fins explicatives.

LE MARQUEUR <BLINK> (NETSCAPE NAVIGATOR ET MICROSOFT INTERNET EXPLORER)

Aucune commande HTML n'a soulevé autant de controverses et autant hérissé les puristes du HTML que le marqueur <BLINK>. Rien de tel pour se faire huer dans un forum de discussion orienté HTML que de plaider sa légitimation.

Il est vrai que d'incessants clignotements irritent rapidement. Toutefois, comme je l'ai souvent dit, le paysage HTML est tellement aride sur le plan de la présentation que des marqueurs simples comme <BLINK> sont pris d'assaut par les développeurs Web assoiffés d'outils nouveaux. Si vous voulez faire clignoter quelque chose sur votre page, allez-y.

Pour faire clignoter un objet, entourez-le simplement des marqueurs <BLINK></BLINK>. C'est aussi simple que cela.

LES FORMULAIRES

L'un des attraits du Web est son interactivité, qui permet aux lecteurs de communiquer aisément avec les propriétaires des pages. Les internautes sont friands de sondages et remplissent volontiers toutes sortes de questionnaires, qui se révèlent riches en informations démographiques. La facilité d'utilisation des marqueurs <MAILTO:> et des formulaires offre aux sites Web des possibilités sociales et commerciales inédites. Grâce à eux, les visiteurs de vos pages ont le sentiment de participer à votre site plutôt que d'en être de simples spectateurs.

Il est honteusement facile de créer, d'implémenter et de gérer des formulaires. Même des questionnaires assez complexes seront élaborés rapidement et sans peine en quelques clics de souris, grâce à des programmes de création HTML bien connus. Des cases à cocher, des boutons radio et des listes déroulantes se construisent et s'arrangent en un rien de temps. Je vous montrerai quelques astuces qui rendront vos formulaires plus efficaces. Et je vous expliquerai également comment procéder pour que vos formulaires renvoient l'information à votre serveur même si le navigateur de l'expéditeur ne prend pas en charge le marqueur <MAILTO:>.

Étant donné la facilité de création d'un formulaire, on pourrait s'attendre à ce qu'ils soient utilisables immédiatement. En effet, lorsque j'ai réalisé mon premier questionnaire, je croyais qu'il suffisait d'ajouter un <MAILTO:> quelque part dans le code pour que cela marche. Malheureusement, ce n'est pas aussi simple. Beaucoup d'anciens programmes de navigation ne reconnaissent pas le marqueur <MAILTO:>. Ne vous découragez pas : les problèmes avec les vieux navigateurs sont facilement résolus grâce à une ou deux astuces.

L'ASPECT D'UN FORMULAIRE

S'il est simple de créer un formulaire, aligner tous ses éléments pour le rendre présentable peut demander plusieurs heures. Il n'y a pas de solution miracle. Cependant, on peut réduire la difficulté au maximum en plaçant tous les champs d'entrée et toutes les listes déroulantes sur le bord gauche de la page et, à leur droite, d'éventuels textes d'accompagnement. Aussi facilement que vous pouvez, avec l'attribut SIZE=, fixer la largeur des champs de formulaires, vous pouvez, aligner de manière plus satisfaisante les objets à gauche et laisser le texte décalé à droite – ce qui est le plus courant. N'oubliez pas d'espacer texte et champ d'entrée (figure 2-1). Pensez à fournir le nombre d'espaces approprié pour le code postal, etc.

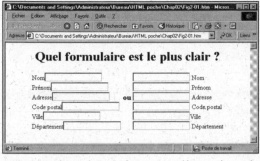

Figure 2-1 Des champs d'entrée s'alignent impeccablement s'ils sont placés à gauche du texte explicatif.

```
<HTML>
<BODY>
<FORM>
<CENTER><H1>Quel formulaire est le plus clair ?</H1>
<TABLE>
  <TR>
    <TD>
        Nom"<INPUT NAME="Nom" SIZE="20"><BR>
        Prénom"<INPUT NAME="Prénom" SIZE="20"><BR>
        Adresse"<INPUT NAME="Adresse" SIZE="20"><BR>
        Code postal"<INPUT NAME="Code" SIZE="20"><BR>
        Ville<INPUT NAME="Ville" SIZE="20"><BR>
        Département"<INPUT NAME="Dép" SIZE="20"><BR></TD>
    <TD><H3>ou</H3></TD>
    <TD>
<INPUT NAME="Nom" SIZE="20"> Nom<BR>
        <INPUT NAME="Prénom" SIZE="20"> Prénom<BR>
        <INPUT NAME="Adresse" SIZE="20"> Adresse<BR>
        <INPUT NAME="Code" SIZE="20"> Code postal<BR>
        <INPUT NAME="Ville" SIZE="20"> Ville<BR>
        <INPUT NAME="Dép" SIZE="20"> Département</TD>
```

```
   </TR>
 </TABLE>
 </FORM>
 </CENTER>
 </BODY>
 </HTML>
```

Le moyen, peut-être le plus facile, d'obtenir un formulaire
clair et bien organisé consiste à créer un tableau contenant
les éléments du formulaire. Les tableaux vous permettent de
placer vos éléments où vous le souhaitez (figure 2-2).
Malheureusement, on ne peut pas imbriquer les formulaires.

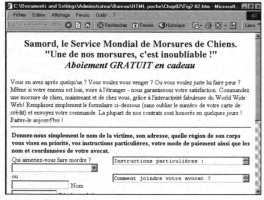

Figure 2-2 L'utilisation d'un tableau vous permet de positionner plus aisément les
différents éléments d'un formulaire.

```
<HTML>
<BODY>
<CENTER>
<H2>Samord, le Service mondial de morsures de chiens.<BR>
"Une de nos morsures, c'est inoubliable !"<BR>
<I>Aboiement GRATUIT en cadeau</I></H2>
</CENTER>
```

Vous en avez après quelqu'un ? Vous voulez vous venger ?
Ou vous voulez juste lui faire peur ? Même si votre
ennemi est loin, voire à l'étranger, nous garantissons
votre satisfaction.

Commandez une morsure de chien, maintenant et de chez
vous, grâce à l'interactivité fabuleuse du World Wide
Web ! Remplissez simplement le formulaire ci-dessous
(sans oublier le numéro de votre carte de crédit) et
envoyez votre commande. La plupart de nos contrats sont
honorés en quelques jours ! Faites-le aujourd'hui !

```
<HR NOSHADE>
<TABLE>
  <TR>
    <TD COLSPAN="3"><FORM><B>Donnez-nous simplement le
    nom de la victime, son adresse, la région de son
    corps que vous visez en priorité, vos instructions
    particulières, votre mode de paiement ainsi que les
    nom et coordonnées de votre avocat.</B>
    </TD>
  </TR>
  <TR VALIGN=TOP>
    <TD>Qui aimeriez-vous faire mordre ?<BR>
<select name="qui mordre?">
<OPTION SELECTED>
<OPTION>Le président
<OPTION>L'épouse du président
<OPTION>Un dictateur abominable
<OPTION>Le facteur
<OPTION>Une star du cinéma
<OPTION>Autre (entrez le nom ci-dessous)
</SELECT> ou<BR>
<INPUT NAME="nom" SIZE="20"> Nom<br>
<INPUT NAME="lieu" SIZE="15"> Résidence de la victime<BR>
```

```
<SELECT NAME="où mordre?">
<OPTION SELECTED>
<OPTION>Jambe
<OPTION>Fesses
<OPTION>Pied
<OPTION>Main
<OPTION>N'importe où
</SELECT> Région du corps à mordre
    </td>
    <td  width="10%"></td>
    <td>
<TEXTAREA ROWS=1 COLS=40 NAME="instructions
spéciales">Instructions
particulières :</TEXTAREA><BR><BR>
<TEXTAREA ROWS=1 COLS=40 NAME="avocat">Comment joindre
votre avocat ?</TEXTAREA>
    </TD>
  </TR>
</TABLE>
<HR NOSHADE>
<FONT SIZE=4>Informations relatives au paiement :</FONT>
<TABLE>
  <TR VALIGN=TOP>
    <TD width="35%">
<INPUT NAME="visa" TYPE="checkbox">Carte Visa<BR>
<INPUT NAME="eurocard" TYPE="checkbox"> Eurocard<BR>
<INPUT NAME="mastercard" TYPE="checkbox"> MasterCard<BR>
<INPUT NAME="n° carte" SIZE="15"> N° de carte<BR>
<INPUT NAME="date expiration" SIZE="12"> Expiration<BR>
<INPUT NAME="nuit" TYPE="checkbox"> Tarif de nuit (+ 60
FF)<BR>
    </TD>
    <TD WIDTH="35%"></TD>
```

```
    <TD>Tarifs internationaux sur demande.<BR>
Les résidents des DOM-TOM sont sujets à une majoration de
taxe de 8,25%.<P>
<H2><INPUT TYPE="SUBMIT" VALUE="Envoi de la
commande"><INPUT TYPE="reset" VALUE="Correction">
<I>Commandez aujourd'hui !</I></H2>
<H6><I>(Nos services de morsures de chien ne sont pas
disponibles dans toutes les régions - contactez-nous pour
plus d'informations. Service disponible dans la limite de
la législation en vigeur.)</I></H6>
    </TD>
  </TR>
</TABLE>
</FORM>
</BODY>
</HTML>
```

L'UTILISATION DE CASES VIDES PAR DÉFAUT DANS UNE LISTE DÉROULANTE

Si vous devez utiliser les informations récoltées dans vos formulaires pour un quelconque travail de comparaison ou de statistique, assurez-vous que votre formulaire reflète vraiment les choix de l'utilisateur. Une liste déroulante mal conçue peut facilement fausser les résultats.

Réfléchissez bien à la valeur par défaut. Par exemple, vous souhaitez réaliser un sondage sur la population canine de vos lecteurs. Parmi les nombreux éléments du formulaire qu'ils devront cocher, sélectionner ou saisir manuellement, imaginez que vous ayez créé une liste déroulante contenant une dizaine de races. Si vos lecteurs sont paresseux, pressés ou simplement perdus, ils risquent, malgré leur bonne volonté, de ne pas indiquer la race réelle de leur chien. Si vous utilisez le formulaire illustré dans la figure 2-3, vous pouvez constater qu'une majorité déclare posséder un caniche cordé, alors que cette race est en réalité très peu répandue.

Figure 2-3 Le fait d'avoir « Caniche cordé », comme valeur par défaut pour le choix d'une race de chien pourrait fausser vos résultats.

```
<HTML>
<BODY>
<CENTER><H1>Quelle est la race de votre chien
?</H1></CENTER>
<FORM METHOD="POST" ACTION="mailto:
votrenom@votre.adresse.email ">
Veuillez sélectionner votre race préférée.<BR>
<SELECT NAME="Race" SIZE="1">
<OPTION>caniche cordé
<OPTION>saint bernard
<OPTION>berger belge
<OPTION>pékinois
<OPTION>labrador
</SELECT>
<P>
<INPUT TYPE="SUBMIT" VALUE="Envoi">
<INPUT TYPE="RESET" VALUE="Correction">
</FORM>
```

```
</BODY>
</HTML>
```

Toutefois, si vous laissez le premier choix vide ou spécifiez « Aucune sélection », et si les amateurs de chiens ne remplissent pas cette case (figure 2-4), vos résultats correspondront un peu plus à la réalité.

Figure 2-4 Le fait d'utiliser « Aucune sélection » comme choix par défaut vous procurera des informations plus exactes pour votre sondage.

```
<HTML>
<BODY>
<CENTER><H1>Quelle est la race de votre chien
?</H1></CENTER>
<FORM METHOD="POST" ACTION="mailto:
votrenom@votre.adresse.email">
Veuillez sélectionner votre race préférée.<BR>
<SELECT NAME="Race" size="1">
<OPTION>Aucune sélection
<OPTION>caniche cordé
<OPTION>saint bernard
<OPTION>berger belge
<OPTION>pékinois
<OPTION>labrador
</SELECT>
<P>
```

```
<INPUT TYPE="SUBMIT" VALUE="Envoi">
<INPUT TYPE="RESET" VALUE="Correction">
</FORM>
</BODY>
</HTML>
```

Ce n'est qu'un détail, mais il peut rendre vos sondages via le Web plus réalistes.

LES FORMULAIRES OPÉRATIONNELS

Voici la section qui vous intéresse probablement le plus : comment concevoir un formulaire qui retourne l'information.

En fait, s'il est simple de se faire envoyer des réponses, il est beaucoup plus difficile de dénicher un endroit où les répercuter. En théorie, il suffit d'indiquer, à l'attribut ACTION= du marqueur <FORM>, l'adresse URL d'un programme susceptible de les traiter efficacement.

OÙ ENVOYER LES DONNÉES ?

L'endroit de réception choisi dépendra de votre budget. Vous devez les envoyer à un programme CGI (*Common Gateway Interface*, interface de passerelle commune) sur le Web, mais pas nécessairement sur le même serveur que celui de votre formulaire. Nous verrons les CGI en détail au chapitre 10. S'il ne vous est pas possible d'installer un programme CGI sur votre site et si votre administrateur ne traite pas lui-même les formulaires, vous devrez trouver ailleurs quelqu'un qui le fasse pour vous. Voyons d'abord ce qui est possible. Il y a plusieurs façons d'aborder le problème :

■ Faire appel à un service de traitement de formulaires.

■ Installer un programme CGI d'un autre auteur.

■ Créer votre propre programme CGI.

LES SERVICES DE TRAITEMENT DE FORMULAIRES

Le choix le plus simple consiste à trouver quelqu'un - soit votre propre fournisseur d'accès, soit un autre internaute - qui soit en mesure de traiter des formulaires. Il est possible que ses services soient payants, mais ils ne devraient pas être trop onéreux. Une fois abonné, il ne vous reste plus qu'à faire pointer l'attribut ACTION= vers l'URL fournie par le service. Ainsi toute information entrée par l'utilisateur dans votre formulaire vous sera réexpédiée par courrier électronique.

Vous recevrez un message pour chaque formulaire rempli. Il pourrait ressembler à celui-ci :

```
To: <vous@quelquepart.com>
From: "Service de traitement de formulaires Flash 2000"
<formulaire@flash.com>
Subject: Un formulaire pour vous
who bit=Le facteur
location of bitee=rue Réaumur, Paris, France
where bit=jambe
special instructions=Veuillez vous assurer qu'il porte un
uniforme flambant neuf quand vous le mordrez
```

Si vous confiez plusieurs formulaires à un centre de traitement, il serait utile d'avoir un moyen de classement rapide du courrier, en fonction des différents formulaires. Une solution élégante consiste à intégrer un champ caché dans chaque formulaire qui contient un nom tel que « Nom du formulaire

» et une valeur indiquant de quoi il s'agit. Certains services de traitement recherchent même un nom de champ donné qu'ils mentionnent dans l'objet de votre courrier. Lorsque vous recevez du courrier électronique, vous pouvez utiliser un filtre qui classe les messages. Vous envisagerez peut-être aussi d'installer un filtre automatique, comme *procmail* ou *slocal* pour UNIX et Windows, qui soit, de plus, capable d'exécuter des scripts. Les messages peuvent ensuite être collationnés et entrés dans une base de données, ou bien être utilisés pour créer et mettre à jour automatiquement une page Web.

L'UTILISATION D'UN PROGRAMME CGI D'UN AUTRE AUTEUR

Il existe une pléthore de programmes sur le Web. Vous pouvez les télécharger et les installer sur votre site Web. Ils feront en gros le même travail qu'un centre de traitement, mais vous pourrez probablement les configurer à votre gré et, plus important encore, leur utilisation est gratuite. Vous trouverez au chapitre 10 un exemple de script CGI simple pour le traitement de formulaires, qui fonctionne sur presque tous les systèmes UNIX. Il existe des scripts équivalents sous Windows.

Vous risquez de rencontrer deux obstacles : d'une part, votre serveur Web doit être configuré pour exécuter des programmes CGI ; d'autre part, certains fournisseurs ne permettent pas leur utilisation. Si vous vous trouvez dans l'un de ces cas, vous n'avez pas d'autre choix que de trouver un service externe, comme nous venons de le voir.

De plus, faire tourner un programme CGI n'est pas toujours un jeu d'enfant. Il existe néanmoins quelques astuces, notamment sous UNIX. Si vous vous procurez un programme pour gérer vos formulaires, consultez le chapitre 10.

LA CRÉATION DE VOTRE PROPRE PROGRAMME CGI

Si vous-même, ou quelqu'un qui travaille avec vous, connaissez quelques rudiments de programmation, vous pouvez écrire votre propre logiciel CGI. Ainsi, vous serez débarrassé des problèmes d'acheminement des données. En définitive, avec les formulaires et un programme CGI, vous pourrez faire nombre de choses sympathiques, comme donner les dernières nouvelles, la température locale, etc.

Il faut avant tout, pour la réception de données, que le programme CGI personnalisé sache quel genre d'informations il va devoir traiter et soit capable de vérifier si les formulaires contiennent d'éventuelles erreurs, avant de les soumettre. À titre d'exemple, un programme CGI qui gère le formulaire de Samord peut vérifier si les clients ont bien donné les renseignements concernant leur avocat ; le cas échéant, le programme peut imprimer une réponse HTML insistant sur l'obtention de ces renseignements, avant que Samord puisse répondre à leur demande. Il pourrait aussi vérifier leur mode de paiement, voire même contacter un service bancaire pour s'assurer que le numéro de la carte de crédit est valide.

Après vérification des données client, un programme CGI peut générer un écran affichant « Samord vous remercie de votre confiance », et peut même fournir des informations spécifiques sur leur demande. Le programme de morsure de chien pourrait, d'après le champ « Résidence de la victime », rechercher quel chien opère dans cette région. La réponse envoyée au client, une fois la commande passée, pourrait ressembler à ceci : « Samord vous remercie de votre confiance.

Votre commande sera exécutée par *Pépère*, un *Yorkshire*, qui a pour mission de mordre le percepteur mardi, à 15 h 45. Pour tout renseignement supplémentaire ou réclamation, veuillez adresser un courrier à Samord@aïe.com. » Cela dit, un client devrait bien réfléchir avant d'envoyer une réclamation à une société spécialisée dans les morsures de chiens...

Pour tout savoir sur les programmes CGI, consultez le chapitre 10.

LES TABLEAUX

Les tableaux semblent, a priori, n'être rien de plus qu'un moyen de disposer du texte en colonnes, ou d'ajouter une légende à une illustration, mais des développeurs Web créatifs ont démontré que cette simple fonction pouvait receler de véritables trésors. Avec un peu d'imagination, vous pouvez transformer le marqueur <TABLE> en un puissant outil de mise en page. Il faut avant tout vous débarrasser de l'idée qu'un tableau se compose forcément de petites boîtes contenant du texte et des chiffres entourées de lignes. Rien ne vous oblige, par exemple, à afficher les contours (les boîtes ou les lignes) d'un tableau. Dans ce cas, le marqueur <TABLE> vous permet de placer du texte et des images avec précision n'importe où sur une page, ce qu'auparavant vous ne pouviez faire qu'à l'aide de solutions de fortune.

Dans un premier temps, cette leçon abordera les notions élémentaires de la création de tableaux. Ensuite, nous verrons en détail quelques moyens de donner plus d'allure à un tableau en manipulant les alignements et les couleurs.

Notions élémentaires de la création de tableaux

Le marqueur \<TABLE\>\</TABLE\>

Un tableau commence avec le marqueur \<TABLE\> et finit avec \</TABLE\>. Attention : un texte destiné à apparaître dans un tableau doit lui-même être défini dans sa totalité comme étant un tableau, à l'aide des marqueurs de début et de fin. Dans le cas contraire, tout ajout de marquage spécifique au tableau sera sans effet. N'oubliez pas non plus que \<TABLE\>, comme beaucoup d'autres marqueurs, insère automatiquement un saut de ligne avant et après un tableau.

Le marqueur \<TR\>\</TR\>

Les marqueurs \<TR\> et \</TR\> (*Table Row*) entourent les données qui se trouveront dans les lignes d'un tableau. Chaque ligne ou rangée doit être définie par les marqueurs \<TR\>\</TR\>. Si un tableau a deux paires \<TR\>\</TR\>, il aura deux lignes (figure 3-1). S'il en a huit, il aura huit lignes. Tout ce que vous souhaitez placer dans une ligne (du texte, un autre marqueur ou attribut) doit être entouré de ces marqueurs \<TR\>\</TR\>.

Figure 3-1 Un tableau avec deux paires de marqueurs \<TR\>\</TR\> et deux lignes.

```
<HTML>
<BODY>
<H1 ALIGN=CENTER> Voici un tableau de base</H1>
<CENTER>
<TABLE BORDER>
  <TR>
    <TD COLSPAN=3>Si votre tableau contient deux
marqueurs &lt;TR&gt;, il aura deux lignes.</TD>
  </TR>
  <TR>
    <TD>Si une ligne contient trois marqueurs &lt;TD&gt;,
</TD>
    <TD>cette ligne aura</TD>
    <TD>trois cellules.</TD>
  </TR>
</TABLE>
</CENTER>
</BODY>
</HTML>
```

LES MARQUEURS <TD></TD>

Dans une ligne de tableau, les données (texte ou image) se trouvent à l'intérieur de cellules. Les données appartenant à une cellule doivent être entourées par les marqueurs <TD></TD>. Le nombre de paires <TD></TD> définit le nombre de cellules que comportera une ligne : une ligne contenant cinq paires <TD></TD> aura cinq cellules.

Le nombre de cellules ne doit pas être obligatoirement le même dans chaque ligne. À titre d'exemple, il peut y avoir une ligne avec cinq marqueurs <TD> et cinq cellules, et une autre avec seulement trois marqueurs <TD> et trois cellules (figure 3-2).

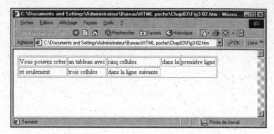

Figure 3-2 Il peut y avoir un nombre différent de cellules dans chaque ligne d'un tableau.

ASTUCE Microsoft Explorer autorise une couleur de fond diffé-rente pour chaque cellule.

```
<HTML>
<BODY>
<TABLE BORDER>
  <TR>
    <TD>Vous pouvez créer</TD>
    <TD>un tableau avec</TD>
    <TD>cinq cellules</TD>
    <TD>dans la</TD>
    <TD>première ligne</TD>
  </TR>
  <TR>
    <TD>et seulement</TD>
    <TD>trois cellules</TD>
    <TD>dans la ligne suivante.</TD>
  </TR>
</TABLE>
</BODY>
</HTML>
```

LES MARQUEURS <TH></TH>

Vous pouvez utiliser des « en-têtes de tableau » (*Table Header*) pour mettre en gras des titres de lignes ou de colonnes (figure 3-3). Les marqueurs <TH> et </TH> ressemblent à <TD></TD>, sauf que le texte à l'intérieur de <TH></TH> est automatiquement gras et centré. Vous pouvez ignorer ces paramètres par défaut et aligner le texte à gauche ou à droite. Le même effet peut être obtenu en utilisant les marqueurs <TD></TD> combinés avec le marqueur <B> et l'attribut ALIGN=CENTER. Attention, certains navigateurs acceptant mal le marqueur <B> à l'intérieur d'un tableau, il est conseillé de se servir d'en-têtes pour mettre le texte d'une cellule en gras (figure 3-3). Les attributs COLSPAN= et ROWSPAN= utilisés également dans cette figure, seront décrits à la section suivante.

Figure 3-3 Les en-têtes de colonnes et de lignes peuvent servir de titres dans un tableau.

```
<HTML>
<BODY>
<TABLE BORDER>
  <TR>
    <TH>Un en-tête de tableau est centré par défaut</TH>
    <TH COLSPAN=2>Un en-tête de tableau peut englober
    plusieurs colonnes</TH>
```

```
    </TR>
    <TR>
      <TH>Un en-tête de tableau peut être placé à côté des
      colonnes</TH>
      <TD>Données quelconques</TD>
      <TD>Données quelconques </TD>
    </TR>
    <TR>
      <TH ROWSPAN=3>Un en-tête de tableau peut aussi
      englober plusieurs lignes</TH>
      <TD>Données quelconques </TD>
      <TD>Données quelconques </TD>
    </TR>
    <TR>
      <TD>Données quelconques </TD>
      <TD>Données quelconques </TD>
    </TR>
    <TR>
      <TD>Données quelconques </TD>
      <TD>Données quelconques </TD>
    </TR>
  </TABLE>
</BODY>
</HTML>
```

L'ATTRIBUT NOWRAP=

Normalement, tout texte d'une cellule est automatiquement mis sur deux lignes, ou plus s'il est trop long pour être affiché dans une seule ligne. Vous pouvez cependant utiliser l'attribut NOWRAP= avec les marqueurs <TH></TH> ou <TD></TD> : la cellule adaptera alors sa taille à celle du texte. Utilisé judicieusement, cet attribut peut se révéler très pratique. Si, par exemple, le guide de style de votre entreprise interdit de couper le nom de la société en deux lignes, vous pouvez vous y conformer grâce à l'attribut NOWRAP=.

L'ATTRIBUT COLSPAN=

Vous pouvez également modifier les marqueurs <TD></TD> et <TH></TH> avec l'attribut COLSPAN= (*Column Span*). Si vous souhaitez qu'une cellule soit plus large que celles situées au-dessus ou en dessous, vous pouvez l'obliger à prendre les dimensions d'un nombre quelconque de cellules à l'aide de l'attribut COLSPAN= (figure 3-4).

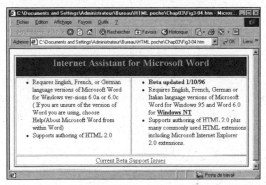

Figure 3-4 Microsoft a créé ce tableau sur cette page de son site Web en utilisant COLSPAN= pour centrer du texte et lui donner la largeur de plusieurs colonnes.

```
<HTML>
<BODY>
<CENTER>
<TABLE BORDER=3>
  <TR>
    <TD BGCOLOR=NAVY COLSPAN=2>
    <H2>
    <CENTER>
```

```html
    <FONT SIZE=5 COLOR=#C0C0C0>Internet Assistant for
Microsoft Word</FONT>
    </CENTER>
    </H2>
    </TD>
  </TR>
  <TR>
    <TD BGCOLOR=WHITE WIDTH="300" VALIGN="TOP">
    <UL>
    <LI>Requires <I>English, French, or German language
    VERSIONS</I> of Microsoft Word for   Windows versions
    6.0a or 6.0c<BR>
(If you are unsure of the version of Word you are using,
choose Help/About Microsoft Word from within Word)
    <LI>Supports authoring of HTML 2.0
    </UL>
    </TD>
    <TD BGCOLOR=WHITE WIDTH="300" VALIGN="TOP">
    <UL>
    <LI><B>Beta updated 1/10/96</B>
    <LI>Requires <I>English, French, German or Italian
    language VERSIONS</I> of Microsoft Word
    for Windows 95 and Word 6.0 for <U><B>Windows NT</B>
    </U>
    <LI>Supports authoring of HTML 2.0 plus many
    commonly used HTML extensions including Microsoft
    Internet Explorer 2.0 extensions.
    </UL>
    </TD>
  </TR>
  <TR>
    <TD BGCOLOR=WHITE COLSPAN=2><CENTER><A
HREF="">Current Beta Support Issues</A></CENTER>
```

```
    </TD>
   </TR>
  </TABLE>
 </CENTER>
 </BODY>
 </HTML>
```

L'ATTRIBUT ROWSPAN=

L'attribut ROWSPAN=, combiné avec les marqueurs <TD></TD> et <TH></TH>, fonctionne de la même manière que l'attribut COLSPAN= , sauf qu'il définit la taille de la cellule en nombre de lignes. Si vous souhaitez créer une cellule haute de plusieurs lignes, d'autres lignes doivent exister sous la cellule. Il est impossible de faire dépasser une cellule en bas du tableau.

L'ATTRIBUT WIDTH=

L'attribut WIDTH= a deux fonctions. Vous pouvez le placer à l'intérieur d'un marqueur <TABLE> pour spécifier la largeur du tableau, ou bien entre les marqueurs <TR></TR> ou <TH></TH> pour définir la largeur d'une seule cellule ou d'un groupe de cellules.

La largeur se mesure soit en pixels, soit en pourcentage. Lorsque, par exemple, vous l'utilisez avec le marqueur <TABLE>, l'attribut WIDTH=250 donnera au tableau une largeur de 250 pixels, sans tenir compte de la largeur apparente d'une page sur un écran. Si vous écrivez WIDTH=50% entre les marqueurs <TABLE>, le tableau occupera la moitié de la page quelle que soit sa largeur à l'écran. N'oubliez donc pas que, si la fenêtre du navigateur d'un visiteur est petite, votre tableau aura un aspect étrange si vous le réglez en pourcentage. Si vous avez utilisé la valeur pixel et que le tableau est trop large pour s'afficher en entier dans la fenêtre du navigateur, des barres de défilement apparaîtront en bas de la fenêtre du programme. Le lecteur pourra ainsi se déplacer vers la droite ou vers la gauche pour voir les autres parties du tableau. Les deux modes de réglage peuvent être utiles selon le résultat souhaité (figure 3-5).

 ASTUCE Pour insérer une marge confortable à côté d'un tableau, centrez-le et attribuez-lui une largeur de 90 %.

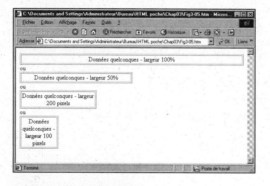

Figure 3-5 Avec l'attribut WIDTH=, vous pouvez définir la largeur d'un tableau soit en pourcentage de l'écran, soit en nombre de pixels.

```
<HTML>
<BODY>
<TABLE BORDER WIDTH=100%>
  <TR>
    <TD ALIGN=CENTER>Données quelconques - largeur
    100%</TD>
  </TR>
</TABLE>
ou <BR>
<TABLE BORDER WIDTH=50%>
  <TR>
    <TD ALIGN=CENTER>Données quelconques - largeur
    50%</TD>
  </TR>
</TABLE>
ou <BR>
<TABLE BORDER WIDTH=200>
  <TR>
    <TD ALIGN=CENTER>Données quelconques - largeur 200
    pixels</TD>
  </TR>
</TABLE>
ou <BR>
<TABLE BORDER WIDTH=100>
  <TR>
    <TD ALIGN=CENTER>Données quelconques - largeur 100
    pixels</TD>
  </TR>
</TABLE>
</BODY>
</HTML>
```

ASTUCE Pour garder trace de ce que vous faites lorsque vous dimensionnez un grand tableau, utilisez BORDER=2 pour voir les cellules. Une fois que la table a l'apparence souhaitée, vous pouvez enlever le cadre.

L'ATTRIBUT UNIT=

L'attribut UNIT= du marqueur <TABLE> indique quelle unité de mesure sera utilisée pour déterminer la taille de l'ensemble d'un tableau ainsi que la taille de colonnes individuelles. Il existe trois options pour UNIT= (voir ci-dessous).

ATTENTION Certains outils de navigation n'aiment pas que l'on indique la largeur en pourcentage. Ce problème se résout, pour la plupart des navigateurs, si vous définissez l'unité de mesure à RELATIVE avec l'attribut UNIT=. L'attribut UNIT= doit se trouver entre les marqueurs <TABLE>.

- UNIT=EN. C'est le paramètre par défaut. L'unité est un demi-cadratin. Un demi-cadratin est une unité de mesure typographique correspondant généralement à l'espace que prend la lettre « n ». En réalité, cet espace dépend de la taille de la police : un demi-cadratin dans une grande police prend plus de place que dans une petite police. Il est généralement équivalent à la moitié de la taille de la police. À titre d'exemple, si vous utilisez une police de 12 points, le demi-cadratin sera large de 6 points. De même, un demi-cadratin dans une police de 8 points occupera 4 points.

- UNIT=RELATIVE. Cette unité fixe la largeur des colonnes en pourcentage de la largeur totale du tableau. Il est conseillé d'utiliser cette valeur plutôt que le pourcentage. Le résultat est le même, mais davantage de navigateurs la reconnaissent. Lorsque vous utilisez l'unité RELATIVE, les chiffres entrés sont considérés comme des pourcentages de la largeur de colonne.

■ UNIT=PIXELS. Si vous avez besoin de connaître la largeur exacte des colonnes à l'écran, le pixel est la meilleure unité de mesure. Par exemple, <TABLE UNIT=PIXELS WIDTH=340> crée un tableau large de 340 pixels.

ATTENTION Étant donné que certains moniteurs peuvent avoir des résolutions différentes, les tableaux et colonnes dont la largeur a été fixée en pixels pourraient apparaître plus petits sur des écrans ayant une résolution plus élevée. Par exemple, un tableau de 680 pixels remplira l'écran si la résolution est de 640 x 480. Si le même tableau est affiché avec une résolution de 1024 x 768, il ne couvrira guère plus de la moitié de l'écran.

L'ATTRIBUT COLSPEC=

L'attribut COLSPEC=, combiné avec l'attribut UNIT=, définit la quantité d'espace dans chaque cellule et l'alignement des données d'une cellule. Il doit toujours se trouver à l'intérieur des marqueurs <TABLE>.

COLSPEC= répertorie chaque colonne individuellement et en spécifie l'alignement. Il existe cinq alignements différents pour une colonne ou cellule : L pour gauche (*left*), C pour centré, R pour droit (*right*), J pour justifié et D pour décimal. Si un tableau a cinq colonnes, vous pouvez attribuer une largeur et un alignement différents pour chacune d'elles, comme ceci :

```
<TABLE UNIT=PIXELS COLSPEC="L10 C15 R20 J25 D30">
```

Les colonnes de ce tableau ont les spécifications suivantes :

— première colonne : large de 10 pixels, alignée à gauche ;

— deuxième colonne : large de 15 pixels, centrée ;

— troisième colonne : large de 20 pixels, alignée à droite ;

— quatrième colonne : large de 25 pixels, justifiée ;

— cinquième colonne : large de 30 pixels, alignée sur une décimale.

L'ATTRIBUT DP=

L'attribut DP= (*Decimal Point*) sert à déterminer quel caractère sera utilisé comme point décimal. DP="." (valeur par défaut) définit un point comme caractère décimal, et DP=",", une virgule.

LES CELLULES VIDES

Si vous ne remplissez pas une cellule de données, elle n'aura pas de bordure et apparaîtra comme faisant partie de la cellule voisine. Pour créer une cellule vide mais néanmoins encadrée, vous devez y placer quelque chose qui ne sera pas affiché. Vous pouvez utiliser une ligne vide, un marqueur <BR> ou   pour donner des contours à une cellule vide. Vous pouvez également créer des colonnes entières sans contenu, en spécifiant la largeur de la colonne en pixels ou en unités relatives : vous n'y entrez tout simplement aucune donnée. Cela peut être très pratique pour espacer et positionner du texte et des images sur une page.

De nombreux développeurs de pages Web utilisent des fichiers GIF vides pour positionner d'autres images et du texte. Pour le même résultat, mais avec un temps de chargement et d'affichage plus rapide, utilisez des tableaux avec des espaces insécables ( ) dans des cellules vides et l'attribut WIDTH=.

ATTENTION Certains programmes de navigation acceptent mal les marqueurs \<P> et \
 à l'intérieur d'un tableau. Bien qu'il n'y ait aucun risque à les placer entre \<TD> et \</TD>, le fait de les utiliser en dehors de ces marqueurs peut faire apparaître l'espace supplémentaire à des endroits inhabituels et imprévus.

L'ATTRIBUT CELLPADDING=

L'attribut CELLPADDING= définit la quantité d'espace entre le contenu d'une cellule et sa bordure, créant ainsi des marges à l'intérieur de la cellule (figure 3-6).

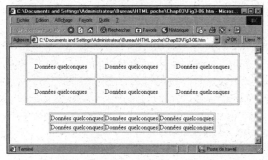

Figure 3-6 L'attribut CELLPADDING= sert à insérer des marges à l'intérieur des cellules.

```
<HTML>
<BODY>
<CENTER>
<TABLE BORDER CELLPADDING=20>
  <TR>
    <TD>Données quelconques</TD>
    <TD>Données quelconques </TD>
    <TD>Données quelconques </TD>
  </TR>
  <TR>
    <TD>Données quelconques </TD>
```

```
        <TD>Données quelconques </TD>
        <TD>Données quelconques </TD>
        </TR>
    </TABLE>
    <BR>
    <TABLE BORDER CELLPADDING=0>
      <TR>
      <TR>
        <TD>Données quelconques </TD>
        <TD>Données quelconques </TD>
        <TD>Données quelconques </TD>
      </TR>
      <TR>
        <TD>Données quelconques </TD>
        <TD>Données quelconques </TD>
        <TD>Données quelconques </TD>
      </TR>
    </TABLE>
    </CENTER>
    </BODY>
    </HTML>
```

ASTUCE Lorsque vous placez un tableau entre les marqueurs <CENTER> et </CENTER>, vous ne centrez que le tableau. Son contenu doit être centré séparément.

LES ATTRIBUTS ALIGN= ET VALIGN=

Vous pouvez modifier les marqueurs <TR>, <TD> et <TH> avec les attributs ALIGN= et VALIGN=. ALIGN= sert à définir l'alignement horizontal de texte et d'images à l'intérieur d'une cellule : aligné à gauche, aligné à droite ou centré (figure 3-7). L'alignement horizontal s'effectue de différentes façons :

ALIGN=BLEEDLEFT   Place le contenu d'une cellule à son extrémité gauche.

ALIGN=LEFT   **Aligne le contenu à gauche sur la marge du texte de la cellule définie avec CELLPADDING=.**

ALIGN=CENTER   **Centre le contenu d'une cellule.**

ALIGN=RIGHT   **Aligne le contenu à droite sur la marge du texte de la cellule définie avec CELLPADDING=.**

Figure 3-7 L'attribut ALIGN= spécific l'alignement horizontal de texte et d'images.

```
<HTML>
<BODY>
<TABLE BORDER CELLPADDING=100%>
  <TR>
    <TD ALIGN=LEFT>Données quelconques</TD>
    <TD ALIGN=CENTER>Données quelconques </TD>
    <TD ALIGN=RIGHT>Données quelconques </TD>
  </TR>
  <TR>
    <TD ALIGN=RIGHT>Données quelconques </TD>
    <TD ALIGN=CENTER>Données quelconques </TD>
```

```
    <TD ALIGN=LEFT>Données quelconques </TD>
  </TR>
  <TR>
    <TD ALIGN=RIGHT>Données quelconques </TD>
    <TD ALIGN=RIGHT>Données quelconques </TD>
    <TD ALIGN=RIGHT>Données quelconques </TD>
  </TR>
  <TR>
    <TD ALIGN=CENTER>Données quelconques </TD>
    <TD ALIGN=CENTER>Données quelconques </TD>
    <TD ALIGN=CENTER>Données quelconques </TD>
  </TR>
  <TR>
    <TD ALIGN=LEFT>Données quelconques </TD>
    <TD ALIGN=LEFT>Données quelconques </TD>
    <TD ALIGN=LEFT>Données quelconques </TD>
  </TR>
</TABLE>
</BODY>
</HTML>
```

 ASTUCE Si votre tableau paraît désorganisé sans raison apparente, essayez de le corriger en ajoutant VALIGN=TOP à toutes les cellules.

L'attribut VALIGN= détermine l'alignement vertical de texte et d'images à l'intérieur d'une cellule (figure 3-8). L'alignement vertical s'effectue comme suit :

VALIGN=TOP   Aligne le contenu d'une cellule sur le bord supérieur de la cellule.

VALIGN=MIDDLE   Centre le contenu d'une cellule verticalement.

VALIGN=BOTTOM   **Aligne le contenu d'une cellule sur le bord inférieur de la cellule.**

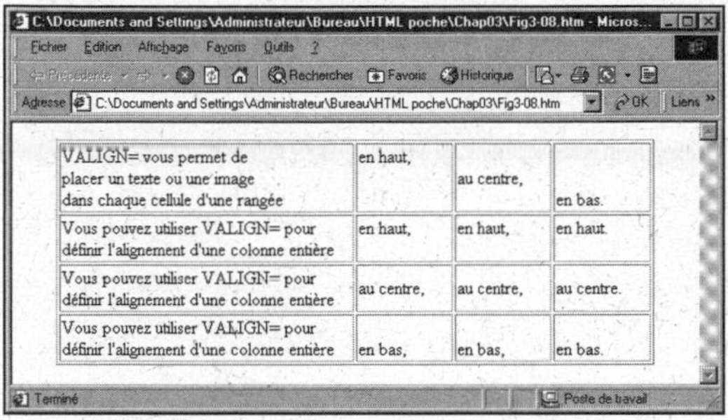

Figure 3-8 L'attribut VALIGN= détermine l'alignement vertical de texte et d'images à l'intérieur d'une cellule.

```
<HTML>
<BODY>
<CENTER>
<TABLE BORDER WIDTH=90%>
  <TR>
    <TD WIDTH=200>VALIGN= vous permet de placer un texte
    ou une image dans chaque cellule d'une rangée :
    </TD>
    <TD VALIGN=TOP>en haut,</TD>
    <TD VALIGN=MIDDLE>au centre,</TD>
    <TD VALIGN=BOTTOM>en bas.</TD>
  </TR>
  <TR VALIGN=TOP>
    <TD > Vous pouvez utiliser VALIGN= pour définir
    l'alignement d'une colonne entière :  </TD>
    <TD>en haut,</TD>
    <TD>en haut,</TD>
    <TD>en haut.</TD>
  </TR>
```

```
  <TR VALIGN=middle>
    <TD> Vous pouvez utiliser VALIGN= pour définir
    l'alignement d'une colonne entière  :  </TD>
    <TD>au centre,</TD>
    <TD>au centre,</TD>
    <TD>au centre.</TD>
  </TR>
  <TR VALIGN=bottom>
    <TD> Vous pouvez utiliser VALIGN= pour définir
    l'alignement d'une colonne entière  :  </TD>
    <TD>en bas,</TD>
    <TD>en bas,</TD>
    <TD>en bas.</TD>
  </TR>
</TABLE>
</CENTER>
</BODY>
</HTML>
```

LE MARQUEUR <CAPTION>

Le marqueur <CAPTION> permet de donner un titre à un tableau. Ces titres sont par défaut centrés soit au-dessus (<CAPTION ALIGN=TOP>), soit en dessous (<CAPTION ALIGN=BOTTOM>) du tableau (figure 3-9).

Figure 3-9 Les titres de tableaux peuvent être placés au-dessus ou en dessous des tableaux.

```
<HTML>
<BODY>
<TABLE BORDER>
  <CAPTION ALIGN=TOP> Un titre placé au-dessus d'un
  tableau</CAPTION>
  <TR>
    <TD>Données quelconques </TD>
    <TD>Données quelconques </TD>
    <TD>Données quelconques </TD>
    <TD>Données quelconques </TD>
  </TR>
</TABLE>
<TABLE BORDER>
<caption align=BOTTOM>Un titre placé en dessous d'un
tableau</CAPTION>
  <TR>
    <TD>Données quelconques </TD>
    <TD>Données quelconques </TD>
    <TD>Données quelconques </TD>
    <TD>Données quelconques </TD>
  </TR>
</TABLE>
```

```
</BODY>
</HTML>
```

Le titre peut comporter n'importe quel texte ou n'importe quelle image. Le texte effectuera un retour à la ligne pour s'ajuster à la largeur du tableau. Vous pouvez utiliser le marqueur <CAPTION> pour donner un titre à un graphique : il suffit de créer un tableau sans bordures (figure 3-10).

Figure 3-10 Le marqueur <CAPTION> peut être utilisé pour placer un titre au-dessus ou en dessous d'une image.

```
<HTML>
<BODY>
<TABLE>
  <CAPTION ALIGN=BOTTOM>Logo du centre-ville de
  Quelquepart</CAPTION>
  <TR>
   <TD>
   <IMG ALIGN=BOTTOM SRC="dasolid.gif">
   </TD>
  </TR>
</TABLE>
</BODY>
</HTML>
```

L'ATTRIBUT BORDER=

L'utilisation créative de bordures peut créer des effets surprenants. Jouez avec des cadres épais et très épais pour découvrir les caractéristiques intéressantes de cet attribut.

À l'intérieur du marqueur <TABLE>, vous pouvez déterminer l'apparence des bordures. Si vous ne spécifiez aucune bordure, il n'y aura aucun contour dans votre tableau, mais l'espace prévu sera toujours là. Vous pouvez préciser <TABLE BORDER=0> pour obtenir le même effet. De temps à autre, vous pouvez utiliser des encadrements extrêmement épais pour attirer l'attention sur une figure ou un texte. Lorsque vous créez des tableaux emboîtés, chacun peut avoir une bordure d'épaisseur différente pour bien se détacher des autres (figure 3-11).

Figure 3-11 Vous pouvez combiner des bordures épaisses et fines pour créer des effets spéciaux.

```
<HTML>
<BODY>
<TABLE BORDER=8  BORDERCOLOR=BLACK WIDTH=90%
CELLPADDING=0 CELLSPACING=10>
    <TR>
        <TD ALIGN=CENTER><H1>Le magazine économique du
```

```
Web</H1>
 <TABLE WIDTH="100%" BORDER=1 CELLSPACING=1>
  <TR>
  <TD ALIGN=CENTER COLSPAN=4><H3>Samord
  SA.</H3></TD>
  </TR>
  <TR>
  <TD ALIGN=CENTER>Systèmes informatiques bidons
  SA</TD>
  <TD ALIGN=CENTER>Logiciels explosifs Plantage &
  Co</TD>
  <TD ALIGN=CENTER>Trou de mémoire RAM de
  qualité</TD>
  <TD ALIGN=CENTER>Nul si interdit par la loi,
  département RP, SARL.</TD>
  </TR>
 </TABLE>
 </TD>
</TR>
</TABLE>
</BODY>
</HTML>
```

L'ATTRIBUT CELLSPACING=

L'attribut CELLSPACING= définit l'espacement entre les cellules en pixels. La valeur par défaut, non précisée, est de deux pixels. Vous pouvez utiliser CELLSPACING= sans bordures pour placer du texte et des graphiques exactement à l'endroit souhaité. Vous pouvez insérer un espace vide dans une cellule, si vous en avez besoin. La figure 3-12 illustre des exemples d'attributs CELLSPACING=.

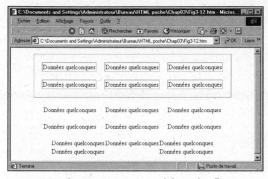

Figure 3-12 L'attribut CELLSPACING= permet d'obtenir des effets spéciaux et de placer textes et images avec précision.

```
<HTML>
<BODY>
<CENTER>
<TABLE BORDER CELLSPACING=20>
  <TR>
    <TD>Données quelconques</TD>
    <TD>Données quelconques</TD>
    <TD>Données quelconques</TD>
  </TR>
  <TR>
    <TD>Données quelconques</TD>
    <TD>Données quelconques</TD>
    <TD>Données quelconques</TD>
  </TR>
</TABLE>

<TABLE CELLSPACING=20>
  <TR>
    <TD>Données quelconques</TD>
    <TD>Données quelconques</TD>
```

```
      <TD>Données quelconques</TD>
    </TR>
    <TR>
      <TD>Données quelconques</TD>
      <TD>Données quelconques</TD>
      <TD>Données quelconques</TD>
    </TR>
</TABLE>


<TABLE CELLSPACING=0>
  <TR>
    <TD>Données quelconques</TD>
    <TD>Données quelconques</TD>
    <TD>Données quelconques</TD>
  </TR>
  <TR>
    <TD>Données quelconques</TD>
    <TD></td>
    <TD>Données quelconques</TD>
  </TR>
</TABLE>
</CENTER>
</BODY>
</HTML>
```

L'attribut CELLSPACING= peut créer des effets spéciaux intéressants, comme de larges cadres autour de textes ou de graphiques (figure 3-13).

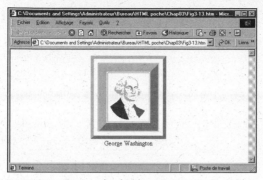

Figure 3-13 Vous pouvez utiliser l'attribut CELLSPACING= pour encadrer une image.

```
<HTML>
<BODY>
<CENTER>
<TABLE BORDER=8 CELLSPACING=10>
  <CAPTION ALIGN=BOTTOM>George Washington</CAPTION>
  <TR>
    <TD>
    <TABLE BORDER=20>
      <TR>
        <TD><IMG SRC="gwash2.gif"></TD>
      </TR>
    </TABLE>
    </TD>
  </TR>
</TABLE>
</CENTER>
</BODY>
</HTML>
```

L'UTILISATION CRÉATIVE DE TABLEAUX

Avec le marqueur <TABLE>, on peut introduire des effets de relief par un ombrage approprié. On peut dessiner des boîtes avec des cadres fins ou épais autour de textes et de graphiques, pour les faire ressortir visuellement (figure 3-14).

Figure 3-14 Un tableau ordinaire avec une bordure épaisse peut mettre en relief un élément particulier sur une page. Ne vous limitez pas à créer des tableaux traditionnels avec le marqueur <TABLE>.

```
<HTML>
<BODY>
<CENTER>
<TABLE CELLPADDING=10 CELLSPACING=0 BORDER=16>
  <TR>
    <TD ALIGN=CENTER>
    <H1>Offre spéciale</H1>
    <H3>Valable cette semaine seulement !</H3>
    <TABLE BORDER WIDTH=100%>
     <TR>
        <TD ALIGN=CENTER><I>Pour 10 scoubidous achetés,
        recevez-en 1 GRATUITEMENT !</I></TD>
     </TR>
    </TABLE>
```

```
      </TD>
    </TR>
  </TABLE>
</CENTER>
</BODY>
</HTML>
```

ARRANGER DU TEXTE EN COLONNES

N'oubliez pas que la plupart des écrans d'ordinateurs sont trop petits pour assurer une bonne lecture de textes en colonnes, à la manière des magazines ou des journaux. Les imprimeurs découpent souvent le texte en colonnes étroites pour que le lecteur puisse passer facilement d'une ligne à l'autre sans se perdre sur une page. Si les lignes étaient trop longues, l'œil du lecteur perdrait la trace de la ligne suivante (figure 3-15).

Figure 3-15 Les tableaux permettent d'organiser le texte en colonnes.

```
<HTML>
<BODY>
<CENTER>
<TABLE BORDER=0 WIDTH=80% CELLPADDING=6>
```

```
<TR>
  <TD ALIGN=CENTER COLSPAN=2>
  <H2>Les tableaux sont pratiques pour l'organisation
  de texte en colonnes.</H2>
  <H3>Un texte arrangé en colonnes étroites est
  généralement plus facile à lire que des longues
  lignes.</H3>
  </TD>
</TR>
<TR>
  <TD WIDTH=50% VALIGN=TOP>
  Imsep pretu tempu revol bileg rokam revoc tephe rosve
  etepe tenov sindu turqu brevt elliu  repar tiuve
  rosve etepe tenov sindu turqu brevt
  </TD>
  <TD VALIGN=TOP>
  isput Imsep pretu tempu revol bileg rokam revoc tephe
  rosve etepe tenov sindu turqu brevt  elliu repar
  rosve etepe tenov sindu turqu brevt
  </TD>
</TR>
</TABLE>
</CENTER>
</BODY>
</HTML>
```

À de rares exceptions près, il vaut mieux éviter des pages
Web plus grandes que la résolution moyenne d'un écran
(640 x 480), afin d'épargner au lecteur la nécessité de recourir aux barres de défilement horizontales (même si, dans ce
cas, elles sont automatiquement ajoutées en bas de l'écran
par la plupart des navigateurs).

Les colonnes peuvent éviter l'utilisation de barres de défilement (figure 3-16).

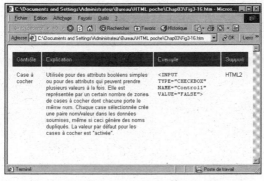

Figure 3-16 Les colonnes permettent de présenter plus d'informations sur un écran. Ainsi, il n'est plus nécessaire d'utiliser des barres de défilement pour aller jusqu'à la fin du texte. Améliorez la lisibilité et le graphisme en plaçant des en-têtes de tableaux et en précisant les caractéristiques de vos polices.

```
<HTML>
<BODY>
<TABLE WIDTH=100% CELLPADDING=10 CELLSPACING=2>
  <TR ALIGN=LEFT BGCOLOR="#000099">
    <TD><FONT FACE="ARIAL" COLOR=WHITE
    SIZE=2>Contrôle</FONT></TD>
    <TD><FONT FACE="ARIAL" COLOR=WHITE
    SIZE=2>Explication</FONT></TD>
    <TD><FONT FACE="ARIAL" COLOR=WHITE
    SIZE=2>Exemple</FONT></TD>
    <TD><FONT FACE="ARIAL" COLOR=WHITE
    SIZE=2>Support</FONT></TD>
  </TR>
  <TR>
    <TD ALIGN=LEFT BGCOLOR="#EEEEEE" VALIGN=TOP>
    <FONT FACE="ARIAL" SIZE=2>Case à cocher</FONT></TD>
    <TD ALIGN=LEFT BGCOLOR="#EEEEEE" VALIGN=TOP>
```

```
        <FONT FACE="ARIAL" SIZE=2>Utilisée pour des attributs
        booléens simples ou pour des attributs qui peuvent
        prendre plusieurs valeurs à la fois.
        Elle est représentée par un certain nombre de zones
        de cases à cocher dont chacune porte le même nom.
        Chaque case sélectionnée crée une paire nom/valeur
        dans les données soumises, même si cela génère
        des noms dupliqués. La valeur par défaut pour les
        cases à cocher est &quot;activée&quot;.
        </FONT></TD>
        <TD ALIGN=LEFT BGCOLOR="#EEEEEE" VALIGN=TOP>
        <FONT FACE="COURIER NEW" SIZE=2>&lt;INPUT
TYPE=&quot;CHECKBOX&quot;
        NAME=&quot;Control1&quot; VALUE=&quot;FALSE&quot;&gt;
        </FONT></TD>
        <TD ALIGN=LEFT BGCOLOR="#EEEEEE" VALIGN=TOP>
        <FONT FACE="ARIAL" SIZE=2>HTML2
        </FONT></TD>
    </TR>
</TABLE>
</BODY>
</HTML>
```

Les colonnes rendent plus lisibles de grandes quantités d'informations. Plutôt que de créer des lignes de texte qui se déroulent sur l'écran, arrangez les données côte à côte dans d'étroites colonnes pour que toute l'information soit visible en un seul coup d'œil et sur un seul écran.

 REMARQUE Les développeurs HTML doivent constamment repousser les limites, tout en respectant les standards matériels et logiciels. C'est un exercice de corde raide. Le HTML n'est pas inviolable, mais il faut essayer de comprendre ce qui en motive les restrictions et la nécessité de le normaliser (surtout en tenant compte des effets imprévisibles de l'application de codes non standards selon l'outil de navigation utilisé). Par ailleurs, si vous n'êtes pas flexible, vos pages auront moins de succès. Il faut être à la fois responsable et ouvert. Ne laissez pas le marché vous dicter votre comportement, mais suivez ses orientations. Les changements sont la seule constante dans ce domaine - et c'est ce qui le rend aussi fascinant.

L'UTILISATION DE TABLEAUX POUR LA MISE EN PAGE

Une caractéristique appréciable du marqueur <TABLE> est qu'il n'affiche aucun cadre si vous ne le précisez pas. Le marqueur <TABLE> est actuellement l'outil de mise en page le plus puissant de HTML. Dorénavant, les créateurs de pages Web ont presque la même liberté d'utiliser des « espaces blancs » dans la présentation graphique que les imprimeurs. Les tableaux sont l'outil qui va mettre un terme à la mise en page hiérarchique du Web. La figure 3-17 montre un exemple de l'utilisation créative de bordures invisibles pour créer des « espaces blancs ».

Figure 3-17 Les tableaux peuvent être utilisés pour placer du texte et des graphiques avec précision sur une page.

```
<HTML>
<BODY>
<CENTER>
<TABLE>
  <TR>
    <TD VALIGN=TOP ALIGN=LEFT><IMG
    SRC="corner1.gif"></TD>
    <td>&#32</td>
    <TD VALIGN=TOP ALIGN=RIGHT><IMG
    SRC="corner4.gif"></TD>
  </TR>
  <TR>
    <TD VALIGN=MIDDLE>&#32</TD>
    <TD ALIGN=CENTER><H1>PROMOTION BIDON !</H1></TD>
    <TD>&#32</TD>
  </TR>
  <TR>
    <TD VALIGN=BOTTOM ALIGN=LEFT><IMG
SRC="corner2.gif"></TD>
    <TD ALIGN=CENTER>En utilisant un tableau sans
    bordure,<BR>
    vous pouvez placer du texte et des graphiques avec
    précision.</TD>
    <TD VALIGN=BOTTOM ALIGN=LEFT><IMG SRC="corner3.gif">
    </TD>
    </TR>
</TABLE>
</CENTER>
</BODY>
</HTML>
```

L'emploi du marqueur <TABLE> n'est limité que par votre imagination. Si un navigateur est capable d'afficher un tableau, il peut également en afficher les variantes les plus extravagantes.

DE LA COULEUR DANS VOS TABLEAUX

Les tableaux sont une option dans le HTML, mais pour créer un document détonnant, mettez-le en couleurs. Les outils de navigation de pointe tels Microsoft Internet Explorer et Netscape Navigator vous permettent d'afficher quelques couleurs. La manière d'ajouter de la couleur à vos tableaux dépend du navigateur. Une fois de plus, il faut espérer que toutes ces merveilles seront implémentées dans les autres navigateurs au fur et à mesure que le HTML évoluera.

LES BORDURES EN COULEUR AVEC NETSCAPE NAVIGATOR

Vous pouvez entourer un tableau d'une bordure épaisse, mais aussi lui attribuer une couleur différente de celle du texte et du fond. Créez une image GIF en gris uni (ou une autre image GIF que vous aimeriez utiliser comme fond) et assignez-lui dans le marqueur <BODY> la fonction de fond de page. Ensuite, déterminez une couleur de fond supplémentaire à l'image GIF. Votre marqueur <BODY> ressemblera à ceci :

```
<BODY BACKGROUND= "coolbg.gif" BGCOLOR="#FF0000">
```

Vous venez de créer un fond double, le premier étant le fichier GIF et le second, la couleur que vous avez spécifiée. Elle sera alors visible à travers les bordures et les lignes horizontales (<HR>) de la page. Si votre fond est un fichier GIF gris uni ou décoratif, les lignes colorées du tableau se détacheront agréablement. Tant que le fichier GIF reste de taille raisonnable, cela ne devrait pas trop ralentir le chargement.

L'ATTRIBUT BGCOLOR= (MICROSOFT INTERNET EXPLORER)

Microsoft Internet Explorer vous permet de spécifier une couleur de fond pour chaque cellule individuelle (figure 3-18). Vous pouvez ajouter un attribut BGCOLOR= à n'importe quel marqueur <TD> et choisir une couleur différente pour chacune des cellules.

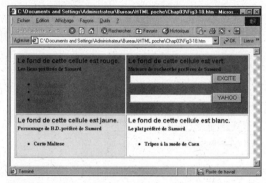

Figure 3-18 Vous pouvez attribuer une couleur différente à chaque cellule d'un tableau avec l'attribut BGCOLOR=.

```
<HTML>
<BODY>
<CENTER>
<TABLE BORDER=1 CELLPADDING=4 CELLSPACING=2>
  <TR>
   <TD VALIGN=TOP ALIGN=LEFT BGCOLOR="RED" WIDTH=320>
   <FONT SIZE-3 FACE="ARIAL"><B>Le fond de cette cellule
    est rouge.</B></FONT><BR>
    <FONT SIZE=2><B>Les liens préférés de
Samord</B></FONT>
   <UL>
```

```
    <LI><FONT SIZE=2><A HREF="http://nctweb.com/nct">Web
    Magazine</A></FONT>
    <LI><FONT SIZE=2><A
HREF="http://www.gw2k.com">Gateway 2000</A></FONT>
    <LI><FONT SIZE=2><A
HREF="http://www.microsoft.com">Microsoft</A></FONT>
    </UL>
    </TD>
    <TD VALIGN=TOP ALIGN=LEFT BGCOLOR="GREEN" WIDTH=320>
    <FONT SIZE=3 FACE="ARIAL"><B>Le fond de cette cellule
    est vert.</B></FONT><BR>
    <FONT SIZE=2><B>Moteurs de recherche préférés de
    Samord</B></FONT>
     <TABLE BORDER=0 CELLPADDING=1 CELLSPACING=2>
       <TR>
         <TD><FONT SIZE=2>
         <FORM ACTION="http://www.excite.com/search.gw"
         METHOD=POST>
          <INPUT NAME="SEARCH" SIZE=30>
          <INPUT TYPE=SUBMIT   VALUE="EXCITE SEARCH">
         </FORM>
         </FONT>
         </TD>
       </TR>
       <TR>
         <TD><FONT SIZE=2>
         <FORM METHOD=GET
ACTION="http://search.yahoo.com/bin/searchm">
         <INPUT SIZE=30 NAME=P>
         <INPUT TYPE="SUBMIT" VALUE="YAHOO SEARCH">
         <INPUT TYPE=HIDDEN NAME=R VALUE=MSN>
         </FORM>
         </FONT>
```

```
          </TD>
        </TR>
</TABLE>
    </TD>
  </TR>
  <TR>
    <TD VALIGN=TOP ALIGN=LEFT BGCOLOR="YELLOW" WIDTH=320>
    <FONT SIZE=3 FACE="ARIAL"><B>Le fond de cette cellule
    est jaune.</B></FONT><BR>
    <FONT SIZE=2><B>Personnage de B.D. préféré de
Samord</B></FONT>
    <UL>
     <LI><FONT SIZE=2><B>Corto Maltese</B></FONT>
     </UL>
     </TD>
     <TD VALIGN=TOP ALIGN=LEFT BGCOLOR="WHITE" WIDTH=320>
     <FONT SIZE=3 FACE="ARIAL"><B>Le fond de cette cellule
     est blanc.</B></FONT><BR>
     <FONT SIZE=2><B>Le plat préféré de Samord</B></FONT>
     <UL>
      <LI><FONT SIZE=2><B>Tripes à la mode de
Caen</B></FONT>
     </UL>
     </TD>
  </TR>
</TABLE>
</CENTER>
</BODY>
</HTML>
```

L'ATTRIBUT BORDERCOLOR= (MICROSOFT INTERNET EXPLORER)

Microsoft Internet Explorer vous permet également de spécifier la couleur des bordures d'un tableau et de chacune de ses cellules. Il suffit d'ajouter l'attribut BORDERCOLOR=Code Couleur au marqueur <TABLE> ou <TD>. Bien entendu, si votre navigateur cible est Microsoft Internet Explorer, vous pouvez spécifier les couleurs en entrant leur nom (figure 3-19).

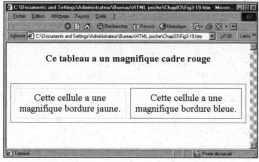

Figure 3-19 L'attribut BORDERCOLOR= vous permet de donner une couleur au cadre de chaque cellule d'un tableau.

```
<HTML>
<BODY>
<TABLE BORDER CELLPADDING=10 CELLSPACING=10
BORDERCOLOR=RED>
   <CAPTION><H2>Ce tableau a un magnifique cadre
   rouge</H2></CAPTION>
   <TR ALIGN=CENTER>
     <TD BORDERCOLOR=YELLOW><FONT SIZE=5>
     Cette cellule a une magnifique bordure
     jaune.</FONT></TD>
     <TD BORDERCOLOR=BLUE><FONT SIZE=5>
```

```
        Cette cellule a une magnifique bordure bleue.</FONT>
        </TD>
      </TR>
    </TABLE>
  </BODY>
</HTML>
```

LES ATTRIBUTS BORDERCOLORDARK= ET BORDERCOLORLIGHT= (MICROSOFT INTERNET EXPLORER)

Les bordures de tableaux sont légèrement en relief ou en 3D, ce qui est généralement obtenu par deux tonalités de gris. Avec les attributs BORDERCOLORLIGHT= et BORDERCO-LORDARK=, vous pouvez attribuer une couleur à chacune des deux bordures « 3D » d'un tableau ou d'une cellule quelconque à l'intérieur d'un tableau. J'aime faire ressortir mes tableaux en définissant BORDERCOLORDARK=black pour donner une belle définition claire à un cadre (figure 3-20).

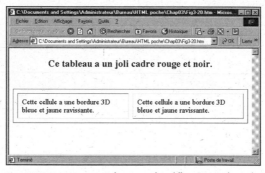

Figure 3-20 Vous pouvez spécifier une couleur différente pour chaque bordure « 3D » d'un tableau ou d'une cellule.

```
<HTML>
<BODY>
<TABLE BORDER BORDERCOLORDARK=BLACK BORDERCOLORLIGHT=RED
CELLPADDING=10 CELLSPACING=10>
  <CAPTION><H2>Ce tableau a un joli cadre rouge et
  noir.</Il2></CAPTION>
  <TR>
    <TD BORDERCOLORLIGHT=YELLOW BORDERCOLORDARK=BLUE>
    <FONT SIZE=4>Cette cellule a une bordure 3D bleue et
    jaune ravissante.</FONT>
    </TD>
    <TD BORDERCOLORLIGHT=BLUE BORDERCOLORDARK=YELLOW>
    <FONT SIZE=4> Cette cellule a une bordure 3D bleue et
    jaune ravissante.</FONT>
    </TD>
  </TR>
</TABLE>
</BODY>
</HTML>
```

LES GRAPHIQUES

Beaucoup pensent que la fonction du HTML devrait se limiter à la présentation de textes. Ces puristes sont pourtant obligés d'admettre que les images sont le véritable piment de sites Web. Mais comme les images ralentissent le chargement, vous devez toujours essayer de réduire leur taille au maximum. Étant donné que la plupart des écrans d'ordinateurs ne peuvent afficher des résolutions supérieures à 72 pixels par pouce, n'en utilisez pas de plus élevée. Mais ne vous limitez pas non plus à des pages pour les seuls utilisateurs de modems 9 600 bps. Si vous vous en tenez au plus petit dénominateur commun, vos pages paraîtront ternes et sans intérêt à une majorité de lecteurs.

Cette leçon va vous présenter quelques astuces et techniques graphiques qui vous permettront non seulement d'embellir vos pages, mais aussi d'en assurer un chargement rapide.

ZONES DE DÉLIMITATION ET ATTRIBUTS ALT=

Pour réduire le temps de chargement d'une page contenant des images, il est conseillé d'indiquer la taille des fichiers graphiques dans le code HTML : si un programme de navigation connaît la taille d'une image lorsqu'il commence à charger une page, il peut immédiatement en déterminer la position et charger d'abord le texte autour, ce qui prend moins de temps. À l'emplacement prévu pour l'image, le navigateur lui réserve un espace vide. Le visiteur peut commencer à lire le texte en attendant que l'image soit complètement chargée. Cette démarche représente une marque d'attention envers les lecteurs.

COMMENT SPÉCIFIER LA TAILLE D'UN GRAPHIQUE

Il est facile de prévoir l'emplacement d'une image si vous disposez d'un programme de manipulation d'images comme Photoshop, HiJaak Pro ou LView Pro. Commencez par ouvrir l'image dans ce programme et déterminez sa taille en pixels. Ajoutez ensuite sa largeur et sa hauteur au marqueur de l'image comme ceci :

```
<IMG SRC="/gifsdir/logored.gif" WIDTH=413 HEIGHT=356>
```

Si vous ne procédez pas de cette façon, un navigateur affichera d'abord l'image au fur et à mesure qu'elle apparaîtra, puis le texte. Cela prend du temps. Cependant, si vous avez pensé à indiquer la taille du graphique, le programme de navigation procédera comme décrit plus haut. S'il existe d'autres images ou du texte sur la page, le programme peut commencer à y travailler tout en remplissant la zone prévue avec la première image.

 ATTENTION Si vos indications de largeur/hauteur de l'image ne correspondent pas à la réalité, le navigateur va comprimer ou étendre l'image pour qu'elle remplisse l'espace que vous lui avez précisé. Cela peut être utilisé pour un dimensionnement improvisé, mais le résultat risque d'être disparate, avec des lignes diagonales et des courbes en escalier au lieu de lignes arrondies et régulières. Soyez vigilant lorsque vous donnez les dimensions d'une image.

Comparé aux possibilités de l'impression sur papier, l'état d'avancement de l'édition graphique sur le Web peut sembler primitif, mais cela va certainement évoluer rapidement. De grands esprits se sont donné pour mission de perfectionner le Web dans ce domaine et, avec l'augmentation de la largeur de bande et de la vitesse des modems, le grand jour approche.

L'ATTRIBUT ALT=

L'attribut ALT= ajouté au marqueur <IMG> offre aux utilisateurs de navigateurs affichant exclusivement du texte (ou à ceux qui ont désactivé l'affichage d'images) une description de l'image ou de son rôle. Microsoft Internet Explorer affiche également le texte de l'attribut ALT= dans la zone délimitée lorsque l'image se charge. Netscape Navigator affiche le texte si l'option « Chargement automatique des images » est désactivée.

Par exemple, si l'image est une loupe et que le texte de ALT= indique « Parcourir ce site », le lecteur saura tout de suite qu'il peut cliquer sur cette zone pour parcourir le site sans attendre que l'image soit chargée pour savoir de quoi il s'agit (figure 4-1). Voilà à quoi ressemble un marqueur <IMG> avec l'attribut ALT= :

```
<IMG SRC="search.gif" HEIGHT=50 WIDTH=100 ALT="Parcourir
ce site">
```

Figure 4-1 Si les images n'ont pas encore été chargées, le texte associé à leur attribut ALT= s'affiche à leur place.

```
<HTML>
<BODY>
<IMG SRC="nothing.gif" ALT="Bienvenue sur notre site Web
exemplaire" width=500 height=50><BR>
<IMG SRC="nothing.gif" ALT="Parcourir ce site" width=100
height=50>
<IMG SRC="nothing.gif" ALT="Téléchargements" width=100
height=50>
<IMG SRC="nothing.gif" ALT="Foire Aux Questions"
width=100 height=50>
<IMG SRC="nothing.gif" ALT="Assistance technique"
width=100 height=50>
<IMG SRC="nothing.gif" ALT="Autres sites Internet"
width=100 height=50><BR>
Voici un exemple qui illustre le fonctionnement de
l'attribut ALT= du marqueur IMG dans
Microsoft Internet Explorer pendant le chargement des
images ou si l'option Afficher les images est désactivée.
</BODY>
</HTML>
```

Avec un peu d'imagination et quelques outils spéciaux, vous pouvez déjà créer des graphiques élaborés sur votre site Web. Une poignée de personnalités marquantes du Web ont poussé les outils existants à leurs dernières limites et créé des sites qui sont non seulement visuellement stimulants, mais qui utilisent aussi des images pour informer et éduquer, ce qui est leur rôle fondamental.

Certains se plaindront que quelques développeurs Web sont allés trop loin, obstruant la bande passante avec des images dont la raison d'être n'est pas établie. Ils ont certainement raison. Dans tous les domaines, certains en font trop, tandis que d'autres restent constamment à la traîne. Profitez de l'expérience de ceux qui ont prospecté des territoires inexplorés, et des idées qui peuvent rendre votre site Web plus attrayant et plus efficace.

Commençons par quelques idées simples.

LES IMAGES TRANSPARENTES

Vous avez sans doute déjà vu sur le Web des images qui semblent flotter au-dessus de l'arrière-plan. Si le fond de votre navigateur est gris, blanc ou jaune chartreuse, cette couleur transparaît à travers le dessin du graphique. Il s'agit d'une image transparente. Vous pouvez voir la différence entre une image normale et une image transparente à la figure 4-2. Même si la couleur de fond par défaut de la plupart des navigateurs est le gris, tous les utilisateurs qui viennent sur votre site n'ont peut-être pas choisi de la conserver. D'habitude, je garde un fond gris clair, mais j'ai vu des sites bleu clair et même jaunes.

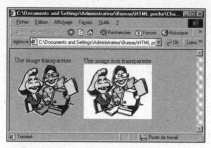

Figure 4-2 L'image de droite est une image normale. L'image de gauche est une image transparente. Comme vous pouvez le constater, l'image transparente est plus belle dans presque toutes les situations.

Heureusement, la conversion des images pour leur attribuer un fond transparent est assez simple.

Ce qu'un programme de navigation appelle le fond d'une bitmap est simplement la couleur dominante de l'arrière-plan. Lorsque vous « rendez un fond transparent », vous modifiez une couleur de l'image, que ce soit celle du fond ou d'une autre partie de l'image. Par exemple, si une image a un fond gris et contient un avion gris, cet avion deviendra également transparent lorsque vous rendrez le fond transparent (étant donné que le gris a été défini comme couleur de fond).

LES FORMATS DE FICHIERS GRAPHIQUES (IMAGES BITMAP ET VECTORIELLES)

Les images créées par ordinateur se présentent généralement sous l'une de ces deux formes : bitmap ou vectorielles. (Sur Macintosh, les images bitmap sont connues sous le nom d'images matricielles.)

(suite)

(suite)

Les images bitmap sont créées avec un programme de dessin comme Windows Paintbrush ou CorelPHOTOPAINT. Les scanneurs produisent généralement une sorte d'image bitmap. Ces images sont définies au point par point par l'ordinateur (plus précisément au pixel par pixel). Une fois que la superficie totale de l'image a été définie, la couleur de chaque point ou pixel, est déterminée séparément, y compris la couleur de fond. Les images bitmap ont donc par définition des fonds unis. Les formats des fichiers associés incluent BMP, PCX et TIF.

Les programmes de dessin et de DAO créent des images en format vectoriel, en définissant les coordonnées des lignes qui la composent. Une image vectorielle est un ensemble d'instructions de dessin de lignes d'une épaisseur donnée d'un point A vers un point B. Un fond n'a pas besoin d'être défini. Les images vectorielles sont généralement associées aux formats de fichiers WMF, DXF et CDR. Malheureusement, comme les navigateurs Web ne fonctionnent qu'avec le format bitmap, vous devez convertir les images vectorielles en bitmaps avant de pouvoir les utiliser sur le Web. Le fond d'une image vectorielle, qui, à l'origine, n'est pas uni, le devient lors de la conversion. Si vous souhaitez vous en débarrasser, n'ayez crainte, les fonds sont faciles à manipuler. Les formats GIF et JPEG sont reconnus par la majorité des logiciels de navigation, et GIF est le seul format qui prenne en charge les fonds transparents.

COMMENT CRÉER UNE IMAGE TRANSPARENTE

Avant de rendre une image transparente, vous devez la préparer pour la conversion. Si le fond n'est pas uni (par exemple, s'il comporte des textures parasites), vous devrez la nettoyer dans un logiciel de dessin ou un éditeur d'images. Sinon, même une infime tache de couleur sera visible une fois le fond rendu transparent. Quelques minutes passées dans Adobe Photoshop ou Windows Paintbrush suffiront pour obtenir des images plus nettes. Essayez également de trouver la valeur RGB (*red, green, blue*), de la couleur choisie pour le fond. Cette valeur varie d'un programme à l'autre. Certains navigateurs l'affichent dans la barre d'état lorsque le pointeur de la souris est sur l'image, d'autres au cours des différents modes d'édition. Consultez le manuel du logiciel ou l'aide en ligne pour savoir comment procéder. Ces informations pourront vous être utiles plus tard. Les valeurs RGB se présentent sous forme de nombres (207 207 207 représentant ainsi le gris standard de navigateur) qui indiquent la proportion de chaque teinte présente dans la couleur. Chaque couleur se compose d'une quantité variable de rouge, de vert et de bleu. Ces proportions sont définies par une valeur entre 0 et 255.

Pour travailler dans le programme de dessin, vous devez convertir le format de votre image en fichier GIF. Avec HiJaak, Photoshop et des programmes similaires, cette conversion s'effectue simplement en ouvrant votre fichier d'origine et en le sauvegardant en format GIF.

Il existe deux sortes de fichiers GIF : 87a et 89a. Les « dieux de l'image » n'ont pas jugé les fichiers GIF 87a dignes de pouvoir être transparents, or la plupart des programmes de dessins ne reconnaissent que les 87a. Heureusement, la conversion d'un 87a en un 89a est un jeu d'enfant : il suffit d'ouvrir l'image et de la sauvegarder dans un programme qui prenne en charge le format 89a.

Ensuite, vous devez vous assurer que la couleur de fond n'est pas utilisée ailleurs dans le graphique. Lorsque le fond est rendu transparent, le programme de conversion cherche les pixels de la couleur précisée sur toute l'image, afin de les éliminer. N'oubliez pas que le fond du navigateur sera visible partout où était cette couleur. Supposez par exemple que vous ayez un portrait sur fond blanc où on peut voir le blanc des yeux de la personne. Si vous rendez cette image transparente et la visionnez sur un fond gris, non seulement l'arrière-plan autour de la tête apparaîtra gris, mais aussi les yeux. Chaque partie de l'image qui était blanc auparavant sera grise. Comme vous pouvez le voir à la figure 4-2, le résultat peut être redoutable. Si vous avez été assez prévoyant pour colorer les yeux en bleu, ils le resteront sur n'importe quel fond.

Certains programmes de navigation ne prennent pas en charge les images GIF transparentes, mais affichent simplement les couleurs d'origine. Pour assurer une bonne qualité de vos images même dans ces navigateurs, il est judicieux de régler la couleur du fond sur gris clair avant la conversion : comme c'est la couleur par défaut de la plupart des programmes de navigation, vous pouvez être sûr qu'elle sera bien rendue.

Une fois votre image nettoyée, elle est prête pour la conversion. Il existe plusieurs programmes de conversion. Certains ont une interface graphique, d'autres utilisent des lignes de commande. LView Pro est tellement simple d'utilisation que j'y suis resté fidèle depuis la première utilisation. Il suffit d'ouvrir le fichier graphique dans LView Pro, de lui indiquer la couleur de fond existante, de l'enregistrer, et c'est tout !

L'UTILISATION DE LVIEW PRO

Consultez l'astuce concernant LViewPro pour savoir où vous procurer une copie du logiciel. Quand vous l'aurez téléchargé, décompressez-le, enregistrez-le, et tout ce qu'il vous restera à faire, sera d'ouvrir votre fichier dans LView Pro. Vous pouvez travailler avec des fichiers BMP, PCX, GIF, TIF et quelques autres. Vous pouvez même ouvrir plusieurs fichiers et les convertir simultanément.

Après avoir ouvert le fichier, sélectionnez **Options**, **Background Color** (Couleur de fond), et choisissez la couleur que vous voulez rendre transparente. LView Pro affiche un échantillon de chaque couleur de l'image. Si vous hésitez, LView Pro vous indique la valeur RGB de la couleur sur laquelle vous avez cliqué afin de la faire correspondre exactement au fond que vous aviez choisi – à condition, bien entendu, de vous souvenir de ses valeurs RGB.

Maintenant, il vous reste à sauvegarder le fichier. Lorsque vous choisissez **File**, **Save** (Fichier, Enregistrer) ou **File**, **Save as** (Fichier, Enregistrer sous…), LView Pro vous demande si vous souhaitez l'enregistrer au format GIF 89a. Comme c'est celui qu'il vous faut pour rendre l'image transparente, cliquez donc sur « OK ».

Voilà, votre image est transparente. Pour vérifier votre travail dans un navigateur, assurez-vous que le cache du programme est vidé avant de charger le fichier converti. Sinon, vous ouvrirez le fichier qui était en mémoire pendant que vous convertissiez.

LView Pro peut faire bien plus que cela. Il peut « entrelacer » vos images (voir la section suivante) en même temps qu'il rend le fond transparent.

ASTUCE LView Pro est un shareware. Pour en obtenir une copie, contactez son auteur à l'adresse suivante :

mmedia@world.std.com.
Leonardo Haddad Loureiro
1501 East Hallandale Beach Boulevard, #254
Hallandale, FL 33009
USA

Il existe également plusieurs endroits sur Internet d'où télécharger LView Pro, comme : http://netweb.com

ASTUCE Vous savez probablement que vous pouvez copier le code HTML d'une page Web qui vous plaît en utilisant la commande **Enregistrer sous...** de votre navigateur pendant que vous visionnez la page. Vous sauvegarderez ainsi une copie en format texte du code HTML de la page, que vous pourrez utiliser à votre tour. Vous pouvez également copier-coller des parties d'une page Web en choisissant Affichage, Source dans Internet Explorer (ou la commande équivalente d'un autre navigateur). Une fois le code copié, vous pouvez vous en servir pour recréer ce que vous avez vu sur le Web.

LES IMAGES ENTRELACÉES

Vous avez sans doute rencontré des images qui s'affichaient très lentement dans votre programme de navigation, comme si elles étaient dissimulées derrière plusieurs voiles. D'abord, vous ne voyez qu'une image grossière et floue, puis elle devient de plus en plus nette au fur et à mesure que des pixels supplémentaires sont téléchargés sur votre écran. Il s'agit d'images entrelacées.

À première vue, les images entrelacées se chargent plus vite que les images normales, mais j'ai chronométré leur chargement et conclu qu'il n'y avait aucune différence. Ce n'est qu'une *illusion*. Alors, à quoi bon ? Vitesse apparente contre vitesse perçue. Si nous ne pouvons pas charger les images plus rapidement, nous pouvons au moins *faire semblant*. Comparez le chargement d'un fichier GIF entrelacé et d'un fichier GIF ordinaire (figure 4-3).

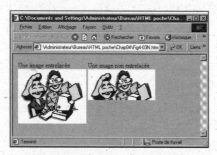

Figure 4-3 Le GIF entrelacé, à gauche, est identifiable plus tôt que le GIF non entrelacé, à droite. Même lorsque l'image est encore un peu brouillée, vous pouvez vous faire une idée de son aspect général. L'image de droite n'est chargée qu'en partie et il faut attendre pour voir ce qu'elle représente.

Le fichier GIF ordinaire se charge de haut en bas et doit, dans la plupart des cas, s'afficher presque entièrement avant que l'on puisse reconnaître ce qu'il contient. Les GIF entrelacés donnent presque instantanément une image floue. L'utilisateur peut alors décider si elle mérite d'attendre la fin du chargement ou s'il continue sa promenade sur le Web. C'est pourquoi je sauvegarde presque tous mes fichiers GIF en mode entrelacé.

Étant donné que les images entrelacées sont belles et faciles à créer, il n'y a aucune raison de les ignorer.

Plusieurs programmes de traitement d'images offrent la possibilité d'enregistrer les images GIF et JPEG au format entrelacé. Dans la plupart, il suffit d'ouvrir le fichier et de le sauvegarder aussitôt en choisissant l'option **Entrelacé**. C'est une opération rapide et indolore.

ASTUCE Si vous cliquez avec le bouton droit sur l'image d'une page Web (MS Explorer ou Netscape Navigator), vous obtiendrez un menu sympa qui vous permet de dérober l'image et de la sauvegarder dans un répertoire local. Assurez-vous tout de même que vous avez l'autorisation d'utiliser cette image. Ce n'est pas parce qu'elle se trouve sur le Web que l'on peut s'en servir comme on veut. Honni soit qui mal en use !

COMMENT CRÉER UN GRAPHIQUE ENTRELACÉ

Avec LView Pro, la conversion d'un fichier GIF normal au format GIF entrelacé s'effectue en ouvrant le fichier et en l'enregistrant après avoir choisi **Options, Save GIFs Interlaced** (Options, Sauvegarder GIF entrelacé). Vous n'êtes pas obligé d'enregistrer le fichier au format 89a. En fait, si vous voulez sauvegarder un fichier sans fond transparent, vous devriez le faire au format 87a pour éviter l'effet de transparence.

C'est tout ce qu'il faut savoir à ce sujet. Si vous laissez l'option **Save GIFs Interlaced** (Sauvegarder GIF entrelacé) activée (c'est-à-dire, si vous ne la désactivez pas volontairement), LView Pro sauvegardera automatiquement tous les fichiers GIF dans ce mode.

LES IMAGE MAPS

Avec les Image maps, ou images interactives, vous pouvez doter votre site d'un menu graphique de forme libre qui permette à vos lecteurs de circuler dans les venelles de votre site ou sur les grands axes du Web. Une image mappée n'est rien de plus qu'une image contenant des « points dynamiques » (hot spots) qui assurent les liens avec les adresses URL d'autres pages ou sites. Voilà comment elles fonctionnent : lorsque l'utilisateur clique sur une Image map définie par l'attribut ISMAP du marqueur <IMG>, les coordonnées de l'emplacement du clic sont envoyées au serveur Web. Le serveur recherche ensuite dans le fichier map le point dynamique qui contient les coordonnées du clic. S'il trouve une correspondance, il appelle l'URL indiquée, envoyant ainsi le programme de navigation de l'utilisateur au nouvel emplacement.

« Une image vaut tous les discours ». Cette affirmation est aussi valable sur le Web que dans le monde de l'imprimé. Une liste écrite de liens peut convenir, mais la même liste sous forme d'illustration exerce une attirance plus forte sur les lecteurs.

Cependant, les images savent faire bien plus qu'attirer le regard. Elles expriment plus que les mots. Les agences de publicité le savent très bien et s'en servent pour forger l'identité d'un produit ou d'une entreprise. Les Image maps vous permettent donc en même temps d'afficher un menu de votre site Web et de lui donner une « image de marque » auprès de vos lecteurs.

Selon votre navigateur cible, vous aurez peut-être besoin d'un accès au répertoire cgi-bin de votre serveur Web. Il vous faut alors demander à l'administrateur la permission d'y stocker des fichiers. Les Image maps sont, malgré cela, faciles à mettre en place. Il existe plusieurs programmes qui simplifient tellement leur création qu'il suffit de tracer les points dynamiques avec la souris et de leur assigner une URL.

LES IMAGE MAPS CÔTÉ CLIENT (CLIENT-SIDE) OU CÔTÉ SERVEUR (SERVER-SIDE)

Il existe deux sortes d'Image maps : celles qui sont gérées par le serveur, et celles, plus récentes, qui fonctionnent côté client. Les Image maps côté serveur recherchent l'URL assignée à une zone dynamique sur le serveur et envoient ensuite la page correspondante au navigateur. Les Image maps côté client contiennent les informations relatives au point dynamique dans le code HTML de la page. Le navigateur peut ensuite déterminer quelles zones sont actives et demander au serveur d'envoyer la page.

Les Image maps côté client offrent plusieurs avantages. En premier lieu, celui d'être portables sur plusieurs serveurs. Ensuite, elles réduisent le rôle du serveur (par exemple, ce n'est pas à lui de trouver toutes les informations sur les points dynamiques de l'Image map) et donc le nombre de transferts serveur. Les informations sur les Image maps côté serveur doivent figurer dans un script placé dans le répertoire cgi-bin. Pour des raisons de sécurité, les fournisseurs de services sont souvent réticents à laisser des gens errer sur leurs serveurs et ajouter des scripts dans leur répertoire cgi-bin. Si vous louez ou empruntez de l'espace sur le serveur d'un tiers, il vous faudra certainement beaucoup de persuasion ou de charme pour pouvoir placer les scripts de vos Image maps à l'endroit nécessaire pour que le tout fonctionne.

 ASTUCE Lorsque vous dessinez l'image que vous allez utiliser, faites attention à ce que vos points dynamiques soient bien placés ; suffisamment grands et faciles à repérer, ils ne doivent pas se chevaucher ou être trop près les uns des autres. L'index, la forme que prend le pointeur lorsqu'il se trouve sur un lien, n'est pas un outil de pointage très précis. Assurez-vous donc que vos « hot spots » sont espacés et assez grands, d'au moins 1 cm.

La création d'une Image map

La création d'une Image map s'effectue en deux temps. Vous devez d'abord définir les emplacements de vos futurs points dynamiques, puis associer ceux-ci aux URL vers lesquelles ils doivent pointer. Pour définir les points dynamiques, vous devez faire une liste des coordonnées (en pixels) des endroits que vous voulez activer. Vous pouvez le faire manuellement et en tracer les coordonnées point par point, mais vous vous faciliterez énormément la tâche en utilisant un programme comme MapEdit ou Map THIS!.

Vous pouvez les obtenir à l'adresse suivante : http://www.boutell.com/mapedit.

 ASTUCE Vous pouvez rendre sensible la région située autour d'un point dynamique, afin de renvoyer celui qui cliquerait à côté du « hot spot » à une URL par défaut. Cette URL pourrait simplement pointer vers la page courante. Ainsi, l'utilisateur peut réessayer jusqu'à ce qu'il arrive à poser le pointeur au bon endroit. Bien des personnes réalisent encore maladroitement ce genre d'opérations, pensez à elles !

Le logiciel Map THIS! peut créer des Image maps côté serveur et côté client. Autre bonne nouvelle, il est gratuit. C'est une application 32 bits, mais qui fonctionne avec Windows 3.1 ou Windows 3.11 si vous vous procurez des fichiers Win32 (également disponibles sur le site de Map THIS!).

Mapper une image est un jeu d'enfant. Vous ouvrez simplement le fichier image dans Map THIS!, choisissez la forme des points dynamiques, puis cliquez, glissez-déplacez et pointez avec la souris jusqu'à ce que son aspect vous convienne. Le programme crée automatiquement un fichier qui décrit les limites des points dynamiques. Ensuite, vous assignez une URL par point. Ils peuvent avoir différentes formes (rectangles, polygones ou cercles) et être placés n'importe où sur l'image. Vous pouvez les faire se chevaucher, bien que ce soit un peu délicat car les utilisateurs pourraient avoir du mal à pointer sur le lien correct. La plupart des navigateurs gèrent les points dynamiques qui se chevauchent de la même manière : ils considèrent que la première zone définie comme point dynamique s'applique à toutes les zones qui le chevauchent.

Les points dynamiques sont définis par les coordonnées des angles des rectangles et des polygones, ou par le centre et le diamètre d'un cercle. Voici à quoi ressemblent une Image map et son fichier .MAP :

```
rect /subdir/subdir/pageweb.html        21,168 97,202
rect /subdir/subdir/autrepageweb.html   148,169 357,205
rect /subdir/otherdir/ pageweb.html     410,169 567,202
```

Lorsque votre image est achevée, vous pouvez l'enregistrer au format NCSA ou CERN pour le côté serveur, ou au format CSIM pour le côté client. Map THIS! se charge du reste. Il crée l'Image map côté serveur ou incorpore celle du côté client dans le fichier HTML de votre choix. Si vous avez décidé de créer une Image map côté client, Map THIS! ne générera que les données pour le marqueur <MAP>. Il vous faudra créer le marqueur d'image avec l'attribut USEMAP= vous-même et le placer après le marqueur </MAP>. N'oubliez pas d'insérer le symbole # avant le nom de l'Image map dans l'attribut USEMAP=, comme ceci :

```
<IMG SRC="imagemap.gif" USEMAP="#sitemap">
```

LE MARQUEUR HTML

Une fois votre graphique mappé et les URL associées aux points dynamiques, vous devez intégrer cette image dans votre page HTML. Vous pouvez le faire de plusieurs façons, selon que vous avez opté pour le côté serveur ou le côté client.

Les Image maps côté serveur

La méthode la plus ancienne et la plus répandue pour créer des Image maps (c'est-à-dire avec HTML 2.0) nécessite la présence de l'attribut ISMAP dans le marqueur d'image. Celui-ci se réfère à l'image de base que vous allez mapper et doit se trouver entre les marqueurs de début et de fin du fichier .MAP. Voici un exemple de ce que vous pourriez entrer dans votre fichier HTML :

```
<IMG SRC="chemin/du/fichier.gif" ISMAP></A>
```

L'attribut ISMAP indique au programme de navigation que le graphique est une image mappée. Lorsque l'on clique sur un point de l'image, il envoie un message au serveur avec les coordonnées de la position du pointeur au moment du clic. Si vous pointez sur une Image map, vous pourriez lire dans la barre d'état ceci :

```
http://www.quelquepart.com/quelquechose/image.map?300,20
```

Les numéros derrière le point d'interrogation sont les coordonnées de la position du pointeur. Vous ne verrez ces coordonnées qu'avec des Image maps côté serveur. Les Image maps côté client affichent les URL ou liens correspondants.

Certains logiciels serveurs ont besoin qu'on leur indique quel programme exécuter pour traiter une Image map. L'URL affichée dans la barre d'état de votre navigateur pourrait alors ressembler à ceci :

```
http://www.quelquepart.com/cgi-
bin/imagemap/quelquechose/image.map?300,20
```

Dans ce cas, le serveur utilise un programme qui s'appelle « image map » dans le répertoire cgi-bin. Pour être sûr que vos Image maps fonctionnent bien, vous devrez demander à votre administrateur ce dont le serveur a besoin pour les traiter.

Selon le logiciel de votre serveur, les entrées que vous effectuerez dans votre fichier HTML ressembleront à l'un des exemples suivants :

```
<IMG SRC="image.gif" ISMAP></A>
```

ou

```
<A HREF="/cgi-bin/imagemap/image.map"><IMG
SRC="image.gif" ISMAP></A>
```

Le premier exemple est pour un logiciel serveur qui n'a pas besoin de programme de mappage d'images. Le second exemple concerne un logiciel serveur qui, lui, en a besoin.

Les Image maps côté client

Contrairement aux Image maps côté serveur, celles-ci sont indépendantes du logiciel serveur et conservent leur format, même si vous déplacez les fichiers d'un serveur à un autre. Elles ne demandent que deux choses : le navigateur doit reconnaître HTML 3.0 et ultérieur et les informations relatives à l'Image map doivent se trouver dans le fichier HTML. Voici comment il faut entrer les données dans le fichier HTML :

```
<MAP NAME="côtéclient.map">
<AREA SHAPE="rectangle, cercle, ou polygone"
COORDS="x,y,..."
HREF="link">
</MAP>
<IMG SRC="image.gif" USEMAP="#côtéclient.map">
```

Notez que s'il n'y a pas d'attribut SHAPE=, la valeur par défaut est SHAPE="RECT". L'attribut COORDS= vous indique les coordonnées de la forme en pixels. L'attribut USEMAP= dans le marqueur <IMG> fonctionne comme un hyperlien. Si seul le symbole # précède l'Image map, USEMAP= suppose qu'elle se trouve dans le même fichier que le marqueur <IMG>.

Ne vous laissez pas impressionner par les coordonnées. Avec les programmes actuels (comme Map THIS!), il vous suffit de dessiner des cercles, des carrés ou des polygones sur les points de l'image que vous voulez associer à une URL, pour que le logiciel en calcule automatiquement les coordonnées.

La combinaison d'Image maps côté serveur et côté client

Si vous souhaitez observer la plus grande prudence, vous pouvez faire fonctionner vos Image maps simultanément des côtés client et serveur.

Une fois que vous avez créé vos Image maps côté serveur et côté client, il est facile de combiner les deux dans le code HTML. Vous saisissez simplement l'entrée pour l'Image map côté serveur et l'attribut USEMAP= dans votre marqueur d'image, comme ceci :

```
<AHREF="image.map"><IMG SRC="image.gif" ISMAP USEMAP="#
côté client.map"></A>
```

L'attribut USEMAP= a la priorité sur l'attribut ISMAP et sera reconnu par le navigateur, si celui-ci prend en charge les Image maps côté client. Sinon, il sera simplement ignoré.

Les échantillons ou croquis d'images

Il est difficile de résister à la tentation d'utiliser des graphiques spectaculaires de haute résolution pour illustrer certains sujets. Vous pouvez le faire sans pour autant asphyxier l'ordinateur du visiteur ou le faire fuir après qu'il a langui dix minutes devant un écran vide.

Là où vous souhaitez placer votre glorieuse création, insérez la reproduction miniature de cette image et faites-en un lien vers celle en taille réelle. Ainsi, les personnes vraiment intéressées pourront choisir d'y jeter un coup d'œil, alors que les internautes de passage continueront leur exploration sans ralentir. Cette technique est particulièrement utile pour les couvertures de livres, les copies de boîtes de dialogue et les descriptions de produits que tout le monde ne voudra pas étudier en détail. Écrivez le code comme suit :

```
<A HREF="/grandimage.gif"><IMG SRC="/croquisdelimage.gif>
</A>
```

LES FONDS

Le temps des pages Web au fond gris est révolu. HTML depuis la version 3 permet les fonds graphiques, et certaines extensions du HTML propres aux programmes de navigation prennent en charge les fonds de couleur. Les traditionnalistes du HTML pourraient objecter que des arrière-plans graphiques colorés surchargent les ressources parfois limitées du Web et sont en contradiction avec le but initial du HTML, c'est-à-dire la présentation de texte. Cela dit, il est aujourd'hui évident qu'ils font partie intégrante du paysage Web : il devient de plus en plus rare de trouver des pages HTML « grises ».

Microsoft Internet Explorer, Netscape Navigator et d'autres navigateurs de pointe permettent de créer des fonds colorés dans les formats GIF et JPEG. Ils offrent également la possibilité de colorer le texte du premier plan, les liens déjà visités et ceux qui ne l'ont pas encore été.

Il est facile de créer des arrière-plans originaux, mais il ne faut pas ignorer certaines règles.

■ Il est primordial de bien choisir la couleur du texte, car la couleur ou l'image qui constituera le fond de la page risque de rendre les caractères moins lisibles. Il est, par exemple, difficile de déchiffrer un texte noir, qui est la couleur par défaut, sur un fond sombre.

- ■ Des graphiques compliqués ralentissent le chargement de la page et en perturbent la lecture. Tout en vous efforçant de créer des pages toujours plus intéressantes et attrayantes, ne recherchez pas à tout prix l'originalité des fonds.

- ■ Les utilisateurs d'écrans noir et blanc pourraient percevoir votre belle couleur de fond comme une tache grise difforme qui brouille complètement le contenu de la page. Il est vrai que ces utilisateurs ne sont pas l'objet constant de mes préoccupations, mais j'essaie, au nom de la lisibilité, de me limiter à des fonds traditionnels.

Notions élémentaires

Vous pouvez ajouter à une page des couleurs, une image GIF en mosaïque ou un filigrane à l'aide des attributs correspondants du marqueur <BODY>.

La création de fonds en couleurs avec l'attribut BGCOLOR=

Pour changer la couleur de fond de votre page, ajoutez l'attribut BGCOLOR= au marqueur <BODY> et indiquez la valeur RGB de la couleur :

```
<BODY BGCOLOR="#RRGGBB">
```

Placez le marqueur de début <BODY> directement sous le marqueur <TITLE> et le marqueur de fin </BODY> après </HEAD>. « RRGGBB » représente la composition en valeurs hexadécimales de rouge, vert et bleu d'une couleur. Si vous

ciblez les utilisateurs de Netscape Navigator ou de Microsoft
Internet Explorer, vous pouvez indiquer les noms de couleurs communes comme « *red* » (rouge), « *black* » (noir) ou
« *yellow* » (jaune). Voici par exemple un marqueur pour un
fond bleu :

```
<BODY BGCOLOR="BLUE">
```

Les paramètres de fond ne s'appliquent toujours qu'à une
seule page, délimitée par les marqueurs <BODY> et </BODY>.

Le code HTML pour créer un fond jaune clair optimisé pour
Netscape Navigator ou Microsoft Internet Explorer ressemblerait à cela :

```
<HTML>
<HEAD>
<TITLE>Page d'exemple pour un fond de couleur</TITLE>
</HEAD>
<BODY BGCOLOR=YELLOW>
<H1> Page d'exemple pour un fond de couleur</H1><P>
Cette page a un joli fond jaune au lieu du fond gris et
terne que la plupart des navigateurs sélectionnent pour
vous. Nous devrions tous nous réjouir qu'il soit
maintenant possible de manipuler les couleurs de fond.
</P>
</BODY>
</HTML>
```

Cela ne change que la couleur du fond. Les couleurs du texte
et des liens sont toujours celles établies par défaut : noir et
bleu.

La création d'un fond graphique avec l'attribut BACKGROUND=

Pour utiliser un fichier GIF ou JPEG comme fond, insérez le nom et le chemin d'accès du fichier après l'attribut BACKGROUND= dans le marqueur <BODY> :

```
<BODY BACKGROUND="WACKYGIF.GIF">
```

L'image sera automatiquement affichée en mosaïque (c'est-à-dire multipliée) afin de couvrir la page entière.

Encore une fois, le choix de l'image est primordial. Regardez bien les exemples des figures 5-1 et 5-2 pour voir la différence entre un fond complexe et surchargé et un graphisme à la fois sobre et attrayant :

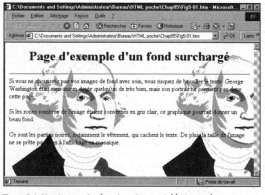

Figure 5-1 Une image très chargée, même agréable à regarder en tant que telle, peut rendre un texte illisible.

```
<HTML>
<BODY BACKGROUND="WACKYGIF.GIF">
<H1 ALIGN=CENTER>Page d'exemple d'un fond
surchargé.</H1><HR>
```

Si vous ne choisissez pas vos images de fond avec soin,
vous risquez de brouiller le texte. George Washington
était sans aucun doute quelqu'un de très bien, mais son
portrait ne convient pas dans cette page.<P>
Si les zones sombres de l'image étaient converties en
gris clair, ce graphique pourrait donner un beau fond.<P>
Ce sont les parties noires, notamment le vêtement, qui
cachent le texte. De plus, la taille de l'image ne se
prête pas bien à l'affichage en mosaïque.
</BODY>
</HTML>

Même en adaptant la couleur du texte, vous ne contrebalan-
cerez pas toujours les effets d'un fond criard. Des textures clas-
siques, en noir et blanc ou légèrement colorées, renforcent
l'intérêt graphique sans pour autant oblitérer le texte (figure
5-2).

Figure 5-2 Un fond classique, en noir et blanc ou légèrement coloré, renforce l'intérêt graphique sans pour autant oblitérer le texte.

<HTML>
<BODY BACKGROUND="clouds.GIF">
<H1 ALIGN=CENTER>Page d'exemple d'un fond plus simple et
plus agréable. </H1>

```
<HR>
<H2>Pouvez-vous imaginer un fond plus doux et plus
agréable qu'un ciel bleu parsemé de quelques nuages
blancs ?<H2>
</BODY>
</HTML>
```

Comme pour les couleurs de fond, vous ne pouvez pas spécifier une image d'arrière-plan pour plusieurs pages. Il est
également impossible d'utiliser plusieurs fonds sur une même
page.

LA CRÉATION D'UN FILIGRANE AVEC L'ATTRIBUT BGPROPERTIES= FIXED (MICROSOFT INTERNET EXPLORER)

Si votre page est optimisée pour Microsoft Internet Explorer,
vous pouvez la doter d'un filigrane : c'est une image qui apparaît derrière le texte comme un fond ordinaire, mais qui ne se
déroule pas avec la page. Une image en filigrane s'affiche
également automatiquement en mosaïque. Elle est créée par
l'attribut BGPROPERTIES= FIXED du marqueur <BODY>. La
figure 5-3 vous montre comment placer le portrait de George
Washington derrière le texte d'une page. Essayez d'ajuster
la taille de l'image pour qu'elle couvre approximativement la
surface d'une fenêtre de navigateur ou qu'elle s'affiche bien
en mosaïque. Les filigranes permettent d'utiliser des images
de fond plus complexes, car le texte glisse sur l'image.
Lorsqu'il atteint une partie un peu moins chargée de l'écran,
le lecteur peut alors le lire sans difficulté.

Figure 5-3 Le texte glisse sur l'image en filigrane, immobilisée par l'attribut BGPROPERTIES=FIXED.

```
<HTML>
<BODY BACKGROUND="gwash.gif" BGPROPERTIES=FIXED>
<H1>Utilisation d'un filigrane fixe</H1>
Microsoft Internet Explorer vous permet de fixer des
images de fond derrière le texte et les images de la
page.<P>
L'image de fond ne bouge pas pendant que les autres
éléments de la page défilent. L'attribut
BGPROPERTIES=FIXED est pratique pour placer le logo de
votre société en filigrane (avec des couleurs pastel ou
claires).<P>
Comme le texte bouge alors que le fond est immobile, les
parties sombres de l'image n'altèrent plus la lisibilité
comme avec un fond ordinaire, car ainsi le texte, en se
déroulant, passera tôt ou tard sur une zone plus claire.
</BODY>
</HTML>
```

LE DIMENSIONNEMENT ET L'ARRANGEMENT D'UNE IMAGE DE FOND

Chaque image, même la plus petite, demande du temps lors du chargement. Afin de minimiser ce délai, il est bon de se limiter à des images de fond de petite taille et assez simples. Étant donné que la plupart des navigateurs mettent les images de fond en cache, puis l'arrangent en mosaïque pour qu'elles couvrent la page, vous pouvez vous permettre d'utiliser des petites images. La taille du fichier est généralement proportionnelle à la taille du graphique. Si toutefois votre image est trop petite, le temps gagné en chargement sera perdu à l'arranger en mosaïque. Une image de fond d'un pixel sur un pixel prendra plus de temps à s'arranger en mosaïque que le chargement d'une image de 50 pixels sur 50. Servez-vous de vos logiciels de dessin pour dimensionner les fonds.

Si un élément de votre fond doit avoir une taille précise, assurez-vous de l'avoir sauvegardé sous ces dimensions avant de l'intégrer au code HTML. Sinon, vous risquez d'avoir de mauvaises surprises (figures 5-4 et 5-5). Les navigateurs ne peuvent arranger des images que dans leur taille d'origine.

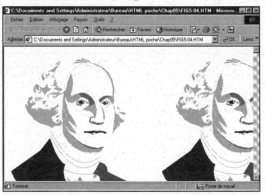

Figure 5-4 Une image en mosaïque à sa taille correcte.

Un graphique de texture assez sobre peut être très efficace même s'il est petit. Si vous choisissez votre fond avec soin, on ne verra même pas qu'il est en mosaïque.

Figure 5-5 La même image qu'à la figure 5-4 arrangée dans une taille plus petite que sa taille d'origine.

LA COMBINAISON D'UN FOND COLORÉ ET D'UN FOND GRAPHIQUE

Vous pouvez attribuer un fond graphique et un fond coloré à une même page. Il suffit d'ajouter les deux attributs, BGCO-LOR= et BACKGROUND= à votre marqueur <BODY>. La couleur du fond transparaîtra à travers les lignes horizontales créées avec <HR> et les bordures de tableaux. Vous pouvez vous en servir pour faire apparaître l'encadrement d'un tableau en couleurs. Pour obtenir cet effet, utilisez un fichier GIF gris standard qui contraste avec la couleur de l'attribut BGCOLOR=. Vos lecteurs se demanderont comment vous êtes arrivé à donner une couleur différente à la bordure du tableau. Cette technique est particulièrement utile pour faire ressortir des bordures sur un fond clair.

```
<BODY BACKGROUND="image.gif" BGCOLOR="#rrggbb">
<TABLE BORDER=6 CELLPADDING=6>
<TR>
<TD>
Cette page Web a un fichier GIF comme fond et un tableau
aux bordures colorées.
</TD>
</TR>
</TABLE>
</BODY>
```

L'UTILISATION DE DÉGRADÉS

Depuis longtemps utilisé dans l'impression, les dégradés de couleurs peuvent maintenant constituer des fonds de page HTML intéressants.

Pour créer un fond dégradé, dessinez, dans CorelDRAW ou tout autre programme de dessin, un rectangle étroit de la largeur d'une page standard et haut d'environ 0,5 cm. Avec l'outil de remplissage en dégradé *(Gradient Fill)* de CorelDRAW ou la commande équivalente d'un autre logiciel, remplissez ce rectangle avec une ou plusieurs couleurs qui s'entremêlent. Assurez-vous que le rectangle n'a pas de bordure. Pour obtenir des transitions impeccables, choisissez une configuration qui permette un nombre élevé d'étapes dans le dégradé ; 256 couleurs ou nuances de gris auront plus d'allure que 16. Exportez le fichier en tant que GIF. Je me suis aperçu que, la plupart du temps, je devais ouvrir le fichier dans HiJaak de Inset Systems ou Adobe Photoshop pour éliminer un mince liséré tout autour du rectangle. Si vous ne le faites pas, il apparaîtra entre chaque rectangle une fois ceux-ci disposés en mosaïque sur la page.

La hauteur la plus efficace semble se situer autour de
12 pixels, mais vous pouvez utiliser des bandes plus larges
ou plus étroites. Les couleurs claires s'y prêtent généralement le mieux. Et le dégradé devrait se faire de gauche à
droite plutôt que de haut en bas. Sauvegardez ce fichier au format GIF ou JPEG et spécificz-le dans le marqueur<BODY
BACKGROUND= " *nom_du_fichier* ">. Microsoft Internet
Explorer et Netscape Navigator arrangeront l'image en
mosaïque, ce qui donnera un joli fond en dégradé à votre
page. Les dégradés de gris sont particulièrement indiqués
comme fond pour une page Web (figure 5-6).

Figure 5-6 Une page avec un dégradé horizontal.

Vous pouvez aussi créer un dégradé vertical (figure 5-7).
Faites simplement pivoter l'image d'origine dans le programme de dessin. Assurez-vous que le rectangle est assez
long pour couvrir toute la hauteur de la page. Sinon, Netscape
Navigator recommencera à le disposer avant la fin de la page.

Figure 5-7 Une page avec un dégradé vertical.

OÙ TROUVER DES IMAGES POUR LES FONDS ?

Beaucoup de sites Web offrent des bibliothèques d'images de fond que vous pouvez utiliser à votre gré. Vous y trouverez des centaines et des milliers de graphiques gratuits ou en « shareware », et la plupart des logiciels de dessin en contiennent également. Si vous avez un scanneur (le noir et blanc est tout à fait suffisant pour travailler sur le Web) et un peu d'imagination, vous pouvez créer votre propre image de fond en scannant des feuilles, des tissus... - tout ce qui peut être scanné. CorelDRAW et d'autres programmes de dessin ont des outils extraordinaires pour créer des textures, des mélanges de couleurs et des images fractales.

ATTENTION Assurez-vous d'avoir les droits pour utiliser une image protégée par copyright. Trouver une image sur le Web ne signifie pas qu'elle est libre de droits.

COMMENT DÉTERMINER LA COULEUR D'UN TEXTE ?

Une fois que vous avez choisi une belle couleur de fond, il vous faudra peut-être changer celle du texte pour qu'il soit lisible. Si, par exemple, votre fond est bleu foncé, vous pouvez utiliser un texte blanc ou jaune clair au lieu du texte noir par défaut. Vous pouvez aussi utiliser des couleurs vives sur un fond gris ordinaire pour attirer l'attention du lecteur. Des attributs de Microsoft Internet Explorer et Netscape Navigator vous permettent aujourd'hui de spécifier plusieurs couleurs de texte sur une page. Consultez le chapitre 1 pour une description détaillée de la manipulation des couleurs du texte.

Vous pouvez aussi spécifier la couleur par défaut pour tout le texte de la page dans le marqueur <BODY>. Il existe quatre types de texte sur un document Web standard. Ils ont par défaut les couleurs suivantes : noire pour le corps du texte, bleue pour un lien non encore visité, violette pour un lien déjà visité et rouge pour un lien activé ou que l'on est en train de rechercher. Il existe des marqueurs pour spécifier la couleur (en RGB) pour chaque type de texte.

Ajoutez l'attribut TEXT= au marqueur <BODY> pour indiquer la couleur du texte principal.

```
<BODY BGCOLOR="#RRGGBB">
```

Les attributs LINK= pour les liens, VLINK= pour les liens visités, et ALINK= pour les liens activés doivent tous être définis dans le marqueur <BODY>. Il n'est pas nécessaire de spécifier un attribut TEXT= si vous voulez juste ajouter LINK=, VLINK=, et ALINK=.

```
<BODY LINK="#RRGGBB" ALINK="#RRGGBB" VLINK="#RRGGBB">
```

Soyez très prudent avec ces attributs, ils peuvent rendre certaines pages hideuses et illisibles. Prenez le temps de vérifier la lisibilité de vos pages avant de les envoyer sur le Web. Soyez conscient qu'un simple changement de la couleur de fond peut rendre une page indéchiffrable. N'oubliez pas non plus qu'il vous faudra éventuellement changer la couleur des liens, visités, non encore visités et actifs.

LES PROBLÈMES PROPRES AUX NAVIGATEURS CONCERNANT LES FONDS

Si un utilisateur a désactivé l'option d'affichage des images, aucune ne sera chargée. Dans ce cas, si vous n'aviez pas spécifié de couleur de fond, aucun attribut de couleur de texte ne sera appliqué. Cela empêche que le texte ait la même couleur que le fond et soit donc invisible.

Beaucoup de programmes de navigation ne prennent pas du tout en charge les fonds. Je n'ai pas encore rencontré de navigateur qui ne puisse pas charger une page parce qu'il a trouvé des attributs de fond dans son code, mais il ne faut pas exclure cette éventualité.

Les réglages d'affichage peuvent sans aucun doute soulever des problèmes avec les fonds. Si un ordinateur est paramétré pour utiliser moins de 256 couleurs, des couleurs de fond autres que les 16 couleurs fondamentales pourraient apparaître comme un mélange terne et trouble qui rend le texte illisible et la page entière plutôt moins attrayante. Un lecteur a qualifié une telle page de « chaos nauséabond ». On ne peut décemment exiger que les gens changent de pilote d'affichage pour visionner vos pages (même si certains sites Web recommandent l'utilisation d'un pilote 256 couleurs). Il est donc sage de se limiter aux 16 couleurs reconnues par les pilotes les plus répandus si l'on veut séduire un maximum de lecteurs. En écrivant cela, je suis conscient que j'en demande peut-être un peu trop aux développeurs de pages Web et je m'attends donc à ce que beaucoup d'entre vous ignorent tout simplement mon avertissement.

N'oubliez pas non plus que la plupart des PC utilisent le pilote VGA Windows « plain vanilla » qui ne gère pas efficacement les couleurs de fond.

Autre point à considérer : les écrans noir et blanc afficheront sur toute la page la plupart des couleurs de fond en noir. Ceux qui travaillent sur de grosses stations ont généralement des machines UNIX et des moniteurs noir et blanc de 20 pouces. Ce n'est pas une raison pour abandonner les couleurs, mais, par courtoisie, prévenez vos lecteurs.

LE MULTIMÉDIA

Il est assez facile d'ajouter des éléments multimédias à un site Web. Le problème vient des limites de la bande passante dont disposent la plupart des internautes. Ce goulet d'étranglement nous oblige à utiliser les éléments multimédias avec parcimonie et à les configurer soigneusement pour exploiter au maximum la performance des outils existants. Aujourd'hui, des outils audio et vidéo en temps réel utilisant des techniques de « transmission en continu » vous permettent de jouer un fichier multimédia pendant son téléchargement. Il n'est donc plus nécessaire de le charger intégralement au préalable. Un autre outil multimédia est le VRML (*Virtual Reality Modeling Language*), qui permet de créer des mondes virtuels en trois dimensions, à travers lesquels les utilisateurs peuvent naviguer. D'ici quelques années, le Web deviendra sans doute un paradis multimédia grâce aux nouveaux produits et à une largeur de bande plus importante. Mais d'ici là, une solide connaissance des éléments multimédias sera nécessaire pour tirer le meilleur parti des outils disponibles.

L'AUDIO

En théorie, il est aussi simple d'utiliser du son dans une page Web que d'indiquer une URL pointant vers un fichier audio ou vers tout autre fichier. Toutefois, nous allons voir que les fichiers son peuvent être énormes et que de nombreux formats coexistent. Bien que ce livre ne soit pas un ouvrage d'initiation à l'enregistrement numérique, cette section traitera de ses paramètres élémentaires et de la façon dont ils affectent la qualité du son et la taille des fichiers. Nous verrons également quelques formats courants.

L'ÉCHANTILLONNAGE, LA FRÉQUENCE D'ÉCHANTILLONNAGE ET LA RÉPONSE EN FRÉQUENCES

Le son est une onde d'énergie. Lors d'un enregistrement classique, ou analogique, le son est représenté par un signal électronique qui, en théorie, duplique la forme ondulatoire du son original. Pour le traitement informatique, un signal analogique doit être converti en signal digital, ou numérique (figure 6-1). Ce travail est fait par un convertisseur A/N (analogique/numérique) incorporé dans la carte son d'un ordinateur. Il prélève des mesures périodiques du son – appelées échantillons – et leur attribue une valeur. Chaque échantillon est une sorte de « photographie numérique » du son à un moment donné. Le processus d'enregistrement et de lecture est illustré à la figure 6-2. Les deux paramètres fondamentaux du son numérique sont le nombre de bits assignés à chaque échantillon (résolution) et la vitesse à laquelle ils sont enregistrés (taux d'échantillonnage). Une résolution et un taux d'échantillonnage élevés signifient que le son est représenté par un grand nombre de valeurs, ce qui améliore la qualité sonore, mais augmente également la taille des fichiers. La résolution détermine la gamme dynamique du signal audio et le taux d'échantillonnage, la réponse en fréquences.

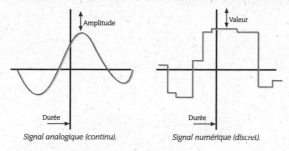

Signal analogique (continu).   *Signal numérique (discret).*

Figure 6-1   Signal analogique et signal numérique.

La gamme dynamique d'un appareil audio est la différence entre le son le moins fort et le son le plus fort qu'il est capable de reproduire ; son unité est le décibel (dB). Celle d'un signal digital est limitée par le nombre de bits par échantillon, en général 8 ou 16. Un échantillon de 8 bits a une gamme dynamique de 48 dB et celle d'un échantillon de 16 bits est de 96 dB, égale à celle d'un CD.

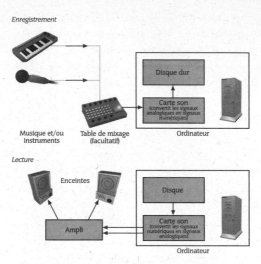

Figure 6-2 Enregistrement et lecture (configuration de base pour l'audio assistée par ordinateur).

L'oreille humaine est capable d'entendre des fréquences d'environ 20 à 20 000 vibrations par seconde (Hertz, abrégé Hz). Même si cette capacité varie selon les individus et leur environnement, cette plage entre 20 Hz et 20 kHz est la plus largement utilisée. Lors de la lecture d'un son, l'un des critères déterminants pour sa qualité est la réponse en fréquences, c'est-à-dire la différence entre le son le plus aigu et le son le plus grave pouvant être reproduits. Un lecteur de cassettes bon marché produit des enregistrements assourdis parce qu'il n'a pas une réponse en fréquences qui lui permette de capter le haut du spectre sonore. Au contraire, un enregistrement analogique ou numérique professionnel se distingue par une reproduction des aigus tellement nette que l'on croirait presque entendre la musique en direct.

Étant donné que l'énergie de la voix humaine se concentre autour de 1 kHz, il n'est pas nécessaire d'avoir une réponse en fréquences de 20-20 (de 20 Hz à 20 kHz) pour reproduire la parole de façon intelligible. En effet, une réponse en fréquences très limitée peut être tout à fait appropriée pour la voix, comme le démontre la petite taille des écouteurs d'un combiné téléphonique. Toutefois, lorsqu'il s'agit de musique, la réponse en fréquences devrait se situer au moins à 10 kHz. Les reproductions audio de haute qualité devraient atteindre, sinon dépasser, le seuil 20-20.

Bien que le taux d'échantillonnage soit, comme la fréquence, souvent exprimé en Hertz, le terme technique correct est « échantillons par seconde ». Plus le taux d'échantillonnage est élevé, plus la réponse en fréquences est satisfaisante. En pratique, pour capter l'ensemble du spectre sonore audible, l'échantillonnage doit se faire au double de la plus haute fréquence audible (20 kHz). C'est pourquoi les enregistrements de haute qualité s'effectuent à des taux d'échantillonnage d'au moins 40 kHz.

Comme le son numérique doit être lu au taux d'échantillonnage enregistré, il est souhaitable d'établir un standard pour ce paramètre. Dans le monde de l'audio conventionnelle, le standard convenu est de 44,1 kHz en 16 bits. Cependant, en ce qui concerne la lecture de sons par ordinateur, la nécessité de réduire la taille des fichiers et l'existence de plates-formes matérielles multiples ont donné naissance à une multitude de taux et de formats. La téléphonie, l'audio professionnelle, les Mac et les PC ont tous établi leurs propres taux d'échantillonnage. Hormis les taux d'échantillonnage fondés sur ceux du CD et des Mac, et du taux 8 kHz U-LAW, la plupart sont peu usités en informatique, mais sait-on jamais... Les taux d'échantillonnage audio les plus répandus sont répertoriés dans le tableau suivant.

Taux d'échantillonnage audio

Échantillons par seconde	Description
8 000	À l'origine, un codage téléphonique standard ou U-LAW (le U représente la lettre grecque µ et se prononce « mu »).
11 025	Un quart du taux d'échantillonnage d'un CD.
11 127	La moitié du taux d'échantillonnage d'un Mac.
18 900	Standard CD-ROM/XA (XA permet d'afficher des images et d'écouter des sons simultanément).
22 050	La moitié du taux d'échantillonnage d'un CD.
22 255	Taux d'échantillonnage du Mac.
32 000	Utilisé par la radio numérique, le format HDTV japonais et certains enregistreurs DAT (Digital Audio Tape).
37 800	Standard CD-ROM/XA.
44 056	Utilisé par certains équipements audiovisuels professionnels.
44 100	Standards CD et DAT.
48 000	Utilisé par certains enregistreurs DAT et quelques cartes son haut de gamme.
88 200	Utilisé par certains enregistreurs DAT.
96 000	Utilisé par certains enregistreurs DAT.

Un autre paramètre à prendre en compte est le nombre de canaux : mono (un canal) ou stéréo (deux canaux). Un signal stéréophonique se compose en fait de deux signaux parfaitement synchronisés, mais légèrement différents, acheminés à chaque oreille, ce qui rend la reproduction plus « naturelle ». De fait, l'application du terme « équipement stéréo » aux systèmes audio domestiques illustre l'universalité du traitement stéréo dans le monde audio. Dans le domaine du multimédia, la stéréo est moins appréciée : comme elle double la taille des fichiers, elle est souvent la première sacrifiée au profit de la largeur de bande. Quoi qu'il en soit, le traitement stéréo n'a de sens que si le son est enregistré et lu en stéréo avec des enceintes de bonne qualité. Il n'existe aucune raison valable de l'utiliser pour des enregistrements de voix ou d'autres sons non musicaux, sinon pour créer un effet spécial.

ASTUCE La bande passante du Web nous contraint d'adopter une approche minimaliste du multimédia. Mais des sons ou des images simples sont parfois très efficaces. Là où un clip vidéo en couleur serait trop lourd, des « diapositives » en noir et blanc peuvent créer un effet tout à fait satisfaisant.

Les trois configurations suivantes sont en passe de devenir des standards :

- Mono U-LAW 8 bits 8 kHz.

- Mono ou stéréo 8 bits 22,05 kHz.

- Mono ou stéréo 16 bits 44,1 kHz.

La taille des fichiers se situe approximativement entre 2,5 kilo-octets (Ko) par seconde de son pour les fichiers U-LAW 8 kHz et 160 Ko par seconde pour les fichiers stéréo 44,1 kHz. Trente secondes d'un clip audio de haute qualité peuvent prendre jusqu'à cinq méga-octets (Mo) – soit environ 50 minutes avec un modem 14,4 bps ou 25 minutes avec un modem 28,8 bps. Il est donc évident que la largeur de bande limitée du Web nous contraint à gérer les fichiers son avec prudence. Pour l'exploiter au mieux, il est préférable d'utiliser des fichiers U-LAW 8 Ko pour la voix et les sons non musicaux et des fichiers mono 22 Ko pour la musique. N'utilisez les fichiers stéréo 44,1 kHz que si le son que vous proposez mérite le délai de chargement. Indiquez la taille des fichiers dans vos liens et autorisez le choix entre une version haute qualité et une version basse qualité. L'essentiel est de se tenir au courant de l'évolution des technologies de la transmission audio.

LES FORMATS DE FICHIERS SON

Différentes plates-formes d'ordinateurs ont vu le jour et disparu, laissant derrière elles une multitude de formats de fichiers. À ce jour, le format .AIFF (*Audio Interchange File Format*) est le plus populaire dans le monde Mac, alors que les .WAV dominent le monde des PC. (Mais attention, un nouveau format est aussi à signaler : RealAudio [.RA].) Même si vous rencontrez beaucoup de formats dans l'univers chaotique du Web, vous y trouverez aussi beaucoup de programmes de conversion. Un des plus connus est Sound Exchange ou SOX, logiciel en « shareware » écrit par Lance Norskog, annoncé comme « le couteau suisse des outils audio ». Vous pouvez le télécharger à l'adresse suivante : http://www.debian.org/Packages/stable/sound/sox.html.

ASTUCE Une musique simple convient mieux si votre largeur de bande est limitée. Si votre fond musical est composé de plusieurs morceaux instrumentaux et vocaux, il sera méconnaissable après avoir été réduit à 22 Ko mono et reproduit par des haut-parleurs de qualité médiocre. En revanche, un arrangement plus simple, comme un solo de flûte, passera toujours bien. Tâchez de rechercher la meilleure solution par rapport à la bande passante.

Certains formats prennent en charge des méthodes de codage de données et des paramètres différents, comme la résolution, l'échantillonnage et le nombre de canaux. Ces formats autodescriptifs ont généralement un en-tête où sont spécifiées ces valeurs. Dans d'autres formats, le codage et les paramètres sont invariables. Il existe des formats qui permettent une certaine forme de compression.

Les formats de fichier audio les plus courants sont les suivants :

■ Le format .AIFF est le standard Mac (extension .AIF ou .AIFF). Il permet un taux d'échantillonnage, une résolution et un nombre de canaux variables. .AIFC est la version qui prend en charge la compression.

■ Les formats .AU et .SND sont utilisés par les stations de travail NeXT et Sun. Ils permettent un taux d'échantillonnage, une résolution et un nombre de canaux variables. L'extension .SND peut également se référer à un autre format, pour Mac ou PC, sans en-tête, mono 8 bits avec un taux d'échantillonnage variable.

■ Le format .VOC est utilisé par les cartes son Soundblaster. Il s'agit d'un format mono 8 bits.

■ .WAV est le format de Microsoft Windows. Il permet un taux d'échantillonnage, une résolution et un nombre de canaux variables.

■ .HCOM est un format Mac mono 8 bits.

■ Le format .MOD ou .NST est intéressant. Issu de l'environnement Amiga, il se situe entre un fichier son et un fichier MIDI. Un fichier .MOD contient une série d'échantillons accompagnés d'informations séquentielles pour les reproduire.

■ .UL est le format standard U-LAW, format mono avec un taux d'échantillonnage de 8 kHz.

■ Le format .RA est celui de RealAudio, de Progressive Networks.

■ MIDI (*Musical Instrument Digital Interface*) n'est pas un format de fichier audio, mais un code qui indique à l'appareil récepteur (carte son) les notes qu'il doit reproduire. Il ne peut pas enregistrer la voix ou d'autres sons, sa seule fonction étant de reproduire des sons déjà présents sur une carte ou un autre équipement audio. Les fichiers MIDI sont bien plus petits que les autres fichiers son ; le format MIDI standard (.MID) peut interpréter de la musique avec la plupart des cartes son.

L'AUDIO EN TEMPS RÉEL

Face à la taille des fichiers son et à la maigre bande passante du Web, beaucoup d'efforts sont consentis pour trouver de nouveaux moyens de transmission du son sur le Net. Une nouvelle technologie prometteuse est le « transfert en continu » qui permet de jouer un fichier pendant son chargement (figure 6-3). Les données sont dirigées directement vers la carte son, sans être copiées sur le disque dur.

Le premier système de ce genre était RealAudio de Progressive Networks. Il se compose de trois applications : le lecteur, le studio et le serveur. Pour recevoir des sons RealAudio, vous devez disposer du lecteur qui est compatible avec la plupart des programmes de navigation. Avec le studio, vous pouvez créer vos propres clips RealAudio. Le serveur fonctionne sur presque tous les serveurs Web qui prennent en charge les types MIME (*Multipurpose Internet Mail Extension*) configurables. L'incorporation de fichiers RealAudio dans un document HTML implique l'utilisation d'un métafichier (fichier temporaire qui redirige d'autres fichiers) pour indiquer au lecteur l'emplacement du fichier RealAudio (.RA) compressé. Celui-ci demande ensuite au serveur RealAudio de le lui envoyer. Le fichier est envoyé au lecteur, mis en mémoire tampon, puis joué. L'utilisateur voit apparaître le lecteur RealAudio à l'écran, qui joue le fichier à un taux de transfert d'environ 1 Ko par seconde. Le client peut choisir entre un son 16 bits ou 8 bits et entre un taux d'échantillonnage de 8 kHz ou 11 kHz. Vous pouvez télécharger les programmes RealAudio à : http://www.realaudio.com.

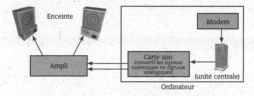

Figure 6-3 Lecture du son en temps réel.

Deux nouveaux systèmes audio en temps réel existent désormais : IWave (*Internet Wave*) et TrueSpeech. Au niveau utilisateur, ils ressemblent à RealAudio. Ils comprennent chacun un lecteur que l'utilisateur peut télécharger et faire tourner avec la plupart des navigateurs. IWave et TrueSpeech utilisent des techniques de transfert en continu et des algorithmes de compression propriétaires.

IWave a été développé par la société VocalTec, créateurs de l'application Internet Phone, permettant de dialoguer sur Internet, à condition d'être équipé d'une carte son duplex. Le système IWave utilise des fichiers .WAV et .AU compressés et permet plusieurs taux d'échantillonnage. Les stations radio CBS se servent actuellement de IWave pour diffuser entrevues et informations. Des « stations radio Internet », qui surgissent un peu partout, utilisent IWave pour émettre tant bien que mal des discours et des programmes musicaux. Vous trouverez IWave à : http://www.vocaltec.com.

ASTUCE Certains sites Web ont été conçus pour le seul plaisir des sens, alors que d'autres ont l'information pour vocation. La quantité d'éléments multimédias dans une page Web dépend du public ciblé, utilisez-les donc uniquement là où ils seront appropriés.

TrueSpeech a été développé par DSP Group. Pour s'en servir sur une page Web, vous devez utiliser des fichiers 16 bits, 8 kHz, et les convertir de fichiers .WAV PCM (*Pulsed Code Modulation*) vers un format .WAV spécialement adapté à TrueSpeech. Le système sonore de Windows 95 ou de Windows NT reconnaît le format .WAV TrueSpeech. Si vous utilisez un autre système d'exploitation, vous pouvez vous procurer un convertisseur. Les produits TrueSpeech se trouvent à : http://www.dspg.com.

La vidéo

Si l'audio est très exigeante en termes de ressources, la vidéo l'est plus encore. Il existe déjà différentes méthodes d'enregistrement audio numérique, mais l'art de créer des images digitales n'en est encore qu'à ses débuts. Plusieurs systèmes de vidéo numérique professionnelle existent (D1, D2, etc.), et il est possible de numériser des images cinématographiques à l'aide d'un appareil appelé « unité de transfert télécinéma ». Toutefois, ces techniques sont réservées aux professionnels. Un standard pour la vidéo digitale grand public a été introduit en octobre 1995, et Sony et Panasonic ont lancé des caméscopes numériques, mais la vidéo digitale est loin d'être aussi répandue que l'audio. On peut donc dire que la « vidéo assistée par ordinateur » consiste essentiellement, pour l'instant, en digitalisation d'images créées sur une bande analogique. Même s'il est possible de reproduire des vidéos dc haute qualité sur un ordinateur équipé de matériel professionnel très coûteux, le commun des mortels doit se contenter de compromis de qualité médiocre imposés par les limites de la bande passante. Dans le domaine de l'audio, il est possible d'atteindre un niveau de qualité très élevé à un coût réduit, en enregistrant directement sur le disque. Ce n'est que la largeur de bande limitée du Web qui nous oblige à réduire la taille des fichiers et donc la qualité sonore. Dans la vidéo assistée par ordinateur, au contraire, on ne doit pas s'attendre à des rendements exceptionnels, même avec un équipement performant. Les contraintes d'Internet retardent, elles aussi, l'épanouissement de la vidéo sur le Web. Toutefois, la forte demande d'une vidéo de qualité sur le Web stimule la recherche, et des solutions nouvelles sont élaborées régulièrement.

Les processus d'enregistrement et de lecture vidéo sont illustrés à la figure 6-4.

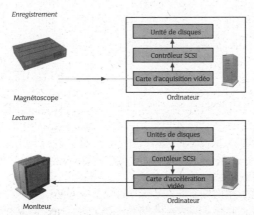

Figure 6-4 Enregistrement et lecture vidéo (configuration de base pour la vidéo assistée par ordinateur).

LES FORMATS VIDÉO POUR ORDINATEURS

Le format vidéo le plus populaire est QuickTime, issu de l'environnement Mac et maintenant disponible sous Windows. AVI est le format Windows d'origine. Ils permettent tous deux d'incorporer différents types de fichiers graphiques et audio dans un « film » fini.

La lecture d'une vidéo en temps réel nécessite un taux élevé de transfert de données, lors de l'acheminement du signal. Un signal proche de la qualité S-VHS (30 images par seconde, 60 trames, des millions de couleurs, un taux de compression de 4:1) exige au moins 5 Mo par seconde d'image vidéo. Pour avoir un taux continu de transfert de données de 5 Mo par seconde (Mo/s), on doit disposer d'une unité de disques avec une connexion SCSI rapide et étendue, et d'une carte vidéo avec compression matérielle. Pour l'utilisateur moyen, il est inutile de passer une semaine à télécharger des fichiers vidéo de cette qualité, car de toutes façons, ils ne tourneront pas sur son système. Un ordinateur équipé d'un processeur 486/66 et de 16 Mo de RAM pourrait peut-être traiter 500 Ko par seconde (Ko/s). Comme dans l'audio, vous pouvez ajuster certains paramètres (nombre d'images par seconde, nombre de couleurs, taille de l'écran, compression, etc.) pour réduire la taille des fichiers. Ils affectent tous la qualité du signal de façon différente.

Le NTSC (*National Television Standards Committee*), standard américain de télévision se compose de 30 images par seconde (plus précisément 29,97), avec deux trames entrelacées par image. Étant donné qu'il est pratiquement impossible d'obtenir ce taux sans compression matérielle, ce qui n'est pas à la portée de tout le monde, la vidéo assistée par ordinateur a généralement un taux inférieur. Cela signifie que le mouvement est moins fluide. Les ouvrages sur le cinéma affirment qu'on ne peut utiliser moins de 18 images par seconde pour donner l'impression d'un mouvement continu. La vidéo pour CD-ROM, cependant, se situe en général autour de 15 images par seconde, et certaines applications, telle la téléconférence, utilisent des taux encore plus bas.

Taux usuels d'images par seconde

Taux	Utilisation
30 images par seconde (2 trames entrelacées par image)	NTSC (standard américain).
25 images par seconde (2 trames entrelacées par image)	PAL (standard européen).
24 images par seconde	Cinéma.
15 images par seconde	La plupart des clips vidéo sur CD-ROM.
1 image par seconde	Utilisé par MBONE et certains systèmes de téléconférence.

Lorsque vous choisissez le taux d'images par seconde, pensez à la plate-forme matérielle qui va afficher la vidéo. Si vous essayez de visionner un clip à vitesse normale sur un système qui n'a pas la vitesse de transfert de données adéquate, vous risquez de perdre des images et même de provoquer l'arrêt du système. L'utilisateur peut réduire le temps de passage en utilisant moins de couleurs ou une fenêtre d'affichage plus petite.

La compression est inévitable dans la vidéo assistée par ordinateur. Les cartes vidéo haut de gamme permettent diverses formes de compression matérielle, indispensable pour une bonne performance. Il existe également plusieurs sortes de compression logicielle. Le système Apple QuickTime comporte sept modes de compression (codecs) différents qui ont tous leurs avantages et leurs inconvénients. Les codecs se présentent sous deux formes : « sans perte » (ils conservent toutes les données du signal d'origine) ou « avec perte » (ils autorisent la perte d'un certain nombre de données). Les taux de compression s'échelonnent entre 4:1 et 50:1. Au-delà, la qualité de l'image est altérée de plusieurs façons selon le type de compression utilisé. Souvent, l'image est plus pixelisée, ou elle a du grain.

Lors du choix du format (c'est-à-dire, quand vous cherchez un compromis entre la qualité et la taille du fichier), vous devez penser non seulement au temps de téléchargement, mais aussi aux capacités matérielles de l'ordinateur destinataire. Pour qu'un utilisateur puisse visionner un fichier vidéo de 500 Ko/s correctement, ce taux doit être maintenu tout au long de l'acheminement du signal, du disque dur à la carte vidéo. Comme pour tous les fichiers importants, indiquez leur taille avant le chargement. Si vous envisagez de proposer des vidéos de bonne qualité, il serait préférable de décrire la configuration minimale requise (par exemple, les taux de transmission continue de données), pour épargner aux lecteurs non avertis des heures de téléchargement de fichiers qu'ils ne pourraient pas voir et qui bloqueraient même votre système.

MBONE

Avec les techniques actuelles, la transmission vidéo en temps réel sur le Web n'est, comment dire, pas vraiment pratique. Cependant, sur un réseau local (*Local Area Network* ou LAN) suffisamment équipé en matériel, c'est réalisable. Le réseau *Multicast Backbone* (épine dorsale multi-émission), ou MBONE, est un réseau virtuel qui permet d'envoyer des fichiers vidéo et audio en multi-émission sur Internet. Les données sont alors envoyées par Internet aux réseaux locaux, qui redistribuent chacun le signal dans leur propre réseau. L'avantage de cette technique tient à ce qu'elle n'exige pas trop de largeur de bande passante. Le signal peut donc atteindre plus d'utilisateurs avec la même consommation de largeur de bande sur Internet.

MBONE utilise l'adressage multi-émission IP qui est reconnu par les stations de travail Sun et Silicon Graphics. Les paquets multi-émissions sont encapsulés dans des paquets IP (*Internet Protocol*) ordinaires pour pouvoir être transférés par des routeurs qui ne prennent pas en charge la multi-émission. Pour recevoir des paquets multi-émissions, un réseau local doit être équipé d'un *mrouter* pour ôter l'encapsulement des paquets. Vous aurez aussi besoin d'une largeur de bande élevée. Les experts de MBONE recommandent au moins une ligne T1 numérique à grand débit, de 1,5 Mo/s. Ils soulignent également qu'il « ne faut pas avoir froid aux yeux » pour entreprendre son installation, car il s'agit là d'une technologie complexe et en pleine évolution.

Les paramètres courants de MBONE ressemblent plus à ceux de la téléconférence que de MTV. La vidéo a un taux d'une image par seconde (128 Ko/s), la qualité de l'audio étant celle de la voix (32 ou 64 Ko/s). MBONE a déjà servi à transmettre des événements en direct, y compris des voyages dans l'espace. Les trois applications les plus connues pour MBONE sont des progiciels UNIX : Net Video, Visual Audio Tool et Whiteboard.

STREAMWORKS

StreamWorks, système développé par Xing Technology Corporation, achemine des fichiers audio et vidéo sur n'importe quel type de réseau. Il prend en charge la multi-émission directe comme MBONE et des applications sur demande. NBC et Reuters, entre autres, utilisent StreamWorks pour diffuser les vidéos en direct chez leurs abonnés. Sur le Web, plusieurs stations de radio utilisent StreamWorks pour la programmation musicale. Certains ont des modems 14 400 bps, alors que d'autres affirment pouvoir produire du son stéréo 44,1 kHz, ou de la vidéo à vitesse normale à un taux de 112 Ko/s, avec une ligne RNIS (*Réseau Numérique à Intégration de Services*). Streamworks comprend des techniques de transmission en continu, la compression MPEG et des protocoles IP multi-émissions. Vous pouvez vous procurer la dernière version à http://www.xingtech.com/.

LE VRML

Quelques programmeurs ont mis au point ce qui pourrait se révéler être l'application multimédia la plus enthousiasmante du Web. Le VRML permet de créer des mondes virtuels en 3D que l'on peut visiter sur le Web. VRML 1.0 est sorti en avril 1995, mais ses créateurs ne relâchent pas leur effort et recherchent des fonctionnalités toujours plus performantes. Leur but avoué est de créer un monde cybernétique complet à l'image de *Matrix* dans le roman *Neuromancer* de William Gibson. Les objets d'un monde en trois dimensions pourraient être multiples : textes, images, audio, vidéo et applications du style JAVA.

Parmi les visionneuses VRML, on compte WorldView d'Intervista (http://webhome.infonie.fr/kdo/vrml/w_view.htm) et WebSpace de Silicon Graphics (http://webspace.sgi.com/). La meilleure adresse pour s'initier au VRML est le forum de Wired (http://vrml.wired.com/).

Pour trouver des pages Web utilisant le VRML, visitez Wax Web (http://bug.village.virginia.edu), Virtual SoMa (http://www.planet9.com) ou Virtual Vegas (http://www.virtualvegas.com).

Du matériel 3D existant créé avec des applications courantes, y compris des animations et des progiciels de DAO, peut être converti en VRML avec le format de fichier *Open Inventor*. Avec VRML, un administrateur de site Web peut créer un monde virtuel original. Cependant, le créateur Mark Pesce semble penser qu'il n'existera qu'un seul monde virtuel (tout comme il n'existe qu'un seul réseau Internet) dans lequel les utilisateurs pourront chacun placer des objets. L'un des objectifs élémentaires est d'établir une connexion entre un ensemble de coordonnées spatiales et une adresse hôte. Chaque objet possède un ensemble de valeurs représentant sa position sur les axes x, y, et z dans l'espace tridimensionnel. Ces valeurs forment l'adresse de l'objet dans le monde cybernétique, sans aucun rapport avec l'emplacement physique de son ordinateur hôte ni avec son adresse Internet.

ASTUCE Proposez plusieurs alternatives aux lecteurs. Sur certains sites, les visiteurs peuvent choisir entre une version texte et une version multimédia complète. Ceux qui ne disposent pas de connexion rapide pourront opter pour la version « allégée ».

Les services de conversation (*chat*) se mettent au diapason. Il existe aujourd'hui de multiples mondes cybernétiques qui apportent des fonctionnalités multi-utilisateur, comme Worlds Chat de Worlds, Inc. Worlds Chat vous permet de créer un personnage virtuel appelé « avatar », qui peut se déplacer dans une station spatiale et participer à des conversations avec d'autres avatars. Worlds, Inc. se trouve à http://www.worlds.net. Parmi les programmes similaires, je citerai WorldsAway sur CompuServe, Virtual Places sur America Online, Prospero's Global Chat (http://www.prospero.com), et l'Internet Round Table Society's WebChat (http://www.irsociety.com).

Le rendu en 3D est un processus qui exige beaucoup de ressources, même sans contraintes de largeur de bande passante au Web. Plusieurs projets sont en cours pour en maximiser la vitesse. Par exemple, les polygones complexes nécessaires au rendu des objets en 3D pourraient être mis à la disposition de l'utilisateur sur CD-ROM. Le temps de chargement s'en trouverait accéléré. Les CD-ROM contiendraient des formes et des images prédéfinies, que la page Web pourrait utiliser au lieu de les télécharger. À long terme, bien entendu, l'ambition des experts du VRML (qui n'est rien moins qu'une reproduction fidèle et détaillée de la Terre) dépend une fois de plus de la largeur de bande. Les images en trois dimensions sont également bien mieux rendues si le client dispose d'un matériel dédié, ce qui n'est pas toujours le cas. Toutefois, Creative Labs, parmi d'autres, est en train de développer des cartes graphiques 3D bon marché. Le moment n'est peut-être pas si loin où les pages Web seront remplacées par des bâtiments, des villes et des mondes virtuels.

ET MAINTENANT ?

Le multimédia est l'un des domaines les plus séduisants du Web, mais aussi l'un des plus inachevés. Il se pourrait que le Web reste en marge de la scène du multimédia jusqu'à ce qu'un preux chevalier ne se fasse le champion de la largeur de bande et vienne le délivrer. En attendant, les choses évoluent de jour en jour. Les administrateurs de sites Web qui souhaitent exploiter efficacement le multimédia doivent non seulement être au fait de l'évolution du Web, mais aussi bien maîtriser le graphisme, le son et la vidéo en général.

LES ANIMATIONS

Au cours de vos flâneries sur le Web, il vous est sûrement arrivé de trouver des effets tout à fait surprenants et après avoir jeté un regard rapide sur le code HTML, de vous écrier : « Bon sang, mais c'est bien sûr ! »

Vous avez toutefois probablement rencontré de temps à autre des inédits – comme une animation en ligne – sans rien trouver dans le code source permettant de reproduire le film sur votre propre page. Vous êtes sans doute tombé sur le redoutable cgi-bin, répertoire spécial désigné par le logiciel serveur qui limite l'exécution de scripts CGI à des répertoires donnés – afin de protéger le système. Les animations en ligne, contrairement aux animations téléchargées, sont immédiates : elles ont un lien vers le fichier MPEG *(Motion Picture Experts Group)* de l'animation.

Le but de cette leçon n'est pas seulement de vous apprendre à intégrer une animation en ligne dans votre page Web, mais de vous encourager à tenter quelques expériences. Pour commencer, il vous faut :

■ Netscape.

■ L'accès à un serveur Web (pour modifier des pages et ajouter des scripts).

■ Quelques notions du système d'exploitation UNIX et de PERL, langage de programmation utilisé sous UNIX.

Pour en parvenir à ce stade de votre lecture, vous aviez probablement quelques notions sur les thèmes abordés, au moins dans les deux premiers. Connaître UNIX et PERL peut être très utile, voire même essentiel, pour comprendre cette leçon dans tous ses détails, mais leur méconnaissance n'est pas rédhibitoire. Vous serez étonné par tout ce que vous apprendrez en suivant les exemples. Pour en savoir plus sur UNIX et PERL, consultez le livre *Programming Perl* (O'Reilly and Associates).

La partie didactique de ce chapitre est divisée en trois :

■ Fonctionnement des animations en ligne.

■ Guide rapide.

■ Guide avancé.

N'hésitez pas à aller directement à la deuxième section car il n'est, en effet, pas indispensable de lire la première pour mettre en place une animation. Mais, si vous voulez savoir ce qui se passe dans les coulisses, vous pourrez toujours y revenir plus tard.

 REMARQUE Vous trouverez des exemples d'animations en ligne aux adresses suivantes :

```
http://bakmes.colorado.edu/~bicanic/altindex.html
http://www.batmanforever.com/
http://www.enterprise.net/iw/testpage.html
```

Une utilisation imaginative des animations en ligne est illustrée aux figures 7-1 à 7-3 et peut également être admirée à http://bakmes.colorado.edu/bicanic/testcat.html.

Figure 7-1 Une utilisation intelligente d'animations en ligne (« Splat the Little Mouse ») : vous devez attraper la souris qui trottine d'un bout à l'autre de l'écran. La souris est une Image map animée par le serveur avec des liens vers les pages « splatted » (touché) et « missed » (raté). Si vous arrivez à cliquer sur la souris avant qu'elle ne disparaisse dans son trou, la page « touché » s'affichera sur votre écran (figure 7-3).

Figure 7-2 Si vous manquez de peu la souris, vous avez droit à un nouvel essai avant qu'elle ne se mette à l'abri.

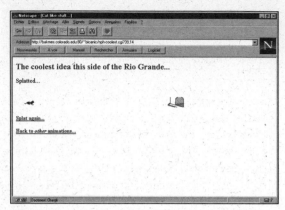

Figure 7-3 Si vous attrapez la souris, vous verrez alors ce qui se passe.

LE FONCTIONNEMENT DES ANIMATIONS EN LIGNE

Si votre code HTML contient une ligne telle que ci-après, le programme d'exploration va simplement demander le fichier indiqué au serveur approprié et afficher ce qu'il reçoit en retour.

```
<img src="oggydoo.gif">
```

Toutefois, le serveur sait qu'il doit envoyer des fichiers .GIF en tant que données binaires du format .GIF. Il avertit donc le navigateur de ce qu'il va faire en envoyant un en-tête indiquant le type MIME approprié, ce qui dans notre exemple serait :

```
Content-Type: image/gif
```

ASTUCE Les logiciels ShockWave et GIF89 offrent d'autres possibilités d'animation sur le Web. Mais les fichiers ShockWave ont tendance à être assez volumineux, donc longs à charger, et GIF89 n'est actuellement pas pris en charge par la plupart des navigateurs.

Étant donné qu'une animation n'est rien d'autre qu'une série d'images qui défilent, on pourrait croire qu'il suffit de dire au serveur d'envoyer successivement plusieurs images. C'est vrai, en essence, mais le problème est de faire comprendre au navigateur qu'il doit afficher des images successives et non plusieurs fois la même. En d'autres termes, vous voulez que votre programme de navigation les anime.

Pour visualiser le processus, imaginez que les images GIF sont empilées les unes sur les autres. Heureusement, Netscape a spécialement développé un type de contenu *(content type)* ou type de données qui ressemble à ceci :

```
Content-Type: multipart/x-mixed-replace
```

Un navigateur qui reçoit un tel en-tête sait qu'il devra mettre à jour les données reçues à un moment donné. Comment peut-il savoir qu'il est temps de remplacer un ensemble de données (dans cet exemple, une image) par un autre ? La réponse se trouve dans la ligne de limite. La version complète de cette ligne dans notre exemple serait :

```
Content-type: multipart/x-mixed-replace;boundary=texte
```

À chaque fois que le programme de navigation reçoit une ligne de limite du serveur, il sait qu'il doit commencer à remplacer les données courantes par les suivantes. Voilà.

Bon, ce n'est pas réellement aussi simple, mais le script que vous apprendrez à utiliser dans les deux sections suivantes découpe la partie *multipart/x-mixed-replace* de l'en-tête de notre exemple puis envoie sans arrêt des images, séparées par des lignes de limite.

La section suivante vous montre comment créer une animation.

GUIDE RAPIDE

Exécutez les étapes ci-dessous pour créer une animation en ligne simple. (C'est ici que des notions de PERL seront utiles.)

Vous pouvez écrire le code dans n'importe quel éditeur de texte qui n'insère pas de caractères de formatage, comme Bloc-notes de Microsoft Windows.

1. Saisissez le script suivant :

```perl
#! /usr/bin/perl
#
# Nick Bicanic©
# nick@never.com
#
$|=1;
print "HTTP/1.0 200 Okay\n";
print "Content-Type: multipart/x-mixed-
replace;boundary=texte\n";

print "\n--texte\n";

open(imagelist,@ARGV[0]) || die "Cannot open @ARGV[0]:
$!";
while (<imagelist>) {
        chop $_;
        print "Content-Type: image/gif\n";
        print "\n";
```

```
      open (sendgif, $_);
      print (<sendgif>);
      close sendgif;
      print "\n--texte\n";
   }
close(imagelist);
```

(Vous pouvez télécharger ce script à partir de http://bak-mers.colorado.edu/~bicanic/nphyanim.txt. Mais n'oubliez pas de le renommer.)

2. Après avoir transféré le script dans le répertoire cgi-bin du serveur, rendez-le exécutable en y ajoutant les informations suivantes de la ligne de commande d'une session Telnet :

```
chmod 755 nph-animations.cgi
```

3. Dessinez une série d'images simples sur un sujet quelconque. Dans cet exemple, nous allons dessiner quelques images d'une balle rebondissante et les appeler ball1.gif, ball2.gif, ball3.gif et ball4.gif.

4. Sauvegardez ces images dans le répertoire du script.

5. Dans un fichier texte, indiquez l'ordre dans lequel vous souhaitez voir apparaître vos images. Dans notre exemple, le fichier ball.txt se présenterait comme ceci :

```
ball1.gif
ball2.gif
ball3.gif
ball4.gif
```

6. Sauvegardez ce fichier dans le même répertoire que le script et le fichier texte précédent.

7. Il ne vous reste plus qu'à incorporer vos animations dans votre page Web. Dans le cadre de notre exemple, créez une page simple comme celle-ci :

```
<HTML>
<head>
<title>Ma première animation</title>
</head>
<body>
<h1>Cette balle rebondit</h1>
<img src="nph-animations.cgi?ball.txt">
<h2>Je suis tellement fier...</h2>
</body>
</html>
```

La page animera la balle lorsqu'elle sera visitée. Si cela ne marche pas du premier coup, vous trouverez dans ce chapitre des solutions aux problèmes les plus courants.

Guide avancé

Avant de lire cette section, je vous recommande vivement la lecture des deux précédentes. Je vous expliquerai néanmoins les scripts présentés ici pour que vous sachiez ce qui se passe et où. Avec un peu de chance et quelques notions de PERL, vous écrirez vos propres scripts en un rien de temps. Voici la première ligne :

```
#! /usr/bin/perl
```

Si vous connaissez déjà PERL, vous avez certainement reconnu cette ligne. Il s'agit du chemin d'accès de l'interpréteur PERL dans votre système. Omettre cette ligne est l'une des erreurs les plus fréquentes lorsque l'on essaie d'exécuter ce script. Elle sera, parmi d'autres, détaillée plus loin dans cette leçon.

Voici maintenant les lignes suivantes :

```
$|=1
print "HTTP/1.0 200 Okay\n"
print "Content-type: multipart/x-mixed-
replace;boundary=sometext\n"
print "\n—sometext\n"
```

Ces lignes sont essentielles. La première extrait le descripteur de sortie standard, ou STDOUT *(standard output file descriptor)*, de la mémoire tampon et permet au programme d'envoyer sans délai les sorties au navigateur. Cette procédure rend l'animation plus fluide.

Les trois lignes suivantes concernent la dénomination nph *(non-parsed header)* d'un fichier. Lorsque vous enregistrez un fichier en tant que nph-quelque chose, le serveur sait qu'il doit l'envoyer comme fichier à en-tête non analysé *(non-parsed)*, c'est-à-dire qu'il revient au programme de fournir les en-têtes appropriés. Dans notre cas, il s'agit de l'en-tête *multipart/x-mixed-replace* qui, comme nous l'avons déjà vu, indique qu'il faudra successivement remplacer des données par d'autres. Voici la première ligne de la sauvegarde en nph :

```
open (imagelist,@ARGV[0]) || die "Cannot open
@ARGV[0]:$!"
```

Elle ouvre le fichier désigné avec la variable @ARGV[0], qui, dans PERL, est le premier argument du script. Il faut donc ajouter la référence au script dans votre page Web comme ceci :

```
nph-animations.cgi?ball.txt
```

Dans ce cas, le script ouvre le fichier ball.txt et en extrait l'information.

Le reste du script ressemble à ceci :

```
while(<imagelist>){
chop $_
print "Content-Type: image/gif\n"
print "\n"
open (sendgif,$_)
print (<sendgif>)
close sendgif
print "\n—texte\n"
}
close (imagelist)
```

Cette boucle extrait chaque ligne du fichier argument et en imprime le contenu dans le descripteur STDOUT. En clair, il prend une image après l'autre et les envoie au programme de navigation.

Le tour est joué.

Je ne voudrais pas jouer les trouble-fête, surtout si vous nagez dans le bonheur de la découverte, mais vous rencontrerez sans nul doute quelques problèmes. Ils sont presque tous faciles à résoudre, comme vous le verrez dans la section suivante.

LES PROBLÈMES

Les symptômes sont évidents. Vous avez suivi à la lettre les instructions de ce chapitre, mais vous ne voyez aucune animation sur votre page Web. À la place, c'est sans doute une icône d'image cassée (icône avec un X) qui s'affiche.

Avant de songer au remède, vous devriez en connaître la cause. Vous pouvez aborder le problème de deux façons :

■ Exécuter le programme à partir du shell UNIX.

■ Essayer d'afficher l'image directement dans le navigateur.

Il est plus efficace d'exécuter le script à partir du shell, car s'il ne fonctionne pas ici, il y a peu de chances qu'il fonctionne lorsque vous tenterez d'y accéder depuis le Web.

Allez donc dans le répertoire où vous avez enregistré le script et saisissez la ligne suivante :

```
nph-animations.cgi ball.txt
```

Vous tentez ainsi de faire la même chose qu'avec la page HTML de démonstration sauf que la sortie est envoyée directement à l'écran sans passer par le programme de navigation.

Si une erreur s'affiche aussitôt, vous avez probablement commis l'une de ces deux fautes :

■ Vous avez oublié de rendre le script exécutable.

■ Votre chemin d'accès à PERL est faux.

Pour corriger la première erreur, saisissez :

```
chmod 755 nph-animations.cgi
```

Pour plus d'informations sur la fonction de *chmod*, utilisez la commande man chmod.

Si le chemin de PERL est faux, le système ne trouve pas l'interpréteur PERL à l'emplacement que vous avez indiqué dans la première ligne du script. Pour savoir à quel endroit de votre système se trouve l'exécutable PERL, saisissez :

```
which perl
```

Corrigez la première ligne du script en fonction du résultat de votre recherche. Il y a de fortes chances pour que vous trouviez PERL à l'un des emplacements suivants :

```
/usr/bin/perl
/usr/local/bin/perl
```

S'il n'y a pas d'erreur, la sortie devrait donner :

```
HTTP/1.0 200 Okay
Content-type: multipart/x-mixed-replace;boundary=texte
--texte
Content-Type: image/gif
```

Cela précède de nombreuses données binhex (c'est-à-dire, une image GIF). Binhex est un format représentant un fichier binaire qui utilise exclusivement des caractères imprimables (texte sans mise en page), ce qui permet de les stocker sur la majorité des systèmes et de les envoyer à l'aide de la plupart des messageries électroniques.

Après la première partie de données images, les en-têtes de fichiers GIF se succèdent jusqu'à ce que le script arrive à la fin de l'animation. Si vous avez devant vous une très longue animation, ce n'est pas la peine d'attendre la fin du processus. Essayez simplement de déterminer si le script s'exécute correctement.

Si vous ne rencontrez pas de problème à ce stade, détendez-vous. Vous avez de grandes chances de trouver la solution.

L'étape suivante consiste à savoir pourquoi l'animation n'a pu être visionnée sur le Web. N'oubliez pas, bien sûr, de la tester sur le Web après chaque changement : l'erreur est peut-être déjà corrigée.

 REMARQUE Les exemples contenant des URL supposent que le serveur utilisé est www.dweeb.com et que tous les paramètres standards NCSA s'appliquent.

Tout d'abord, essayez simplement d'accéder directement au script, c'est-à-dire, d'ouvrir l'URL.

`http://www.dweeb.com/~john/nph-animations.cgi`

Si le texte du script apparaît dans la fenêtre du navigateur, votre problème est probablement déjà résolu. Votre serveur ne traite pas ce fichier comme un script – parce qu'on ne le lui a pas dit. La solution la plus simple est d'ajouter la ligne suivante dans le fichier srm.conf du serveur :

`AddType application/x-httpd-cgi .cgi`

Lorsque vous allez redémarrer le serveur, il identifiera tout fichier portant l'extension .cgi comme un script. Cependant, cette solution n'est pas toujours possible car tout le monde n'administre pas son propre serveur.

DES SOLUTIONS

Voici quelques solutions aux problèmes les plus courants :

- Suppliez votre administrateur Web de changer les fichiers comme décrit plus haut dans ce chapitre.

- Demandez à votre administrateur Web d'inclure le script dans lc cgi-bin global du serveur.

- Demandez à votre administrateur Web de créer un dossier cgi-bin dans votre répertoire personnel.

La première solution est la meilleure car elle vous permet de conserver un chemin d'accès aussi simple que dans les exemples.

D'AUTRES SOLUTIONS

La plupart des fournisseurs de services Internet n'aiment pas, pour des raisons de sécurité, laisser n'importe qui placer des scripts dans le cgi-bin. Cet obstacle n'est cependant pas incontournable.

Même si vous avez accès à un cgi-bin (global ou personnel), vous ne pouvez pas y mettre tous les fichiers. En revanche, vous devez donner toutes les informations nécessaires au script, afin qu'il retrouve le fichier texte. Supposez que vous utilisiez un cgi-bin dans le répertoire suivant :

```
/usr/local/bin/httpd/cgi-bin
```

Cela signifie que le chemin complet du script (par « chemin complet », j'entends le chemin complet dans l'arborescence de l'ordinateur hôte) serait le suivant :

```
/usr/local/bin/httpd/cgi-bin/nph-animations.cgi
```

Maintenant supposons que le chemin complet du fichier texte soit le suivant :

```
/usr/people/john/public_html/ball.txt
```

Pour appeler le script sur le Web, il suffit d'utiliser cette commande :

```
http://www.dweeb.com/cgi-bin/nph-
animations.cgi?/usr/people/john/public_html/ball.txt
```

Dans ce cas (et si les images sont au même endroit que le fichier texte), le fichier ball.txt contiendrait les information suivantes :

```
/usr/ people/john/public_html/ball1.gif
/usr/ people/john/public_html/ball2.gif
/usr/ people/john/public_html/ball3.gif
/usr/ people/john/public_html/ball4.gif
```

Vous pouvez également essayer de visionner l'image directement. Il suffit de saisir le chemin complet de l'URL, comme ceci :

```
http://www.dweeb.com/~john/nph-animations.cgi?ball.txt
```

De cette façon, vous obtiendrez souvent des informations utiles de la part du serveur. Par exemple, alors que le fichier HTML de démonstration vous montrera juste une icône d'image cassée, l'animation visionnée directement vous dira que le fichier est introuvable, et vous vous rendrez compte que vous avez dirigé le navigateur vers un mauvais emplacement.

À ce stade, vous admirez, le cœur rempli de joie, votre première animation en vous demandant comment vous avez pu vous en passer auparavant. J'espère que vous avez déjà des idées pour l'améliorer. Sinon, poursuivez votre lecture, qui se révèlera certainement source d'inspiration.

DES ASTUCES SUPPLÉMENTAIRES

Commençons par quelques astuces simples.

L'animation que vous avez créée fait partie du marqueur HTML <IMG>. Elle n'est, en fait, qu'une image mise à jour de façon dynamique. Par conséquent, ce qui est valable pour une image isolée l'est aussi pour une animation. Par exemple, vous pouvez en faire un lien. En reprenant notre exemple, notez les changements dans la ligne contenant le marqueur <IMG> :

```
<a href="autre_fichier.html"<img src="nph-
animations.cgi?ball.txt"></A>
```

Facile !

Avec des changements similaires, vous pouvez faire d'une animation une Image map ou en changer la taille. Pour modifier la taille d'une image, indiquez sa hauteur et sa largeur comme suit :

```
<img src="nph-animations.cgi?ball.txt" height=200
width=400>
```

Bien qu'il semble séduisant de doubler la taille d'une animation afin d'économiser du temps de chargement, n'oubliez pas que certains navigateurs mettent longtemps à rendre une grande image. Tentez quelques expériences pour trouver le meilleur compromis possible entre la taille et la vitesse de chargement.

Voilà quelques astuces relatives au HTML. Les conseils suivants impliquent des modifications du script lui-même qui, quoique légères, sont indispensables.

Ainsi si vous souhaitez que votre animation passe en boucle, sachez que cela est facile à réaliser.

De même, pour introduire une pause entre deux images de l'animation, incluez la ligne suivante à la fin de la boucle :

```
select (undef,undef,undef,x);
```

où x est le délai de pause en secondes.

Si un programme de navigation autre que Netscape Navigator rencontre une page Web avec une animation comme celle que vous venez de fabriquer, il ne verra qu'une icône d'image cassée. Et les visiteurs apprécient généralement que vous vous adaptiez aux programmes qu'ils utilisent. C'est tout à fait possible avec seulement quelques lignes supplémentaires.

La version suivante de notre script comprend des lignes pour passer l'animation en boucle et des lignes pour s'adapter aux navigateurs autres que Netscape.

```
# Nick Bicanic
# nick@never.com
#
$single="nonnetscape.gif"
$|=1;
print "HTTP/1.0 200 Okay\n";
```

```perl
if ($browser =~ /^Mozilla/i){
    print "Content-Type: multipart/x-mixed-
replace;boundary=texte\n";
    print "\n—texte\n";

    for (;;) {
        open(imagelist,@ARGV[0]) || die "Cannot open
        @ARGV[0]: $!";
        while (<imagelist>) {
                chop $_;
                print "Content-Type: image/gif\n";
                print "\n";
                open (sendgif, $_);
                    print (<sendgif>);
                close sendgif;
                print "\n—sometext\n";
        }
        close(imagelist);
        select (undef,undef,undef,x);
}
else {
    print "Content-Type: image/gif\n";
                print "\n";
                open (sendgif, $single);
                print (<sendgif>);
                close sendgif;
    end;
}
```

CRÉER UN LIEN AVEC UNE ANIMATION

 ASTUCE L'animation de la souris décrite dans ce chapitre est faite de plusieurs images transparentes longues et étroites, chacune montrant la souris dans une position différente.

Pour clore cette leçon, nous allons voir un exemple intéressant de ce que vous pouvez faire, si vous avez aimé ces expériences. Nous allons utiliser l'exemple de la souris qui court à travers l'écran.

Ce qui nous intéresse en particulier, c'est la manière de rendre l'animation interactive : si l'utilisateur clique sur la souris, elle émet un petit bruit, mais s'il la rate, elle continue de courir. Pointez le lien de l'animation vers un script. Dans cet exemple, il portera le nom de nph-cool.cgi. Ce script (ne vous préoccupez pas de son apparence pour l'instant) a besoin de connaître deux éléments pour déterminer si la souris est morte ou non :

■ les coordonnées x et y du clic effectué ;

■ la position de la souris au moment du clic.

La première condition est facile à remplir en ajoutant l'attribut ISMAP au marqueur <IMG> de l'animation de la souris (c'est-à-dire, une Image map animée, comme celle évoquée plus haut).

Souvenez-vous que vous n'avez toujours rien changé au script de l'animation. La modification que vous devez effectuer est minime : vous devez répertorier le nombre d'images dans un fichier quelconque. Ainsi, lorsque l'utilisateur clique, les coordonnées x et y du clic sont envoyées au nph-cool.cgi, qui peut alors déterminer le numéro de l'image. Cela s'appelle le *suivi de l'état*.

Et voilà. Vous pouvez ensuite définir les critères qui déterminent si la souris vit ou meurt. Si elle meurt, nph-cool.cgi peut envoyer une image GIF représentant une souris morte. Si elle vit, nph-cool.cgi peut recommencer l'animation à partir d'un point donné. Vous voilà maintenant créateur d'une animation intcractive en temps réel sur le Web.

ACROBAT

Il y a quelques années, juste avant l'explosion du Web, j'ai été invité à un dîner d'éditeurs au Comdex, qui était en réalité une foire-expo des produits Adobe animée par John Warnock. Lors de tels événements, la presse spécialisée est attirée dans une salle de conférence d'un hôtel trois étoiles avec force nourriture et rafraîchissements. Une fois les convives rassasiés, l'attaché commercial déverse, pendant une bonne heure, dans les conduits auditifs des journalistes son boniment publicitaire à propos du tout dernier outil ou gadget informatique. N'étant pas moins sensible que la moyenne à ce genre d'invitations, j'ai consenti à ce qu'Adobe m'abreuve d'amuse-gueules, de vin, de publicité… À ma grande surprise, M. Warnock nous a présenté une nouvelle technologie plutôt intéressante et prometteuse pour l'édition : Acrobat.

Depuis, j'ai payé ma dette envers Adobe en écrivant et vendant au moins sept articles sur Acrobat. C'est un outil formidable, convivial, simple et réellement utile. J'ai été assez impressionné à l'époque, et je le reste.

Acrobat et Internet contribueront-ils à rapprocher de la réalité l'utopie de bureaux sans papier ? La prolifération des systèmes d'exploitation, des types d'ordinateurs et le nombre croissant de problèmes de compatibilité entre fichiers que cela engendre nous obligent à utiliser de plus en plus de papier. Le papier est, après tout, le seul support quasi universel. Malgré les promesses des fabricants de logiciels concernant la compatibilité, la réalité quotidienne reste tout autre. Si vous créez un document sous WordPerfect, l'enregistrez en tant que fichier ASCII et l'exportez dans AmiPro, toute votre mise en page sera perdue. Créez un document dans WordPerfect pour Windows, portez-le dans WordPerfect pour MS-DOS, et vous ne retrouverez pas toute la mise en page. Sans mentionner la lecture de ce genre de fichiers sur un système Mac ou UNIX. Toutes vos belles polices, colonnes et autres tabulations auront disparu. Acrobat de Adobe représente un grand bond en avant pour régler ces problèmes et permet enfin de porter sans problème des fichiers sous différentes plates-formes informatiques.

LA FONCTION DE ACROBAT

Fondamentalement, Acrobat vous permet de créer des documents contenant toutes sortes de polices, de couleurs et d'images sur un ordinateur Mac, PC ou UNIX avec n'importe quel programme capable d'imprimer et de sauvegarder un document dans un fichier. Celui-ci peut ensuite être affiché dans toute sa splendeur sur n'importe quelle plate-forme. Bien qu'il n'ait pas été développé spécialement pour le Web, Acrobat se prête remarquablement à cet environnement, grâce à ses capacités étendues de recherche et de création d'hyperliens. Il résout également en partie les problèmes découlant des possibilités limitées de mise en page du HTML.

LE FONCTIONNEMENT DE ACROBAT

L'insertion d'un document Acrobat sur votre site Web s'effectue en deux étapes :

1. Créez un fichier PDF (format Acrobat) avec le document que vous souhaitez rendre tel quel.

2. Insérez un lien qui pointe vers ce fichier dans votre page Web.

Comme je l'ai déjà dit, Acrobat est facile à utiliser. Pour mieux vous faire comprendre son fonctionnement, détaillons chacune de ces étapes.

1. Créez un fichier PDF avec le document que vous souhaitez rendre tel quel : prenez par exemple quelques pages d'un magazine et reliez-les pour le Web.

   ■ Installez Acrobat Exchange sur votre PC, Mac ou station UNIX.

   ■ Ouvrez un document mis en page avec PageMaker et imprimez-en quelques pages, chacune vers un fichier PDF différent. Pour l'utilisation sur le Web, chaque page d'un document doit se trouver dans un fichier séparé, lié aux autres avec des URL, comme pour les autres fichiers HTML.

   ■ Sélectionnez PDF Writer comme imprimante.

   ■ Imprimez les fichiers.

   ■ Le fichier s'imprime sur le disque ou dans le répertoire que vous indiquez. À titre d'exemple, imprimez trois ou quatre pages de votre article de magazine dans des fichiers PDF.

■ Mettez ces fichiers dans le dossier où vous sauvegardez habituellement les fichiers HTML pour votre site Web.

■ Vous avez maintenant des documents PDF.

2. Dans une page HTML (votre page d'accueil, par exemple), insérez un lien qui pointe vers les fichiers PDF. Adobe offre gratuitement une icône plaisante qui peut servir de lien pour attirer l'attention des lecteurs sur l'existence des fichiers Acrobat. Un explorateur moderne devrait automatiquement démarrer le programme de lecture gratuit de Acrobat quand un utilisateur clique sur ce type de lien. Vous pouvez parcourir les pages PDF en empruntant les URL qui les lient ensemble, ou celles, usuelles, qui pointent vers d'autres pages sur votre site ou n'importe où sur le Web.

Imprimer vers un fichier PDF est aussi simple qu'imprimer vers votre imprimante laser. Visionner les fichiers avec Reader ou Acrobat Exchange se résume à cliquer sur l'icône du programme pour le démarrer et sélectionner le fichier voulu, une fois que vous l'avez trouvé en parcourant vos répertoires. Je suis toujours étonné par la présentation soignée des documents. Et il est tellement facile et rapide de faire un zoom sur une page pour la lire ou de parcourir les pages ! Il est en effet plus aisé de créer des liens entre des pages PDF que d'en ajouter à des documents HTML.

À contenu égal, les fichiers PDF sont généralement plus grands que les fichiers HTML, mais il existe plusieurs moyens d'en réduire la taille. Vous pouvez ainsi choisir plusieurs niveaux et types de compression. En général, plus vous comprimez un fichier, moins il contiendra de détails. Vous pouvez, bien entendu, utiliser les couleurs avec parcimonie pour réduire la taille des fichiers, mais pourquoi utiliser alors des fichiers PDF ! En effet, PDF sert surtout pour des pages dont la présentation est primordiale ou pour présenter des documents existants, créés avec des outils graphiques conventionnels. Si votre entreprise a du mal à adapter au Web des documents qui ne sont pas en anglais, PDF pourrait être la solution. Le japonais et d'autres langues à bits doubles s'affichent impeccablement dans des fichiers PDF. Il en va de même pour les langues contenant des caractères accentués comme le français.

Les rapports annuels peuvent également être traités en PDF. Vous pouvez ajouter des hyperliens dans tout le rapport ou le rendre plus convivial et plus pratique de bien d'autres façons. Acrobat vous permet de parsemer un rapport de « Post-it » dont vous pouvez choisir la couleur si le jaune par défaut ne vous convient pas. Utilisés modérément, ces « post-its » sont très pratiques pour insérer des annotations dans un document.

Acrobat a également des capacités de recherche remarquables, qui vous permettent de parcourir sans problème des bases de données constituées de centaines de documents PDF. Vous pouvez ainsi indexer de vastes rapports et les parcourir ultérieurement, tâche habituellement fastidieuse qu'une entreprise n'a jamais le temps de faire.

Avec les fichiers PDF, vous pouvez doter votre site de présentations complexes, créées avec un logiciel de mise en page. Acrobat est donc un outil de publication de plus, parmi la légion de logiciels engagés dans la bataille du marché de l'édition sur le Web.

Vous pouvez télécharger Acrobat de Adobe à http://www.adobe.com/Acrobat.

JAVA

À la fin du mois de mai 1995, Sun Microsystems lançait Java et HotJava, deux produits destinés à modifier l'architecture d'Internet et plus particulièrement celle du World Wide Web.

Java est un nouveau langage de programmation orienté objet ressemblant beaucoup au C++ par sa structure et ses capacités. Il a été conçu pour les réseaux (notamment le World Wide Web) et apparaît aujourd'hui comme l'architecture la plus neutre. Il est optimisé pour la création d'applications exécutables distribuées.

HotJava est un explorateur capable d'exécuter des « *applets* » (programmes écrits en Java) intégrés, comme des images, dans des pages HTML. Son rôle consiste à mettre en valeur les capacités de Java.

Depuis, de nombreux éditeurs ont offert leurs propres environnements de développement Java pour explorer l'Internet. Microsoft propose Visual J++ pour le développement d'applets Java et Internet Explorer pour naviguer sur Internet. Pour de plus amples informations sur Internet Explorer, connectez-vous sur http://www.microsoft.com/france/.

Java est décrit comme un langage simple, orienté objet, distribué, interprété, stable, sûr, d'architecture neutre, portable, à haute performance, à *multithreading* et dynamique. Plus qu'une simple liste – impressionnante – de qualificatifs, Sun s'attache à en justifier l'emploi de chacun des termes.

LA SIMPLICITÉ

L'objectif de Sun consistait à proposer un système aisément programmable, sans apprentissage préalable. C'est pourquoi la présentation et la conception de Java s'inspirent du C++, le langage orienté objet le plus connu. Java dispose ainsi d'un système de gestion d'allocation de mémoire automatisé, libérant le programmeur de cette tâche fastidieuse. Sun a également éliminé des caractéristiques du C++ trop complexes, comme la surcharge de l'opérateur et l'héritage multiple.

L'ORIENTATION OBJET

Aujourd'hui, toute l'industrie du logiciel est « orientée objet », mais très peu de gens savent ce que cela signifie. En général, cela décrit des modules logiciels réutilisables, conçus comme des blocs effectuant certaines opérations sur des données. Le logiciel considère les données elles-mêmes comme des objets, auxquels il est possible d'accéder par l'intermédiaire d'une interface spécifique. Une fois le code écrit pour accéder à des données par cette interface, le module devient réutilisable pour des données similaires avec une interface similaire.

LA DISTRIBUTION

Java possède une bibliothèque de routines élargie pour sim-
plifier la gestion des protocoles TCP/IP, comme HTTP et FTP.
Les applications Java peuvent ouvrir et accéder à des objets
à travers des URL partout sur Internet, et cela aussi aisément
qu'un programmeur accède à un système de fichiers local.

LA STABILITÉ

La plupart du temps, le terme « stable » qualifie des logiciels
qui ne boguent pas facilement. Pour y parvenir, Sun a doté Java
d'un important contrôle d'erreurs pendant la compilation,
supérieur aux compilateurs C et C++. Java dispose notamment de véritables tableaux remplaçant pointeurs et arithmétique de pointage, causes principales de l'effacement de
la mémoire et de l'endommagement de données en C. Le
programmeur, ainsi débarrassé des soucis relatifs à la mémoire,
devrait alors commettre moins d'erreurs.

LA SÉCURITÉ

Java est conçu pour être utilisé dans des environnements de
réseaux distribués. La sécurité est alors primordiale. Java permet de construire des systèmes sécurisés et sans virus. Les
techniques d'authentification reposent sur un cryptage à clé
publique *(public-key)*. La relation entre « stabilité » et « sécurité » est évidente. Par exemple, les changements sémantiques
opérés sur des pointeurs empêchent les applications d'accéder sans autorisation à des structures de données, ou à des
données privées se trouvant dans des objets auxquels ils ont
accès. Voilà qui ferme la porte à la plupart des virus.

UNE ARCHITECTURE NEUTRE

L'une des caractéristiques les plus importantes du langage Java réside dans sa neutralité architecturale, théorique, essentielle pour fonctionner en réseau. En général, un réseau se compose d'une grande variété d'ordinateurs et donc de nombreux processeurs et systèmes d'exploitation différents. Pour permettre à une application Java de fonctionner n'importe où sur le réseau, le compilateur génère un format de fichier objet d'architecture neutre : une sorte de pseudo-code appelé *byte-code*. Le code compilé s'exécute sur des processeurs de types variés, à condition que le système d'exécution Java soit présent sur cette plate-forme.

C'est utile non seulement en réseau, mais aussi pour la distribution de logiciels sur des systèmes isolés. Sur le marché actuel de l'informatique, les développeurs se voient contraints de réaliser des applications compatibles IBM et Macintosh. Étant donné que le marché couvre de nombreuses architectures de processeurs (à travers Windows NT) et que Apple a abandonné les microprocesseurs Motorola 68000 pour la puce du PowerPC, produire des logiciels qui fonctionnent sur toutes les plates-formes devient pratiquement impossible. Avec Java, la même version d'un programme peut tourner dans tous les environnements.

Le compilateur Java génère des instructions bytecode, qui n'ont rien à voir avec une architecture particulière. Elles sont conçues pour être à la fois facilement interprétées sur n'importe quelle machine et facilement traduites vers le code d'origine du système pendant l'exécution. Le bytecode est donc distribué, puis interprété et exécuté par l'exécuteur Java, spécifique à l'ordinateur. Sun a même évoqué un futur compilateur capable de convertir des fichiers d'objets bytecode en véritables exécutables offrant une performance similaire au C++.

LA PORTABILITÉ

L'architecture neutre est à l'origine de la portabilité, mais n'en est pas la seule cause. Contrairement à C et C++, les spécifications Java ne sont pas « dépendantes de l'implémentation ». La taille des types de données d'origine et l'effet de l'arithmétique sont déterminés. Par exemple, *int* représente un nombre entier signé en code complément à deux sur 32 bits, et *float,* un nombre à virgule flottante en IEEE 754 sur 32 bits. Ces choix sont aujourd'hui possibles parce que les processeurs les plus répandus partagent ces caractéristiques.

Les bibliothèques, parties intégrantes du système, définissent les interfaces portables. Par exemple, Java possède une classe Windows abstraite et ses propres implémentations pour Unix et Macintosh. Le système Java lui-même est largement portable. Le nouveau compilateur est écrit en Java et la version d'exécution en C ANSI, avec une nette limite de portabilité, essentiellement représentée par POSIX.

L'INTERPRÉTABILITÉ

L'interpréteur Java peut exécuter des bytecodes Java directement sur l'ordinateur où il a été porté. Le pseudo-code généré par le compilateur est transmis par le réseau, et l'interpréteur spécifique à la machine exécute le programme. Voilà une autre source de neutralité architecturale.

DE HAUTES PERFORMANCES

Alors que les bytecodes interprétés offrent, dans la plupart des cas, une efficacité largement suffisante, certaines situations requièrent de plus hautes performances. Les bytecodes peuvent être traduits pendant l'exécution (en *run time)* vers le code CPU de l'ordinateur particulier sur lequel l'application est exécutée. Pour les habitués d'une structure normale de compilateur et de chargeur dynamique, cela reviendrait à mettre le générateur final de code machine dans le chargeur dynamique.

Le format bytecode a été conçu en vue de la génération de code machine, ce qui rend assez simple le processus actuel de génération. Le code résultant est correct : il effectue automatiquement l'allocation de registres, et les bytecodes sont optimisés lors de leur production par le compilateur.

En utilisant du code interprété, Sun reçoit quelque 300 000 instructions par seconde sur une station Sun Microsystems exécutant SPARC 10. Les performances des bytecodes convertis en code machine sont presque identiques au C ou au C++ d'origine.

LE MULTITHREADING

Dans le monde qui nous entoure, une foule d'événements ont lieu simultanément. Dans le monde des réseaux aussi. Le *multithreading* est une façon de créer des applications qui gèrent des tâches multiples, en donnant l'impression de le faire simultanément. Malheureusement, écrire de tels programmes peut s'avérer bien difficile.

Java dispose d'une série de primitives de synchronisation basées sur le paradigme de la « variable moniteur et condition », élaboré par C.A.R. Hoare. Le style de cette intégration doit beaucoup au système Cedar/Mesa de Xerox. En intégrant ces concepts dans le langage, Java devient plus convivial et plus stable.

Le multithreading contribue, aussi, fortement au caractère interactif et au comportement en temps réel. Ces caractéristiques sont toutefois limitées par la plate-forme de base, et les environnements Java autonomes ont un bon rendement en temps réel. S'ils sont greffés sur Unix, Windows, Macintosh ou Windows NT, ce rendement sera limité à celui du système.

LE DYNAMISME

Par bien des aspects, Java est un langage plus dynamique que C ou C++. Il a été conçu pour s'adapter à un environnement en évolution. Par exemple, un inconvénient majeur du C++ en situation de production découle d'un effet secondaire de la méthode d'implémentation du code. Supposez par exemple qu'une entreprise A produise une bibliothèque de classes (bibliothèque de composants *plug-and-play*) que l'entreprise B achète pour l'intégrer dans son produit. Si A modifie sa bibliothèque et lance une nouvelle version, B devra presque inévitablement recompiler et redistribuer ses logiciels. Dans un contexte où l'utilisateur final se procure des logiciels A et B indépendamment (par exemple, où A est un fabricant de systèmes d'exploitation et B, un éditeurs de logiciels), cela peut générer quelques problèmes.

Si A distribue une mise à niveau de ses bibliothèques, les applications de B ne fonctionneront plus. Il est possible d'éviter ce problème en C++, mais c'est incroyablement difficile et cela implique de ne plus utiliser directement les caractéristiques orientées objet du langage.

En n'interconnectant les modules qu'ultérieurement, Java élimine complètement ces problèmes et permet une application plus directe du concept orienté objet. Les bibliothèques peuvent librement ajouter de nouvelles méthodes et des variables d'instances, sans conséquences pour leurs clients.

COMMENT JAVA VA-T-IL CHANGER LE WEB ?

Le World Wide Web a été conçu comme un système hypertextuel de présentation de documents. Les idées de réalisation en ligne, cependant, s'éloignent bien souvent de ce modèle.

Les programmes d'exploration du Web, plutôt destinés à visionner des documents, sont déjà en quelque sorte plus flexibles. Vous pouvez ainsi rajouter des programmes à un navigateur. Ces applications auxiliaires travaillent toutes à partir du navigateur. S'il reçoit du serveur un fichier avec une certaine convention d'extension (par exemple, un fichier .MPG), il le détecte et reconnaît ne pas pouvoir afficher de fichier .MPG à l'écran. Mais il est possible d'associer une visionneuse MPEG à l'extension .MPG. Lorsque l'explorateur reçoit le fichier, il appelle le programme MPEG et lui transmet le nom du fichier. Cette application auxiliaire s'ouvre alors à l'écran et affiche le film au format MPEG.

Étant donné que le Web se spécialise complètement dans le transfert et l'affichage de fichiers, il est risqué de présenter un fichier au format inhabituel – par exemple, le standard du Groupe Néophyte des Bafouilleurs de Photos (GNBP) – si personne n'a de visionneuse pour les fichiers GNBP. Imaginez pouvoir présenter le fichier accompagné de sa visionneuse dans le même document ; le navigateur téléchargerait la visionneuse, la décompresserait, l'installerait, la configurerait pour votre système et afficherait le fichier GNBP. Voilà le rôle de Java.

Sun a proposé une extension au HTML : le marqueur <APP>. Le texte entre <APP> et </APP> serait le pseudo-code pour un logiciel ou une « application ». Son code serait précisément le bytecode de Java. En théorie, il pourrait être étendu à d'autres types de codes, mais pour le moment, examinons l'action de Java.

Tout cela suppose que vous ayez, en tant que programmeur ou fournisseur de service en ligne, le compilateur Java pour produire du bytecode. Il faut également que chacun possède un explorateur équipé d'un interpréteur Java en *run time*. Si ces deux conditions étaient réunies, on pourrait écrire de nouveaux serveurs dans n'importe quel langage, comme Visual Basic. On pourrait également écrire le client qui doit accéder au serveur en Java.

Par conséquent, quiconque accéderait à votre page Web recevrait le code entre les marqueurs <APP>, et l'interpréteur Java l'exécuterait immédiatement en tant que client. Le client pourrait ensuite établir la communication avec le serveur via Internet et faire tout ce qu'il aurait à faire – les possibilités étant presque illimitées.

Supposons que vous administriez un site Web et que vous vouliez communiquer à tous ceux qui vous contactent le cours actuel de toutes les actions concernant les haricots verts. Écrivez simplement une applet en Java qui crée une fenêtre à l'écran dans laquelle elle affiche, à la façon d'un téléscripteur, les données qu'elle reçoit du serveur.

Supposez encore que vous vouliez gérer un serveur de conversation en temps réel, sans administrer de site IRC *(Internet Relay Chat)*, sans que les utilisateurs accèdent à votre BBS via Telnet, tout en contraignant votre serveur à faire quelque chose de parfaitement original : insérer de façon aléatoire des jurons ou autres commentaires grossiers après chaque quatrième mot saisi par un utilisateur. Vous voulez aussi afficher chaque caractère tel qu'il a été saisi, ce dont le Web n'est pas capable. Il vous suffirait d'écrire une applet en Java et de l'inclure dans une page de votre serveur : tous ceux qui auront payé les droits d'entrée de 2 000 F pourront accéder à cette page, recevoir l'applet et en passer par des moments remplis de confusion et de ressentiment.

L'astuce, ici, réside dans le fait que nul n'a besoin de posséder votre client pour se joindre à la fête. Il devient automatiquement disponible dès l'accès à votre page Web. En partant, l'utilisateur peut se débarrasser du client. Il sera toujours au même endroit, et probablement mis à jour, quand le visiteur reviendra.

Au premier abord, j'ai pensé que c'était un gaspillage inconsidéré. Mais dans un monde où la taille des images frôle les 60 ou les 80 Ko et où les films MPG se mesurent en méga-octets, cela devient banal. Comme la plupart des opérations réseaux se font dans l'interpréteur et non dans le code, les programmes seront probablement assez petits.

Bien que Java fonctionne très bien pour visionner des documents (comme nos fichiers imaginaires GNBP), ce n'en est pas la seule application. Java vous permet de modifier le code lui-même. Il ouvre la porte à un nombre infini de variations serveurs construites comme des scripts CGI ou toute autre technique. Vous pouvez développer le serveur et le client, en étant sûr que chaque visiteur de votre site possèdera la dernière version du client. En substance, cela esquisse la possibilité d'un World Wide Web extensible à l'infini et débarrassé de l'habituel souci de faire parvenir à l'utilisateur final le logiciel client.

Les protocoles de communication utilisés par les hôtes sont les composants clés d'Internet. Dans le World Wide Web, le protocole HTTP *(Hypertext Transmission Protocol)* est le plus important. Dans un document Web, une URL *(Uniform Resource Locator)* contient le nom du protocole (par exemple HTTP) utilisé pour rechercher ce document. Les navigateurs actuels intègrent la reconnaissance du HTTP. HotJava, au lieu d'intégrer des gestionnaires de protocoles, se sert du nom du protocole pour faire le lien avec le gestionnaire approprié. Cela permet l'incorporation dynamique de nouveaux gestionnaires.

L'incorporation dynamique de protocoles a une signification particulière pour les modalités des transactions sur Internet. De nombreux fournisseurs proposent des navigateurs Web et des serveurs aux capacités supplémentaires, telles la facturation et la sécurité. Ces capacités se présentent le plus souvent sous forme de nouveau protocole. Chaque fournisseur s'efforce d'implémenter des exclusivités (par exemple un nouveau type de sécurité) et vend un serveur et un navigateur qui « parlent » ce nouveau protocole. Si un utilisateur veut accéder à des données sur des serveurs différents possédant chacun un nouveau protocole propriétaire, il aura besoin de plusieurs navigateurs. Or, utiliser plusieurs navigateurs est lourd, encombrant et contraire à la philosophie de coopération synergique du WWW.

Avec HotJava, les entreprises peuvent produire et vendre la pièce précise qui représente la valeur ajoutée aux produits existants et l'intégrer sans problèmes dans des produits d'origine différente. Cette intégration constitue un avantage pratique considérable pour l'utilisateur final.

Les gestionnaires de protocoles s'installent dans une séquence comme les gestionnaires de contenu. HotJava obtient la référence d'un objet (une URL) et si le gestionnaire de ce protocole est déjà chargé, il sera utilisé. Sinon, HotJava le recherche, d'abord sur le système local et ensuite sur le système cible de l'URL.

Java intègre également quelques fonctionnalités de moindre importance, mais tout aussi intéressantes. La plus remarquable est que la fonction *char* n'utilise pas le standard ASCII (*American Standard Code for Information Interchange*), véritable espéranto des correspondances alphanumériques des ordinateurs. Une grande partie d'ASCII est tellement ancienne qu'elle fait référence à des sonneries, des retours à la ligne et d'autres éléments utilisés par les téléscripteurs. Au total, 256 symboles peuvent être représentés dans le monde à 8 bits d'ASCII.

Java n'utilise pas ASCII, mais Unicode. Unicode existe depuis plusieurs années comme alternative 16 bits et connaît quelque 64 000 caractères. Ils pourraient être ainsi particulièrement utiles pour reproduire environ 10 000 idéogrammes chinois. Les alphabets japonais, cyrillique, arabe et autres, comportant beaucoup de caractères, pourraient également être représentés de façon plus ou moins complète avec 64 000 caractères. Unicode est conforme à ISO *(International Standards Organization)*. Il ne lui reste plus qu'à s'imposer dans le monde de l'informatique.

Le point faible de Java réside dans la permission accordée à un quelconque utilisateur de compiler un programme, de le mettre sur un site Web, et de le faire récupérer et exécuter automatiquement dès qu'on y accède. Bien des utilisateurs ont des sueurs froides à cette seule évocation. Sun insiste sur le fait que Java comporte suffisamment de sécurités pour rendre pratiquement impossible la création de virus. Selon moi, les virus ne constituent pas les seuls dangers. La communauté BBS a plus souffert de programmes utilisant la ruse classique du cheval de Troie que de virus. Si le programme peut effacer CONFIG.SYS, il y a danger. Et s'il ne le peut pas, l'utilité du langage s'en trouve amoindrie.

Java possède trois caractéristiques intéressantes : pouvoir écrire des programmes qui ne peuvent absolument pas accéder au réseau, des programmes qui y accèdent gratuitement, ou bien des programmes qui accèdent UNIQUEMENT au site sur lequel ils ont été téléchargés. Il est tout à fait concevable que votre prochaine application, développée en Java, devienne un standard sur le Net. Mais peut-être préféreriez-vous que ce programme accède uniquement à votre propre site et soit donc complètement inutile pour les autres. C'est une « astuce » Java.

Sun a une vision remarquablement généreuse du Web ! La société autorise ainsi le téléchargement gratuit de l'explorateur HotJava et du compilateur Java pour Solaris et Windows NT, essentiellement dans un but promotionnel. Mais elle a également mis gratuitement du code source Java à disposition des utilisateurs. Sun se réserve tous les droits sur ses produits, même si leur libre utilisation en est universellement autorisée. Nous avons besoin d'universalité sur le Web, aussi souhaitons-leur bonne chance ! Néanmoins, je ne vous encouragerai jamais assez à visiter le site http://www.microsoft.com/france/visualj/default.asp où vous trouverez tout ce que vous avez toujours voulu savoir sur Microsoft Visual J++ !

LES PROGRAMMES CGI

L'idée de créer des programmes CGI peut faire trembler le plus intrépide des créateurs de pages Web, mais ces programmes sont tellement pratiques qu'ils méritent d'être connus. CGI vous permet non seulement de récupérer des données dans vos formulaires, mais également d'animer votre site Web en le rendant réellement interactif.

QU'EST-CE QU'UN PROGRAMME CGI ?

CGI (*Common Gateway Interface*, interface de passerelle commune) est une spécification pour des programmes pouvant être exécutés sur le World Wide Web. Malgré leur réputation d'exotisme, les programmes CGI se distinguent peu, sauf qu'ils s'exécutent sur le serveur et non sur un poste client. La seule différence est que leurs entrées et sorties viennent de et sont envoyées vers un navigateur Web.

CGI n'est pas un langage, mais un standard pour le dialogue entre un serveur Web et vos programmes. Contrairement à une croyance très répandue, nul n'est besoin d'écrire les programmes CGI en PERL. PERL est populaire parmi les programmeurs parce qu'il est bien adapté aux fonctionnalités typiques des programmes CGI, et parce que ceux-ci peuvent tourner sous différents systèmes.

En réalité, vous n'avez pas besoin de savoir écrire un programme CGI pour pouvoir en utiliser. Il suffit de savoir employer ceux des autres, et ils sont nombreux. Les spécifications CGI se trouvent à l'adresse http://hoohoo.ncsa.uiuc.edu/cgi/. Vous trouverez des index vers des références CGI ainsi que des programmes utiles à http://www.stars.com.

LE FONCTIONNEMENT D'UN PROGRAMME CGI

Les utilisateurs du Web peuvent démarrer un programme CGI comme ils visionnent une page HTML : en cliquant sur un lien qui pointe vers le programme, ou en saisissant l'adresse URL dans le navigateur. L'URL peut contenir des informations ou des paramètres supplémentaires après le nom du programme. Le navigateur contacte le serveur Web qui héberge le programme CGI à travers son URL, et le serveur l'exécute.

L'INSTALLATION D'UN PROGRAMME CGI

L'installation d'un programme CGI sur votre site s'effectue en trois étapes :

1. Assurez-vous qu'il peut être exécuté sur votre site Web.

2. Mettez-le dans le bon répertoire, avec une extension .cgi si nécessaire.

3. Attribuez au programme et aux fichiers associés les permissions appropriées.

Assurez-vous que le programme peut être exécuté sur votre site Web

Il existe deux types de programmes : les programmes binaires compilés et les scripts interprétés. Les premiers doivent être compilés pour le type d'ordinateur et le système d'exploitation auxquels ils sont destinés. Dans les mondes PC et Mac, ils sont généralement mis sur le marché déjà compilés, alors que les programmes pour les systèmes UNIX sont distribués en tant que codes source à compiler.

Si vous devez compiler un programme UNIX, sachez qu'il est certainement accompagné d'un compilateur Makefile. Avec Makefile, vous placez tous les fichiers associés au programme dans un répertoire et saisissez **make** à l'invite du système. Si le programme ne se compile pas avec succès, vous devez le déboguer (trouver la cause du dysfonctionnement) ou trouver quelqu'un de compétent. Les programmes écrits pour UNIX se compilent parfois sous Windows ou Mac, mais cela entraîne souvent quelques modifications.

Les scripts CGI interprétés pour UNIX sont habituellement écrits en PERL, parfois en tant que scripts du shell. L'inconvénient est que ces programmes nécessitent la présence d'un support du langage PERL sur le serveur Web. Mais rassurez-vous, pratiquement tous les systèmes UNIX, surtout les serveurs Web, l'auront probablement. Il existe des interpréteurs de scripts PERL et shell pour PC et Mac. Les systèmes Mac et Windows ont leur propres langages pour scripts interprétés, respectivement HyperCard et Visual Basic. Vous pouvez les utiliser pour les CGI, à condition que le logiciel serveur les reconnaisse.

Assurez-vous qu'il se trouve dans le bon répertoire : cgi-bin

Les serveurs Web ne laisseront pas les utilisateurs exécuter n'importe quel programme sur leur système pour ne pas mettre en danger la sécurité du site. Votre administrateur système configure ainsi le serveur pour exécuter des programmes CGI, seulement s'ils se trouvent dans un certain répertoire, appelé en général le *cgi-bin*. Chaque administrateur système a sa propre politique en la matière : certains offrent gratuitement un répertoire cgi-bin personnel aux propriétaires de pages Web dans leur contrat de base, d'autres facturent ce privilège et certains ne veulent même pas en entendre parler.

Si vous n'avez pas déjà de répertoire cgi-bin, contactez votre administrateur système pour savoir où vous en procurer. Si vous êtes votre propre administrateur, consultez la documentation du serveur pour savoir comment l'installer. Profitez-en pour savoir si vos programmes ont besoin d'une extension spéciale, comme .cgi, pour fonctionner.

 ASTUCE. Si vous avez écrit un script que vous souhaitez protéger des autres utilisateurs de votre système UNIX, vous pouvez désactiver l'autorisation de lecture universelle et de groupe avec la commande chmod 711 <nom_du_fichier>.

Vérifiez que les programmes CGI et les autorisations sont corrects

Les systèmes d'exploitation à sécurité incorporée représentent des casse-tête supplémentaires. Ces systèmes déterminent quel utilisateur peut exécuter, lire ou écrire sur chacun des fichiers. Il se peut qu'un programme CGI fonctionne bien lorsque vous le testez depuis la ligne de commande, mais plus lorsque vous l'exécutez à partir du navigateur. Dans ce cas, le logiciel serveur n'en a probablement pas la permission.

Dans un système UNIX, les serveurs Web s'identifient généralement en tant qu'utilisateur *« nobody »* (en français « personne »). Étant donné qu'un programme CGI doit être exécuté par le logiciel serveur, vous devez faire en sorte que « nobody » en ait la permission (autrement dit que tout le monde ait la permission, ou que le fichier soit universellement exécutable). La commande appropriée est chmod 755 <nom_du_fichier>. Si vous travaillez sous Windows NT, consultez la documentation pour connaître le nom d'utilisateur du serveur, et faites en sorte qu'il puisse exécuter CGI.

L'ÉCRITURE D'UN PROGRAMME CGI

Nombre de ceux qui se lancent dans l'écriture d'un programme CGI pensent qu'ils devront apprendre un nouveau langage de programmation et ses techniques. En fait, si vous savez programmer dans le langage du système cible, vous connaissez l'essentiel.

LE SERVEUR ET VOTRE PROGRAMME CGI

Vous écrivez un programme CGI selon le mode utilisé par le serveur pour y envoyer l'information au programme. La plupart des serveurs ont une méthode standard, mais certains, en particulier les serveurs Windows et Mac, risquent de modifier quelques détails. Il est donc prudent de consulter la documentation CGI de votre serveur au préalable.

Les serveurs utilisent deux méthodes pour passer l'information : en la mettant dans des variables d'environnement, ou bien en l'envoyant à vos entrées standards pour que vous puissiez les lire avec les même commandes et appels de fonction qui vous servent à lire les entrées du clavier. Voici une liste des variables standards d'environnement utilisées par les serveurs.

 ASTUCE Vos programmes CGI ne se trouvent pas nécessairement sur le même système que vos pages HTML. Si vous ne pouvez pas utiliser de CGI sur votre site mais connaissez quelqu'un qui peut les installer pour vous, vous pouvez insérer des liens dans vos pages HTML qui pointent vers le programme CGI n'importe où sur le Web.

Variables standards d'environnement

Nom de la variable	Contenu
SERVER_SOFTWARE	Le nom et la version du logiciel du serveur qui répond à la requête. Format : nom/version.
SERVER_NAME	Le nom de l'hôte, alias DNS (*Domain Name Server*) ou adresse IP du serveur. Cela est particulièrement utile pour les scripts qui doivent se rappeler eux-mêmes. Ce genre de script s'appelle autoréférant.
GATEWAY_INTERFACE	La version des spécifications CGI qui s'appliquent au serveur. Cet ouvrage traite la version 1.1. Format : CGI/version.
SERVER_PROTOCOL	Le nom et le numéro de révision du protocole d'information accompagnant cette requête. D'habitude HTTP/1.0. Format : protocole/révision.
SERVER_PORT	Le numéro de port du serveur auquel la requête a été envoyée.

(suite)

(suite)

Nom de la variable	Contenu
REQUEST_METHOD	La méthode qui a servi à créer la requête, en général GET ou POST. Cela est particulièrement utile pour les scripts qui gèrent les données de formulaires, car vous pouvez déterminer comment vous souhaitez obtenir ces données.
PATH_INFO	Les informations supplémentaires du chemin donné par le client. En d'autres termes, les scripts peuvent être atteints par leur chemin virtuel, suivi d'informations supplémentaires. Ces informations sont envoyées en tant que PATH_INFO. Par exemple, si un script nommé monscript était appelé en tant que http://www.monsite.com/monscript/monchemin/infosupp.html, ce champ contiendrait monchemin/infosupp.html.
PATH_TRANSLATED	Le chemin de PATH_INFO, traduit vers votre système de fichiers local. Dans l'exemple précédent, l'information supplémentaire pourrait être traduite en /httpd/htdocs/monchemin/infosupp.html. Cela sert souvent aux programmes CGI qui traitent une page Web et la passent à l'utilisateur.
SCRIPT_NAME	Le chemin qui fait partie de l'URL de votre programme CGI. Vous pouvez combiner cette variable avec SERVER_NAME pour connaître l'URL à utiliser pour rappeler votre propre programme : une URL autoréférante.

(suite)

(suite)

Nom de la variable	Contenu
QUERY_STRING	L'information qui suit le ? dans l'URL se référant au script, ou des données de formulaires obtenues avec la méthode GET. Cette information sera au format URL-encodé, vous devrez donc le décoder vous-même. Le décodage est expliqué dans la section « Décodage des données » plus loin dans ce chapitre.
REMOTE_HOST	Le nom de l'hôte du navigateur qui a fait la requête. Si le serveur n'obtient pas cette information, il détermine REMOTE_ADDR et n'attribue pas de valeur à cette variable.
REMOTE_ADDR	L'adresse IP de l'ordinateur de l'utilisateur.
AUTH_TYPE	Si le serveur supporte l'authentification utilisateur et que le script est protégé, c'est la méthode, spécifique au protocole, utilisée pour valider l'utilisateur.
REMOTE_USER	Si le serveur supporte l'authentification utilisateur et que le script est protégé, c'est le nom d'utilisateur qui permet son authentification.
REMOTE_IDENT	Si le serveur HTTP prend en charge l'identification RFC 931, cette variable contiendra le nom d'utilisateur distant obtenu du serveur. La plupart des serveurs ne le font pas, ne comptez donc pas pouvoir utiliser cette variable.
CONTENT_TYPE	Type de contenu MIME des données pour les requêtes ayant des informations attachées, comme HTTP POST et PUT. Format (habituel) : application/x-www-formulaire-urlencodé.
CONTENT_LENGTH	La longueur du contenu selon le client.

En plus de ces variables standards, les navigateurs peuvent envoyer au serveur des lignes d'en-têtes qui seront définies comme des variables d'environnement appelées HTTP_<nom_d'en-tête>. Le tableau suivant contient deux variables HTTP_ très utilisées.

Nom de la Variable	Contenu
HTTP_ACCEPT	Les types MIME que le navigateur sait reconnaître, séparés par des virgules. Format : type/sous-type, type/sous-type.
HTTP_USER_AGENT	Le navigateur avec lequel vous communiquez. Format général : Logiciel/version bibliothèque/version. Par exemple, ma copie de Netscape y entre les valeurs Mozilla/3.0b3(Win95;I).

La méthode utilisée pour lire des variables d'environnement dépend du langage et du système. Voici un script PERL qui lit l'ensemble des variables d'environnement et les soumet à l'utilisateur. Il est pratique pour voir à quoi ressemblent ces champs avec vos serveur et explorateur particuliers.

```perl
#!/usr/local/bin/perl
#showenv.cgi-Show environment variables set by the server
print "Content-type: text/html\n\n";
print "<HTML>< HEAD><TITLE> Environment Variables
</TITLE></HEAD><BODYW";
print "<H2>Environment variables:</H2>";
print "<HR>\n";
foreach $evar( keys( %ENV ) ){
        print "<B>$evar:</B> $ENV{$evar}<BR>";
}
 print "</BODY></HTML>\n";
```

L'ACCEPTATION ET LE DÉCODAGE DE DONNÉES DE FORMULAIRES

Si votre script est appelé depuis un formulaire qui utilise METHOD=GET dans le marqueur <FORM>, les données se trouveront dans le champ *QUERY_STRING*. Si le formulaire utilise *METHOD=POST*, les données seront envoyées à vos entrées standards. Comme la plupart des systèmes limitent la longueur maximale des variables d'environnement, la méthode GET est à éviter, car vous risquez de perdre des données. Si vous ne savez pas quelle méthode sera utilisée, testez au préalable la variable REQUEST_METHOD.

Si l'acceptation des données depuis une entrée standard est assez facile, il existe néanmoins une astuce. Contrairement à ce que vous pourriez penser, vous n'allez pas recevoir de marqueur de fin de fichier, EOF *(end-of-file)*, lorsque le serveur vous aura envoyé l'ensemble des données. Si vous écrivez un programme qui utilise la boucle typique *while ($input_line = <STDIN>)*, il s'arrêtera lorsque vous l'appellerez avec le navigateur. L'astuce consiste à comparer la quantité de données lues avec la variable CONTENT_LENGTH pour savoir quand c'est terminé. En C, vous pouvez utiliser *malloc()* pour créer un tampon qui a exactement la taille qu'il faut et aspirer les données avec un seul appel *read()*.

ASTUCE Le message « FORBIDDEN » (Interdit) signifie générale-ment que vous n'avez pas rendu le programme CGI exécutable par le serveur.

DÉCODER LES DONNÉES

e vos données proviennent d'une chaîne de requête ou
otre entrée standard, elles ne sont pas encore utilisables.

Comme nous l'avons vu, chaque champ de formulaire a un marqueur <NAME> (Nom). Lorsque votre programme CGI reçoit les données, elles se présentent en une série de chaînes NAME=VALUE, séparées par le signe &. NAME représente le nom que vous avez donné au champ et VALUE, ce que l'utilisateur a entré dans ce champ. La première étape consiste donc à casser les données en de telles paires à l'aide d'une ligne semblable à celle-ci :

```
@datafields = split( "/&/", $input_data );
```

(Si vous n'êtes pas un habitué de PERL, vous devez certainement voir pourquoi ce langage est si populaire chez les programmeurs CGI ! Un autre langage aurait demandé bien plus de code.)

Les données ne se présentent probablement pas encore sous une forme exploitable. Celles qui vous ont été remises dans une chaîne de requête ou dans votre entrée standard sont au format appelé URL-encodé. Le codage est cependant assez simple ; il sert essentiellement à éviter certains caractères qui ont une signification particulière dans les URL.

Deux éléments sont à noter pour le décodage. D'abord, les espaces se sont transformées en signes plus (+). Ensuite, certains caractères sont représentés par des notations hexadécimales. La première est facilement résolue en remplaçant tous les signes plus par des espaces. (Les vrais signes plus apparaîtront en hexadécimaux.)

```
$data_field =~ s/\+/ /g;
```

Le second problème n'est guère plus compliqué. Les caractères en notation hexadécimale sont au format %xx, où les x sont des chiffres hexadécimaux. Recherchez le signe %, prenez les deux caractères qui suivent, trouvez le caractère

ASCII correspondant, puis remplacez le tout par le caractère ASCII.

```
$data_field =~ s/%(..)/pack("c", hex($1))/ge;
```

À première vue, il peut sembler plus efficace de décoder les URL de toutes les données avant de les séparer, plutôt que le contraire, mais ce n'est pas une bonne idée. Si l'entrée contient un caractère &, il aura été codé en tant que « %26 », et le décoder de nouveau en & avant de séparer les champs de données fausserait le résultat de la séparation. En remplaçant les signes plus par des espaces, vous ne prenez aucun risque.

ÉCRIRE LES SORTIES

Une fois que vous avez obtenu les données du navigateur et du serveur, vous pouvez les utiliser comme vous l'entendez sans tenir compte du fait qu'il s'agit d'un programme CGI. Toutefois, lorsque le moment est venu de créer les sorties (y compris les messages d'erreur), quelques points sont à considérer.

LE TYPE DE CONTENU

Tout ce que vous imprimez vers une sortie standard est envoyé au programme de navigation. Mais les navigateurs Web vous demandent de préciser ce que vous leur envoyez, pour savoir comment l'afficher. La première sortie d'un programme CGI doit être « Content-type: » suivi du type MIME et de deux caractères de retour à la ligne. NE L'OUBLIEZ JAMAIS ! Si vous lisez des newsgroups de programmeurs CGI, vous verrez rapidement que c'est une des erreurs les plus ~~uentes~~ des débutants. Vous devez d'abord imprimer le type de contenu, puis insérer deux caractères de retour à la ligne. Le type de contenu que vous utiliserez presque toujours sera « text/html ». La première ligne d'un programme CGI en PERL sera donc la suivante :

```
print "Content-type: text/html\n\n";
```

Voici d'autres types de contenus utiles :

- text/plain (texte non-HTML)

- image/gif (fichier GIF)

- image/jpeg (fichier JPEG)

- audio/x-wav (fichier WAV Windows)

- audio/basic (fichier audio [.au] brut)

Vous l'avez deviné, vous pouvez envoyer des images ou des sons à l'utilisateur. Pour ce faire, imprimez simplement la ligne de type de contenu appropriée, puis lisez le fichier et envoyez son contenu vers la sortie standard. N'oubliez pas que vous ne pouvez pas envoyer plusieurs fichiers dans le même programme, à moins de les empiler sur le serveur.

Cette technique peut présenter plusieurs utilités. Par exemple, il existe des compteurs d'accès intégrés gérant un marqueur d'images dans un document HTML qui se réfère en fait à un programme CGI. Le programme incrémente le nombre d'accès stockés dans un fichier local, puis renvoie des images GIF qu'il construit au fur et à mesure pour afficher le nombre d'accès. Il existe des bibliothèques pour construire des GIF.

ASTUCE Pour envoyer un fichier Web (par exemple un graphique) à un utilisateur, envoyez la ligne « Location:<url> » où <url> correspond à l'URL du fichier.

Imprimer les sorties

Normalement, vous imprimez du texte, mais vous souhaiterez probablement l'habiller de code HTML. Il suffit d'imprimer les chaînes avec le code HTML approprié, comme nous l'avons fait avec le texte qui imprime les variables d'environnement.

Lire et écrire sur des fichiers

Si votre programme CGI a besoin de lire d'autres fichiers ou d'écrire sur d'autres fichiers, ou les deux, vous devez prendre plusieurs éléments en considération. Il arrive souvent qu'un programme CGI fonctionne correctement testé en ligne de commande, mais pas depuis un programme de navigation. Pour éviter un tel problème, gardez toujours à l'esprit que votre programme est exécuté par le logiciel serveur, avec tout ce que cela implique.

D'abord, ne vous attendez pas forcément à ce que le programme s'exécute dans le même répertoire que celui où il se trouve. Vous devez spécifier le chemin d'accès complet de chaque fichier, le nom seul ne suffisant pas. Ainsi, si vous voulez écrire un fichier journal qui s'appelle monprog.log dans le répertoire du programme, il ne suffit pas d'ouvrir monprog.log. Il faut spécifier le chemin complet, soit, par exemple, /homes/monnom/www-home/cgi-bin/monprog.log.

De plus, sous UNIX et Windows NT, l'identité utilisateur du serveur Web n'a peut-être pas les mêmes droits de lecture et d'écriture que vous. En reprenant l'exemple du fichier journal, en tant que propriétaire, vous serez probablement le seul à avoir des droits d'écriture sur ce fichier. Pour que le programme CGI puisse intervenir en écriture sur le fichier, vous devrez y appliquer une permission d'écriture universelle, ce qui, évidemment, est source de risques. Les mêmes considérations s'appliquent aux fichiers que votre programme devra lire.

Lorsque le serveur exécute votre programme CGI, il ne le fera pas nécessairement dans votre environnement. L'exemple le plus probable est le chemin d'accès. Si votre programme CGI doit exécuter une autre application, il est conseillé de spécifier le chemin complet du fichier programme, pas seulement le nom. Le fait que le programme en question soit dans votre chemin ne veut pas dire qu'il se trouve également dans celui du serveur.

ASTUCE Ne laissez pas de code source ou de compilateur Makefile dans le cgi-bin ou d'autres répertoires accessibles depuis le Web. Des individus malhonnêtes pourraient deviner leur nom et les télécharger avec l'intention de trouver une faille dans la sécurité.

L'EMPILAGE SUR LE SERVEUR

Plus haut dans cette leçon, j'ai écrit que les programmes CGI peuvent envoyer seulement un fichier de données de sortie (un fichier HTML, GIF, son ou autre) au navigateur. Et bien, j'ai menti. En réalité, vous ne pouvez envoyer qu'un seul fichier de données, sauf si votre programme de navigation prend en charge l'empilage sur le serveur *(server push)*. Vérifiez le champ *HTTP_USER_AGENT* pour vous en assurer : vous pouvez utiliser l'empilage à condition d'y trouver Mozilla 1.1 ou plus récent.

La clé de l'empilage sur le serveur est le champ *Content-type*. Netscape a proposé un nouveau type de contenu appelé *multipart/x-mixed-replace*. Les caractères « x- » signifient qu'il n'a pas encore été accepté comme standard et que d'autres navigateurs ne le reconnaissent pas forcément. Lorsque vous envoyez ce type de contenu à Netscape Navigator, il sait que vous allez envoyer plusieurs documents. À chaque fois que vous envoyez un nouveau document, Netscape Navigator remplacera le précédent.

Le nombre de documents que vous pouvez envoyer et le temps d'attente entre les documents ne sont pas limités. L'empilage sur le serveur ne s'arrête que lorsque le programme s'interrompt, que l'utilisateur clique sur le bouton « Stop », ou qu'un événement exceptionnel affecte votre connexion. N'oubliez cependant pas que vous utilisez les ressources du serveur. Un serveur ne peut servir qu'un nombre limité de clients à la fois. Si le programme d'empilage est très utilisé, il pourrait asphyxier le serveur.

Voici la syntaxe d'une série de documents empilés sur le serveur :

```
Content-type: multipart/x-mixed-replace;
boundary=***unique-boundary***
***unique-boundary***
Content-type: text/html
Texte du document
***unique-boundary***
Content-type: text/html
Texte du document
***unique-boundary***
Content-type: text/html
Texte du document
***unique-boundary***
```

Le champ « *Boundary* » signale la fin de chacun des blocs de données envoyés. Cela peut être n'importe quelle chaîne pourvu qu'elle ne se trouve dans aucune des données que vous envoyez. Sinon, le navigateur reconnaîtra, à tort, la fin d'un bloc de données. Lorsque vous lui envoyez un nouveau type de contenu, il effacera de l'écran de l'utilisateur le bloc de données précédent et affichera le suivant.

Cette technique peut servir à créer des animations ou à communiquer à l'utilisateur des informations continuellement mises à jour.

 ASTUCE Faites attention aux fichiers de sauvegarde (par exemple, monprog.cgi~) que certains éditeurs laissent ici et là.

LES PROBLÈMES DE SÉCURITÉ

Étant donné que quiconque a un accès au Web peut exécuter votre programme CGI, veillez à ne laisser aucun utilisateur malveillant ou négligeant occasionner des dégâts sur votre site. Il faut, avant tout, manipuler avec soin chaque donnée soumise par un utilisateur avant de s'en servir pour exécuter un programme ou accéder à un fichier. Un utilisateur averti peut introduire dans votre script des caractères ayant une signification particulière pour votre système et, ainsi, faire exécuter au script les commandes qu'il veut.

Même afficher un fichier passé dans le champ *PATH_INFO* peut être dangereux. Si un utilisateur ajoute les caractères « ../../ » au début du chemin, il peut parcourir vos fichiers, à moins que vous ne les ayez éliminés avant l'ouverture du fichier. Si vous exécutez des programmes, notamment en utilisant le shell, et que vous leur passez des données fournies par l'utilisateur comme arguments, l'utilisateur peut y glisser un point-virgule et exécuter les commandes qu'il veut sur votre système.

Il est important d'avoir bien compris ce genre de situations à risque avant d'écrire un programme CGI et de permettre à tout le monde de l'utiliser.

L'EXPÉDITEUR TYPE DE DONNÉES D'UN FORMULAIRE

Le programme type suivant, f2mail.cgi, est un expéditeur générique de données de formulaire. Installez-le dans votre répertoire CGI et indiquez son URL comme étant l'URL cible des formulaires. Quand un utilisateur remplit et renvoie un formulaire, f2mail décode les données et les répercute à l'adresse e-mail fournie par la variable $mailto.

Personnellement, je préfère me faire envoyer les réponses, éventuellement filtrées et ajoutées automatiquement à une base de données, plutôt que batailler pour dire à un programme CGI de les écrire dans un fichier sur un système UNIX.

Le programme f2mail.cgi suppose qu'il tourne sous UNIX avec *sendmail*. Il devrait être facile de l'adapter à d'autres environnements. Mais il faut qu'il montre comment récupérer et décoder des données et comment envoyer le résultat à l'utilisateur.

```
#!/usr/local/bin/perl
# f2mail.cgi-vous envoie les données d'un formulaire.

# Destinataire des données du formulaire et chemin
# complet du programme de courrier
# électronique à utiliser. Ce chemin est nécessaire pour
# garantir que c'est le bon programme
# et pour des raisons de sécurité.
```

```perl
$mailto = "vous@adresse.email";
$mailprog = "/usr/lib/sendmail -i -t";


# La fonction get_data récupère et décode les données du
# formulaire ; nous verrons plus loin comment elle
# fonctionne.


%datafields = &get_data;
# Démarrez le programme de courrier. Attention à l'étape
# suivante, primordiale pour la sécurité.
# Si vous lui transmettez des données reçues de
# l'utilisateur (par.ex., si vous voulez lui envoyer
# le courrier), prenez garde de vérifier la variable
# $mailto en cas de caractères dangereux.

open ( SENDMAIL, ":$mailprog $mailto" ) ||
        &error_page( "Impossible d'exécuter le
        programme de courrier électronique" );


# Imprimez les champs d'en-tête du message.
# Vous pouvez y insérer d'autres en-têtes si vous voulez.

select( SENDMAIL );
print "To: $mailton\n";
print "Subject: f2Mail Form\n\n";


print "FORM DATA:\n";
print "****************************************\n";
foreach $field( keys( %datafields ) )
{
        print "$field:\t$datafields{$fields}\n";
}
print "****************************************\r\n";
```

```perl
close( SENDMAIL );

# Vous avez envoyé le message. Maintenant, vous allez
# envoyer une page HTML à l'utilisateur
# pour qu'il sache que son formulaire a été reçu. La
# fonction html_header est pratique
# pour commencer une page HTML, et la fonction
# html_footer pour la terminer.

select( STDOUT );
&html_header( "Formulaire envoyé" );
print "<HR>\n";
print "<H2 ALIGN=\"CENTER\">Votre formulaire a été
envoyé. Merci.</H2>\n";
&html_footer;

# ERROR_PAGE
# Cette fonction imprime un message d'erreur destiné à
# l'utilisateur.
# Vous lui transmettez le message d'erreur dans le corps
# de la page.

sub error_page
{
        select( STDOUT );
        &html_header( "Forms2Mail Error" );
        print "<HR><H2 ALIGN=\"CENTER\">$_[0]</H2>\n";
        &html_footer;
}

# HTML_HEADER
# Commencez une page HTML. Vous lui indiquez une chaîne
# comme titre.
```

```
sub html_header
{
      local( $title ) = $_[0];
      print( "content-type: text/html\n\n" );
      print( "<HTML><HEAD><TITLE>$title</TITLE><HEAD>\n"
      );
      print( "<BODY>\n" );
      print( "<H1 ALIGN=\"CENTER\">$title</H1>\n" );
}


# HTML_FOOTER
# Termine une page HTML.

sub html_footer
{
      print( "<HR>\n" );
      print( "<H4 ALIGN=\"CENTER\">" );
      print( "<A
HREF=\"mailto:$mailto\">$mailto</A></H4>" );
      print( "</BODY></HTML>\n" );
}


# GET_DATA
# Récupère les données envoyées au programme CGI, que ce
# soit avec GET ou PUSH.
# Elle retourne un tableau associant les paires NAME et
# VALUE.

sub get_data
{
local ($index, $key, $val, $data, @data, %data);

# Récupérer les données quelle que soit la méthode de
```

```
# transmission utilisée.


If ( $ENV{ 'REQUEST_METHOD' } eq 'GET' ){
   $data = $ENV {'QUERY_STRING'};
}
elsif ($ENV{ 'REQUEST_METHOD' } eq "POST" ){
   # Vous devez savoir la quantité exacte de données
   # présentes, car il n'y aura pas de EOF.
    Read(STDIN, $data, $ENV{ 'CONTENT_LENGTH' } );
}


# Convertissez les signes plus (+) en espaces, puis
# séparez les champs.
$index =~ s/\+/ /g;
@data = split( /&/ , $data);
# Décodez chaque champ.
foreach $index ( @data )
{
   # Séparez en clé et en valeur.
   ($key, $val) = split(/=/, $index, 2);

# Convertissez les nombres hexadécimaux en
# alphanumériques.
$key =~ s/%(..)/pack("c", hex($1))/ge;
$val =~ s/%(..)/pack("c", hex($1))/ge;

# Associez la clé et la valeur.
$data{$key} .= "\0" if (defined($data{$key}));
$data{$key} .= $val;
}

return %data;
}
```

LES FRAMES

Parmi les caractéristiques du HTML, les *frames* (en français, « cadres ») sont parmi les plus utiles et les plus intéressantes. Elles permettent, encore mieux que les tableaux, d'organiser et de présenter l'information, la rendant ainsi plus pratique et plus accessible au lecteur d'une page Web. Grâce à elles, vous pouvez créer une interface utilisateur et organiser la disposition des données dans la fenêtre du navigateur.

Certains utilisateurs peuvent avoir des difficultés à parcourir un site truffé de *frames* : il est évident que certains concepteurs en ont abusé. Cette tendance, inhérente à l'emploi de toute technologie, n'est pas facile à éviter. Pour la navigation cependant, les avantages qu'elles procurent compensent largement leurs inconvénients, à condition de les utiliser à bon escient.

QU'EST-CE QU'UNE FRAME ?

Dans un sens une frame est exactement ce que le mot anglais signifie : un cadre autour d'une image, une fenêtre ou une page. En ajoutant une frame à l'aide du marqueur <FRAME>, le développeur HTML peut diviser l'écran du navigateur en différentes zones. L'utilisateur peut alors faire dérouler la frame séparément du reste de la page. En fait, un explorateur capable de gérer cette fonction peut charger des pages individuelles dans chaque section, ou frame, de l'écran. Par exemple, vous pouvez concevoir une page avec un bandeau publicitaire fixe en haut de l'écran tandis que le reste de la page défile comme d'habitude. Il est possible de placer, sur les côtés de l'écran, des boutons de navigation qui restent en place si on les sélectionne, afin que la barre de navigation demeure telle qu'elle est pendant que l'autre partie de l'écran change (figure 11-1).

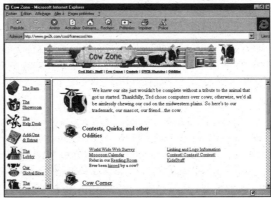

Figure 11-1 Vous pouvez utiliser le marqueur <FRAME> pour définir des régions de l'écran du navigateur séparées et complètement indépendantes. Les éléments de navigation dans la frame horizontale supérieure permettent à l'utilisateur de naviguer à l'intérieur de la frame principale sans avoir à cliquer avec le bouton droit de la souris.

Pour aider les lecteurs peu coutumiers des frames, ajoutez-y, horizontalement *et* verticalement, des boutons de navigation ou des liens. Dans la figure 11-1, les éléments situés dans la frame gauche facilitent les déplacements à l'intérieur du site tout entier, et ceux de la frame supérieure facilitent les déplacements dans la frame elle-même. Cela signifie que les visiteurs n'utilisent jamais le bouton droit de leur souris pour reculer ou avancer dans la frame. Pour les débutants, c'est une véritable bouée de sauvetage.

Notez que les mots *écran, page* et *fenêtre* ont ici un sens un peu différent de leur signification habituelle. Il n'existe pas encore de terminologie standard : je vous propose donc la mienne. La totalité de l'écran ou la zone du navigateur habituellement réservée à la page seront appelées *écrans*. Une *frame* encadre une *fenêtre*. Une *page* se trouve dans une fenêtre. Avant l'apparition des frames, on appelait page tout ce qui était affiché dans l'écran du navigateur. Donc, une « page d'accueil » ou n'importe quelle autre sorte de page HTML, remplissait toute la zone d'affichage du navigateur, autrement dit, son écran. Ce dernier, grâce aux frames, est aujourd'hui en mesure d'afficher plusieurs frames contenant chacune une page différente. Pour cette raison, je pense qu'il est préférable d'utiliser les mots *page,* pour parler d'un document HTML, et *écran,* pour l'ensemble de la zone d'affichage d'un navigateur.

EMPLOI DES FRAMES

La première idée qui vient aux développeurs est d'utiliser les frames pour ancrer des bandeaux en haut de l'écran et des outils de navigation en bas ou sur le côté. Même si cet emploi est évident, il est loin d'être unique. Je ne prétends pas que ce soit faire mauvais usage des frames que de s'en servir pour placer bien en vue le logo de votre entreprise, bien au contraire. Et cette remarque vaut pour les outils de navigation. Mais, à chaque fois que vous insérez une frame dans l'écran du navigateur, vous en réduisez la surface au détriment des données. Plus on rajoute de frames, moins on a d'espace réellement exploitable, et plus il y a de risques de dérouter le lecteur non familiarisé avec ce genre de sites Web.

Par exemple, vous devriez envisager d'afficher le logo de l'entreprise dans une frame seulement sur les premiers niveaux des pages d'orientation, et de réserver les pages normales pour celles qui contiennent l'information pure.

Certains emplois de frames offrent une fonctionnalité unique pour des situations particulières. Pensez à un document très technique parsemé de termes obscurs et ésotériques, définis dans un glossaire hypertexte. Un utilisateur pourrait trouver gênant de devoir sortir du document principal pour chercher la signification d'un mot et de revenir à son point de départ à l'aide de nombreuses manipulations de souris. Lorsque je lis un tel article, j'hésite à cliquer sur un hyperlien qui me donnera la définition souhaitée – j'ai plutôt tendance à persévérer dans mon ignorance, en espérant qu'une lecture attentive me fournira l'explication. Même quand je lis un ouvrage imprimé, je n'aime guère quitter la page en cours pour consulter un glossaire annexe. Dans un tel cas de figure, pourquoi ne pas ajouter le glossaire dans une frame en bas de page ? Lorsque vous cliquez sur un terme en hypertexte dans le document principal, sa définition apparaît simplement dans la frame située en dessous. On pourrait procéder de même pour les renvois en bas de page et autres références (figure 11-2).

Une utilisation similaire des frames est de créer un lien vers des explications plus détaillées de notions techniques. Des schémas dotés de liens vers des croquis plus précis ou des textes descriptifs peuvent être améliorés grâce aux frames. Vous pouvez éventuellement envisager d'ajouter, au dessin industriel d'un objet statique une frame sur laquelle existerait un lien vers une application ShockWave ou Java montrant l'objet en rotation sur 360°.

Avec un peu d'imagination, les présentations tirant avantage des frames gagneront en lisibilité et en efficacité.

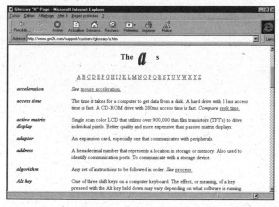

Figure 11-2 Les frames sont très efficaces pour établir des liens vers du matériel de référence depuis des documents techniques.

FONCTIONNEMENT DES FRAMES

A priori, les frames peuvent sembler compliquées, mais je suis persuadé qu'elles sont plus faciles à comprendre quand on sait qu'elles fonctionnent exactement comme les cellules des tableaux. Un écran de frames se construit pratiquement comme un tableau, avec des marqueurs et des attributs très semblables. Cependant, même s'il est pratique de se représenter chaque frame d'une page comme une cellule de tableau de cette même page, sachez néanmoins qu'il existe une différence fondamentale entre une frame et une cellule. Le contenu de cette dernière est compris dans la page de code HTML qui définit l'apparence du tableau. Le texte ou le graphique placé dans chaque cellule se trouve en fait sur la même page de code HTML qu'un marqueur ou un attribut décrivant l'apparence du tableau. Un écran contenant des frames, en revanche, est organisé ou défini dans une page HTML appelée *frameset* (ensemble de frames). Le contenu des frames est une page HTML individuelle qui peut se trouver n'importe où : dans un autre répertoire, sur un serveur local ou sur un serveur distant du réseau. Le frameset définit seulement l'organisation des écrans à frames et indique le point de départ du contenu de chacune. Une URL est définie pour chaque frame, et décrit l'emplacement de leur contenu ou le contenu des cellules. La plupart du temps, aucun contenu de frame individuelle ne figure sur la page frameset. Une fois qu'un document est chargé dans une frame, vous pouvez cliquer sur ses liens pour appeler d'autres documents dans d'autres frames, définies au préalable dans la page frameset.

CRÉATION D'UNE PAGE SIMPLE AVEC DES FRAMES

Avant de rentrer dans les détails de la création de frames, nous allons créer des pages simples pour comprendre le rôle des marqueurs et des attributs élémentaires, ainsi que la structure de la page.

Nous allons commencer par une page avec deux frames. La première, à gauche, contiendra une table des matières et celle de droite, les titres et les articles. Lorsqu'un utilisateur clique sur un lien dans la partie « Table des Matières » de l'écran, l'article correspondant apparaîtra dans la partie droite de l'écran. C'est une utilisation commune et simple des frames.

PRÉSENTATION DU FRAMESET

Il faut tout d'abord déterminer la page entière : où se trouvera chaque frame et quelle sera sa taille. Ensuite, nous nous pencherons sur le contenu, frame par frame. Ci-après, vous trouverez le code d'une page frameset simple avec le marqueur <FRAMESET>. Notez qu'une page frameset n'a pas besoin du marqueur <BODY>.

```
<HTML>
<HEAD>
<TITLE>Une page frameset simple</TITLE>
</HEAD>
    <FRAMESET COLS="25%, 75%">
    <FRAME SRC="content.htm>
    <FRAME SRC="sassy1.htm" NAME="main">
</FRAMESET>

<NOFRAMES>
Vous regardez cette page avec un navigateur qui ne
reconnaît pas les frames. Nous vous conseillons de le
mettre à niveau si vous voulez voir ces pages avec toutes
leurs caractéristiques.
</NOFRAMES>
</HTML>
```

Voici l'intégralité du code dont nous avons besoin pour une page frameset. Notez le marqueur <NOFRAMES>, nous en parlerons dans un instant. Ce code va générer un écran divisé en deux fenêtres. Celle de gauche prendra 25 % de l'écran et contiendra la page content.htm. Celle de droite prendra 75 % de l'écran et *commencera* par afficher la page sassy1.htm. Les pages content.htm ou sassy1.htm n'étant pas encore écrites, nous verrons une page avec deux frames vides. Nous devrons cliquer sur une série de messages d'erreurs avant de l'obtenir puisque le navigateur tentera de trouver des pages inexistantes. Notez que la frame de droite a été nommée *main* (principale) dans la section :

```
<FRAME SRC="sassy1.htm" NAME="main">
```

Cela signifie que la frame sera identifiée comme étant principale et qu'elle contiendra la page sassy1.htm. Étant donné que celle de gauche n'affichera aucune autre page sauf content.htm, nous ne lui avons pas attribué de nom (figure 11-3).

Figure 11-3 Résultat du marqueur <FRAMESET> dans une page sans contenu.

```
<FRAMESET COLS="25%, 75%">
    <FRAME  SRC="">
    <FRAME  SRC="">
</FRAMESET>
</HTML>
```

PRÉPARATION DES FRAMES À CONTENU

Maintenant, attribuons quelques données aux frames. Commençons par la page content.htm qui apparaîtra dans la frame de gauche et nous permettra de cliquer avec la souris sur l'une des deux pages que nous souhaitons voir apparaître dans la frame de droite. La page content.htm est une HTML normale présentée comme une table des matières. En fait, on peut utiliser une page de table des matières déjà existante pour cette frame à contenu. N'oubliez pas qu'elle est haute et étroite, et qu'une page conçue pour cette frame doit bien ressortir dans un tel format. Ici, nous devons indiquer où nous voulons faire apparaître les autres pages lorsque l'on clique sur un hyperlien. Comme nous avons choisi la frame de droite dans cet exemple, nous inclurons l'attribut TARGET= (TARGET="main") dans le marqueur de lien. Cela signifie que lorsque le lien est activé, la page appelée va s'afficher dans la frame nommée main. Étant donné que toutes les pages appelées doivent apparaître dans la frame principale, il faut ajouter l'attribut TARGET="main" à tous les marqueurs de liens dans la table des matières. Sinon, la page s'affichera à l'endroit même où vous avez cliqué : dans la frame de gauche. Ce n'est pas l'effet recherché ici, mais ce pourrait l'être à un autre moment. Vous pourriez par exemple avoir un lien « Table des matières, suite » qui ajouterait simplement d'autres options cliquables. On peut aussi rallonger la table des matières ; les utilisateurs devront alors se servir des barres de défilement pour voir les autres hyperliens. Mais ne recherchons pas la complication pour le moment. Voici donc le code pour la frame de gauche content.htm :

```
<HTML>
<BODY>
<H3> Samord,<BR>
le Service mondial de morsures de chiens</H3>
<H4>Table des matières</H4>
<OL>
    <LI>
            <A HREF="sassy1.htm" TARGET="main">Notre
            fondatrice, Rita B. Delarue</A>
```

```
    <LI>
            <A HREF="sassy2.htm" TARGET="main"> La vision
            d'entreprise de Samord, le Service mondial de
            morsures de chiens</A>
    <LI>
            <A HREF="sassy3.htm" TARGET="main"> Mais
            qu'est donc Samord, le Service mondial de
            morsures de chiens ?</A>
</OL>
</BODY>
</HTML>
```

Notez qu'il n'est pas question de frames dans ce code. Le
codage des frames est géré par la page frameset. Le seul dont
vous devez tenir compte dans toute page HTML qui apparaîtra dans une frame est celui qui détermine l'endroit où
doivent apparaître les liens sur lesquels on aura cliqué. Dans
notre exemple, la partie « Table des matières » à gauche, ne
contiendra jamais plus d'une page. En cliquant sur un lien
dans la page de gauche, nous voulons que celui-ci apparaisse
dans la frame principale de droite (figure 11-4).

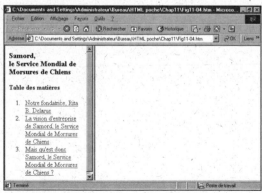

Figure 11-4 Voici la page frameset avec la table des matières chargée dans la frame
gauche.

```
<HTML>
</HEAD>
<FRAMESET COLS="25%, 75%">
    <FRAME SRC="content.htm">
    <FRAME SRC="">
</FRAMESET>
</HTML>
```

Préparation de la frame principale

La frame de droite ou main contiendra simplement des pages HTML normales. Celles-ci devront être conçues de façon à s'afficher correctement dans une fenêtre plus petite que d'habitude, étant donné qu'une partie de la surface de l'écran est occupée par la frame de gauche, « Table des matières ». Il n'y a pas d'autre point particulier à signaler. Ce qui suit est le code des trois pages qui seront appelées dans la table des matières.

Voici d'abord celui de sassy1.htm :

```
<HTML>
<BODY>
<CENTER>
<H1>Notre fondatrice</H1>
<IMG SRC="sassy.gif">
<H4>Rita Delarue</H4>
</CENTER>
La vérité finit toujours par éclater. Rita Delarue est un
chien. Elle est cependant hautement qualifiée pour
remplir ses fonctions de Présidente Directrice Générale
de Samord SARL et de vice-présidente à la sécurité du
magazine en ligne NCT. Rita est à la tête de Samord SARL,
le Service mondial de morsures de chiens, depuis huit
```

ans. En tant que fondatrice et actionnaire majoritaire,
elle a fait d'une petite entreprise locale de services un
réseau mondial de chiens assurant des contrats de morsure
en ligne.
</BODY>
</HTML>

Voici le code pour sassy2.htm :

```
<HTML>
<BODY>
<CENTER>
<H1> La vision d'entreprise de Samord, le Service mondial
de morsures de chiens </H1>
Une de nos morsures, c'est inoubliable.
</CENTER>
</BODY>
</HTML>
```

Voici le code pour sassy3.htm :

```
<HTML>
<BODY>
<H1> Mais qu'est donc Samord, le Service mondial de
morsures de chiens ?</H1>
Tout comme vous pouvez commander des fleurs par téléphone
pour quelqu'un d'éloigné, vous pouvez aussi faire mordre
à distance. Personne n'est à l'abri de nos agents canins
futés. Nous sommes spécialisés dans le dépistage rapide
d'hommes politiques et de leaders spirituels.
</BODY>
</HTML>
```

**Le résultat de la première page est illustré à la figure 11-5.
Rien dans ces pages ne fait allusion aux frames. Une des
conclusions à tirer est que l'on peut convertir un site Web**

entier en un site articulé par des frames, sans aucun problème.

Figure 11-5 Voici le résultat final avec la première page chargée.

```
<HTML>
<FRAMESET COLS="25%, 75%">
    <FRAME SRC="content.htm">
    <FRAME SRC="sassy1.htm"  NAME="main">
</FRAMESET>
</HTML>
```

Ce n'est pas compliqué. Souvenez-vous que les frames sont comme les tableaux, sauf que le contenu de leurs cellules ne se trouve pas dans le même fichier. La relation entre les frames et les pages, dans notre exemple, est illustré à la figure 11-6.

La page table des matières

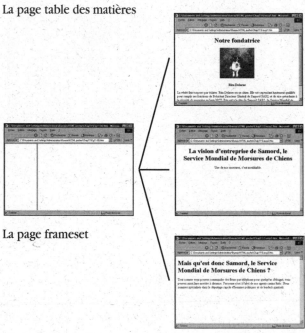

La page frameset

Pages de contenu
destinées à la frame main

Figure 11-6 La page frameset décrit simplement la structure des frames. Le contenu de chaque frame se trouve dans un fichier HTML ordinaire.

```
<HTML>
<FRAMESET COLS="25%, 75%">
    <FRAME SRC="content.htm">
    <FRAME  SRC="sassy1.htm" NAME="main">
</FRAMESET>
<NOFRAMES>
<H3> Samord,<BR>
le Service mondial de morsures de chiens</H3>
<H4>Table des matières</H4>
<OL>
    <LI><A HREF="/sassy1.htm" TARGET="main">Notre
    fondatrice, Rita B. Delarue</A>
    <LI><A HREF="/sassy2.htm"TARGET="main">La vision
    d'entreprise de Samord le Service mondial de morsures
    de chiens</A>
    <LI><A HREF="/sassy3.htm"TARGET="main">Mais qu'est
    donc Samord le Service mondial de morsures de
    chiens ?</A>
</OL>
</NOFRAMES>
</HTML>
```

LES MARQUEURS <NOFRAMES>

De nombreux lecteurs de vos pages à frames auront des navigateurs qui ne les reconnaissent pas. D'autres se perdront dans une organisation en frames, où ils pourraient bien se retrouver avec des cascades de frames imbriquées les unes dans les autres, comme si vous placiez deux miroirs l'un en face de l'autre, et que le regard allait se perdre dans une ronde étourdissante d'images. Ou, plus grave encore, certaines personnes ne supportent tout bonnement pas les frames. Pour toutes ces raisons, il est sage de fournir une version sans frames de votre principale page de navigation. Si un visiteur, dont le navigateur ne prend pas en charge les frames, arrive sur vos pages frameset, tout ce que vous aurez placé entre les marqueurs <NOFRAMES> et </NOFRAMES> sera parfait pour eux : le programme de navigation ignorera simplement tout ce qui a trait aux frames. C'est pourquoi vous devrez vous assurer d'inclure des marqueurs <BODY></BODY>. Il vous faudra peut-être présenter les choses différemment pour cette partie de la page frameset, mais ce ne sera jamais pire que ce que vous faisiez avant de vous adonner aux frames. En fait, il suffira probablement de réutiliser l'ancien code.

Vous pouvez également ajouter un bouton « Sans frames » sur vos pages, renvoyant à une version classique de votre site. Cette méthode relève du simple bon sens, et est aisée à mettre en œuvre.

Si vous n'êtes pas sûr de l'utilisation de <NOFRAMES>, reportez-vous à l'exemple de page frameset avec une section <NOFRAMES> à la figure 11-7.

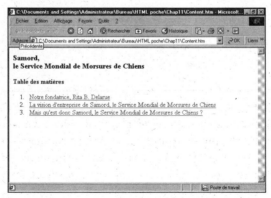

Figure 11-7 Voici à quoi ressemblerait l'alternative <NOFRAMES> de la page frameset d'exemple, visionnée avec un navigateur incapable d'afficher les frames.

```
<HTML>
<FRAMESET COLS="25%, 75%">
    <FRAME SRC="/content.htm">
    <FRAME SRC="/sassy1.htm" NAME="main">
</FRAMESET>
<BODY>
<NOFRAMES>
<H3> Samord, <BR>
le Service mondial de morsures de chiens</H3>
<H4>Table des matières</H4>
<OL>
    <LI>
            <A HREF="sassy1.htm" TARGET="main"> Notre
            fondatrice, Rita Delarue</A>
    <LI>
            <A HREF="sassy2.htm" TARGET="main"> Vision
            d'entreprise de Samord le Service mondial de
            morsures de chiens,</A>
    <LI>
    <A HREF="sassy3.htm"TARGET="main"> Qu'est donc Samord,
    le Service mondial de morsures de chiens ?</A>
</OL>
</NOFRAMES>
</BODY>
</HTML>
```

Un navigateur capable de reconnaître les frames ignorera tout ce qui se trouve entre les marqueurs <NOFRA-MES></NOFRAMES>. Un navigateur qui ne les reconnaît pas ignorera tout ce qui est contenu entre les marqueurs <FRA-MESET></FRAMESET>. Vous pouvez placer le code NOFRAME en haut ou en bas de la page.

Marqueurs et attributs spécifiques aux frames

Nous allons étudier les finesses de la présentation de pages frameset avec les attributs et les marqueurs spécifiques aux frames.

Le marqueur <FRAMESET>

Les marqueurs <FRAMESET> entourent tout élément descriptif des frames, comme leur nombre, leur taille, leur position (horizontale ou verticale). Le marqueur <FRAMESET> n'a que deux attributs possibles : ROWS=, qui définit le nombre de rangées (ou frames horizontales) et COLS=, qui détermine le nombre de colonnes (ou frames verticales). Le marqueur <BODY> n'est pas permis avant ou à l'intérieur des marqueurs <FRAMESET> ; vous pouvez cependant en placer un dans les marqueurs <NOFRAMES> en haut ou en bas de la page frameset. Aucun des marqueurs et attributs qui peuvent apparaître entre <BODY> n'est admis entre les marqueurs <FRAMESET>. Seuls le sont <FRAME>, <FRAMESET> et <NOFRAMES>. Voilà qui clarifie un peu les choses. Les plus intéressants sont les marqueurs <FRAME> et leurs attributs. Toutefois, si vous voulez élaborer une page spéciale, vous pouvez imbriquer les marqueurs <FRAMESET> dans d'autres marqueurs <FRAMESET>, tout comme <TABLE> peut être emboîté dans d'autres <TABLE>.

Les attributs ROWS= et COLS= se comportent de façon très similaire. N'oubliez pas d'insérer un ensemble de marqueurs <FRAME> dans chaque rangée et colonne figurant dans le marqueur <FRAMESET>.

L'ATTRIBUT ROWS=

Comme vous l'avez deviné, l'attribut ROWS= du marqueur
<FRAMESET> définit le nombre et la taille des rangées qui
apparaîtront sur la page. Le nombre de rangées indiqué dans
le marqueur <FRAMESET> doit correspondre au nombre de
marqueurs <FRAME>. À droite du signe =, vous pouvez définir la taille de chaque rangée en pixels, en pourcentage de l'é-
cran ou en valeurs relatives (c'est-à-dire, l'espace restant).
N'oubliez pas d'utiliser des guillemets et des virgules et d'insérer une espace entre les valeurs. L'exemple suivant crée
un écran avec trois rangées : celle du haut mesure 20 pixels,
celle du milieu 80 pixels et celle du bas 20 pixels :

```
<FRAMESET ROWS="20, 80, 20">
```

 ASTUCE Si, dans le marqueur <FRAMESET>, vous spécifiez plus de
rangées et de colonnes que vous n'avez de marqueurs <FRAME>,
vous obtiendrez une frame vide, comme dans un tableau lorsque
les attributs COLSPAN= et ROWSPAN= n'ont pas été définis avec
soin.

Le marqueur <FRAMESET> suivant crée un écran dont la rangée du haut occupe 10 % de l'écran, celle du milieu, 60 %, et
celle du bas les 30 % restants.

```
<FRAMESET ROWS="10%, 60%, 30%">
```

Pour faire encore mieux, vous pouvez utiliser des valeurs relatives en combinaison avec les valeurs fixes (pourcentage ou
pixel). Par exemple, le marqueur suivant crée un écran dont
la rangée du haut mesure 20 pixels, celle du milieu, 80 pixels
et celle du bas occupe tout l'espace restant.

```
<FRAMESET ROWS="20, 80, *">
```

Maintenant supposez que vous fassiez ceci :

```
<FRAMESET ROWS="20, 2*, *">
```

En ajoutant une valeur, ici 2, avant le signe *, vous permettez à la rangée concernée (celle du milieu dans l'exemple) de prendre deux fois plus d'espace restant que la rangée du bas. N'oubliez pas que ce sont des valeurs relatives, donc, si la taille de l'écran change, la taille des rangées changera proportionnellement. La plupart du temps, c'est une bonne chose, car on ne peut être sûr de la taille du moniteur ni de la résolution de l'écran des lecteurs.

L'ATTRIBUT COLS=

Les colonnes fonctionnent comme les rangées. Elles ont également les mêmes attributs.

LE MARQUEUR <FRAME>

Ce marqueur définit précisément l'apparence et le comportement de la frame. Il n'y a pas de marqueur de fin avec le marqueur <FRAME>, puisqu'il peut être vide. Tout le travail de <FRAME> se fait grâce aux six attributs possibles : NAME=, MARGINWIDTH=, MARGINHEIGHT=, SCROLLING=, NORESIZE et SRC=.

L'ATTRIBUT NAME=

Pour qu'une page apparaisse dans une frame donnée lorsque son lien est activé, vous devez donner un nom à cette frame pour que la page sache où apparaître. Dans notre exemple, nous avons nommé la grande frame « main » : c'est ici que les pages sont dirigées lorsque leur lien dans la table des matières, située à gauche, est activé. Il s'agit d'une frame cible ou *target*. Il n'est pas nécessaire de nommer des frames qui n'ont pas le rôle de cibles. Par exemple, vous emploierez le code suivant :

```
<FRAME SRC="yourfile.htm"    NAME="main">
```

Le nom des cibles doit commencer par des caractères alphanumériques. Choisissez des noms simples pour les mémoriser facilement. Vous pouvez réutiliser le même nom de cible dans différentes pages frameset. Les liens dans d'autres documents ou frames apparaîtront dans la frame nommée lorsque l'on clique dessus :

```
<A HREF="http://www.wow.com" TARGET="main"> Cliquez
ici.</A>
```

Lorsqu'un utilisateur clique sur « Cliquez ici. », la page appelée s'affichera dans la frame principale.

Pour des raisons d'organisation et comme il s'agit de l'énumération des attributs utilisables avec le marqueur <FRAME>, nous n'entrerons pas encore dans le détail des cibles. Vous trouverez des informations supplémentaires à leur sujet plus loin, lorsqu'il sera question des cibles *magiques*.

L'ATTRIBUT MARGINWIDTH=

MARGINWIDTH= (largeur de marge) fonctionne comme CELLPADDING= pour les tables : il contrôle la quantité d'espace entre le contenu et les limites de la frame. Les valeurs possibles vont de 1 à l'infini. La valeur 1 est la plus petite, 0 n'est donc pas possible (vous vous retrouveriez simplement avec une marge de 1). Il n'est pas indispensable de préciser MARGINWIDTH=, sa valeur est de 6 par défaut. Un exemple de MARGINWIDTH= est illustré à la figure 11-8.

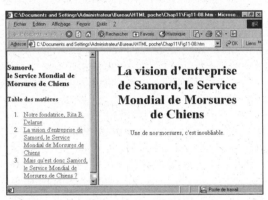

Figure 11-8 Utilisation typique des attributs MARGINWIDTH= et MARGINHEIGHT=. Notez que dans la frame de gauche, la marge est supprimée.

```
<HTML>
<FRAMESET COLS="25%, 75%">
    <FRAME MARGINHEIGHT="30" SRC="content.htm">
    <FRAME MARGINHEIGHT="30" MARGINWIDTH="30"
SRC="sassy2.htm">
</FRAMESET>
</HTML>
```

ASTUCE Si vous utilisez MARGINWIDTH=, utilisez aussi MARGIN-HEIGHT=. Sinon, les marges verticales seront de 1 par défaut.

L'ATTRIBUT MARGINHEIGHT=

MARGINHEIGHT= (hauteur de marge) fonctionne de la même façon que MARGINWIDTH=. Il contrôle les marges hautes et basses d'une frame. Un exemple est illustré à la figure 11-8.

L'ATTRIBUT SCROLLING=

Souhaitez-vous que les lecteurs puissent faire défiler le contenu d'une frame ? Certaines situations demandent de leur refuser ce plaisir. Vous avez le choix entre SCROLLING=YES (défilement=oui), SCROLLING=NO (défilement=non), SCROLLING=AUTO, ou ne rien spécifier. SCROLLING=YES signifie que la frame aura toujours une barre de défilement, même si elle n'est pas nécessaire. SCROLLING=NO signifie qu'il n'y en aura pas, même s'il en faudrait une. Si l'écran n'est pas assez grand pour afficher tout le document, celui-ci sera tout bonnement amputé. SCROLLING=AUTO signifie que le navigateur décide si une barre de défilement est nécessaire en fonction de la taille de l'écran. Si vous ne spécifiez rien, l'effet sera le même qu'avec SCROLLING=AUTO. Des exemples de SCROLLING= sont illustrés à la figure 11-9.

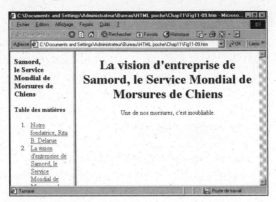

Figure 11-9 Dans la frame de gauche nous avons utilisé SCROLLING=NO (on aurait mieux fait de le définir à YES), et dans la frame de droite SCROLLING=YES.

```
<HTML>
<FRAMESET COLS="25%, 75%">
    <FRAME SCROLLING=NO SRC="content.htm">
    <FRAME SCROLLING=YES SRC="sassy2.htm">
</FRAMESET>
</HTML>
```

L'ATTRIBUT NORESIZE

La plupart du temps, l'utilisateur peut redimensionner une frame à l'aide de la souris. C'est généralement utile mais il pourrait cependant s'avérer nécessaire de l'en empêcher. C'est là que vous aurez besoin de l'attribut NORESIZE. Sachez qu'avec ce dernier, non seulement le bord des frames, mais également les frames avoisinantes, deviennent fixes. Donc, utilisez-le avec prudence.

L'ATTRIBUT SRC=

SRC= est l'attribut du marqueur <FRAME> qui indique quelle page va apparaître et dans quelle frame, lorsqu'une page frameset particulière est fournie. Si vous ne spécifiez pas d'attribut SRC= pour chaque frame, vous rencontrerez quelques problèmes. Même si une frame doit afficher des pages sélectionnées dans une autre frame, vous devriez au moins indiquer une page de démarrage pour chaque frame. Si vous ne donnez pas une page de démarrage et une URL à une frame, elle apparaîtra vide, mais il se peut aussi que cela engendre des ouvertures supplémentaires du programme de navigation et bien d'autres conséquences inattendues.

L'ATTRIBUT TARGET=

Revenons à notre exemple de frame de table des matières pour comprendre l'attribut cible TARGET=. Lorsqu'un utilisateur clique sur une des entrées de cette table des matières, toujours affichée dans la frame de gauche, la page correspondante s'affichera dans la frame de droite. Pour parvenir à ce résultat, il suffit simplement de spécifier, dans les liens de la table des matières, la frame cible où doit apparaître la page. C'est la raison pour laquelle chaque frame doit être nommée dans la page frameset. La frame de droite s'appelle main, il suffit donc d'ajouter TARGET="main" dans le lien pour que la page s'affiche dans la frame principale (figure 11-10).

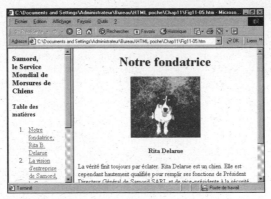

Figure 11-10 Lorsqu'un utilisateur clique sur un hyperlien dans la frame de gauche, la page appelée s'affiche dans la frame cible dite principale.

```
<HTML>
<HEAD>
</HEAD>
<BODY>
<H3>Samord, le Service<BR> Mondial de Morsure de Chiens
SARL</H3>
<H4>Table des matières</H4>
<OL>
    <LI><A HREF="sassy1.htm" TARGET="main">Notre
    fondatrice, Rita Delarue</A>
    <LI><A HREF="sassy2.htm" TARGET="main">Vision
    d'entreprise de Samord</A>
    <LI><A HREF="sassy3.htm" TARGET="main"> Qu'est-ce
    qu'est Samord, le service mondial
    de morsures de chiens ?</A>
</OL>
</BODY>
</HTML>
```

Notez que chaque ancre contient l'attribut TARGET="main" qui envoie la page à la frame principale chaque fois qu'elle est activée.

Vous pouvez ajouter l'attribut TARGET= à plusieurs marqueurs. S'il est inclus dans le marqueur <BASE>, tous les liens pointeront vers la frame cible spécifiée jusqu'à ce qu'ils rencontrent de nouvelles instructions. TARGET= peut également être ajouté au marqueur <AREA> pour l'utilisation d'Image maps ou dans le marqueur <FORM>. Les frames sont un très bon outil pour les formulaires, dans la mesure où l'utilisateur peut voir côte à côte le formulaire et le résultat de son choix. D'habitude, on ne peut voir la page des résultats que lorsqu'on a cliqué sur le bouton « Envoi » ; la page du formulaire, quant à elle, aura disparu. Un formulaire doté de frames peut s'avérer un élément de navigation très pratique.

 ASTUCE Des copies multiples du navigateur s'ouvrent sans raison avec des pages de frames ? Cela peut arriver si vous ne donnez pas une URL correcte pour chaque fenêtre de frames, ou dans le cas d'un attribut TARGET= mal défini.

DES NOMS MAGIQUES POUR TARGET=

Les noms de cible magiques ont une fonction un peu particulière. Soyez sûr d'en avoir réellement besoin avant de vous en servir, car ils risquent fort de semer la confusion dans l'esprit des utilisateurs.

Ils commencent toujours par le caractère de soulignement « _ » – ils sont d'ailleurs les seuls à présenter cette caractéristique. Il n'est pas nécessaire de donner un nom aux frames dans la page frameset pour ce genre de cibles. Ici encore, si vous n'êtes pas prudent, vous pourriez vous retrouver avec des copies multiples de votre navigateur.

Le nom de cible « _blank »

Si vous définissez l'attribut TARGET= à « _blank », le lien s'affichera toujours dans une nouvelle fenêtre, dite aussi « fenêtre vide ».

Le nom de cible « _self »

Le nom de cible « _self » oblige la page sélectionnée à se charger dans la frame où se trouve le lien. Si vous cliquez, par exemple, sur un tel lien dans la frame de gauche (« Table des matières »), la page appelée s'affichera dans cette même frame. Si vous avez défini une frame <BASE> pour tout le document, cet attribut peut permettre d'ignorer <BASE>.

Le nom de cible « _parent »

Son emploi est très risqué. Les liens contenant le nom de cible « _parent » s'affichent dans le document frameset parent. Voilà comment étourdir vos visiteurs et les perdre dans les méandres de votre site. Vous risquez vous-même d'éprouver quelques difficultés pendant la mise en place d'une telle cible. Soyez donc extrêmement prudent.

Le nom de cible « _top »

Le nom de cible « _top » oblige un lien à s'ouvrir dans une fenêtre séparée qui n'est pas une frame. Il semblerait qu'il soit alors impossible d'éviter l'ouverture d'une nouvelle copie du programme de navigation.

PAGES FRAMESET MULTIPLES ET IMBRIQUÉES

Même si cela risque de brouiller la carte de navigation des utilisateurs, certaines situations sont favorables à l'emboîtement de frames. Personnellement, je pense que le parcours de frames est déjà assez étrange comme cela ; si vous vous amusez à compliquer les choses à outrance, vos lecteurs pourraient bien déserter votre site. Cependant, si vous devez le faire, sachez que l'imbrication est facile.

Fondamentalement, l'imbrication de frames s'effectue de la même façon que l'imbrication de tableaux. Créez votre page frameset et, à l'intérieur d'une frame, ajoutez une autre frameset. Souvenez-vous que vous n'avez pas besoin de marqueur de fin de frame. Vous avez peut-être remarqué qu'il est impossible d'insérer COLSPAN= ou ROWSPAN= dans les frames. Mais vous pourriez obtenir le résultat souhaité avec les pages frameset multiples et imbriquées. Vous pouvez créer une colonne de deux frames à gauche de l'écran et une colonne de trois frames à droite, en utilisant deux framesets séparées à l'intérieur de la frameset commune.

LES UTILITAIRES HTML

Bien que dans vos pages, l'insertion manuelle de code soit un très bon exercice d'initiation à la publication en HTML et qu'elle vous en donne, par ailleurs, une maîtrise totale, elle peut se révéler rapidement fastidieuse. Que faire également des informations déjà existantes dans un fichier d'un autre type ? Choisissez-vous de copier-coller les données d'une feuille de calcul Microsoft Excel vers un simple éditeur de texte, puis d'entreprendre le laborieux processus de conversion en tableau HTML ? C'est une charge de travail supplémentaire, alors que les informations sont déjà dans un tableau Excel. Que dire encore de la sélection aléatoire de couleurs ? Ne vous est-il jamais arrivé d'essayer de deviner quelle couleur représentait E6C351 et si elle se rapprochait de celle que vous recherchiez ? Dans le cas contraire, allez-vous passer des heures à manipuler les chiffres jusqu'à trouver la bonne combinaison ?

Heureusement les utilitaires HTML vous rendent la vie plus douce. La plupart sont en « shareware » et bon marché, voire gratuits, et téléchargeables sur Internet. En un clin d'œil, vous pourrez convertir votre présentation PowerPoint en un site Web à pages multiples.

LES OUTILS GRAPHIQUES

Les outils graphiques sont précieux pour choisir des couleurs et créer des Image maps.

Nous nous limiterons dans cette leçon à ces deux procédés, d'autres opérations de traitement d'images, comme la création de .GIF, ayant déjà été abordées précédemment.

LES OUTILS DE SÉLECTION DE COULEURS

Internet offre plusieurs outils efficaces de sélection de couleurs. Cette section en décrit deux qui, bien que semblables, ont chacun leurs avantages. Vous y trouverez sûrement votre bonheur.

HTML Color Reference

HTML Color Reference est un excellent programme de sélection de couleurs créé par Christopher Fazend. Sa gratuité le rend encore plus appréciable. Vous n'avez qu'à le télécharger, le décompresser et, pour l'installer, exécuter le fichier SETUP.EXE. Au démarrage de HTML Color Reference, la fenêtre illustrée à la figure 12-1 apparaît.

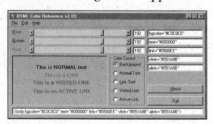

Figure 12-1 La fenêtre d'ouverture de HTML Color Reference.

Vous sélectionnez une couleur de deux manières. Si vous en connaissez les valeurs RGB, vous pouvez les entrer dans les zones de texte à droite des boutons de réglage pour le rouge, le vert et le bleu. Si vous ne les connaissez pas ou si vous voulez juste en visualiser quelques-unes, faites glisser les boutons de réglage ou cliquez dans la barre adjacente pour les voir évoluer dynamiquement dans la boîte de test.

HTML Color Reference vous permet d'appliquer des modifications de couleurs aux divers attributs du marqueur <BODY>, grâce à la sélection de l'attribut souhaité dans la boîte de dialogue **Color Control**. C'est un moyen facile et rapide de définir le marqueur <BODY>. Sélectionnez simplement chaque attribut dans cette boîte de dialogue et attribuez-lui la couleur voulue. Quand vous êtes satisfait de votre fond d'écran et de vos hyperliens, sélectionnez le marqueur <BODY> en bas de la fenêtre, copiez-le dans le Presse-papiers de Windows et collez-le directement dans votre document HTML. Si vous ne voulez pas modifier l'ensemble du marqueur <BODY>, vous pouvez sélectionner et copier l'attribut de votre choix dans les zones de sélection de texte situées à droite de la fenêtre.

Les versions 16 bits et 32 bits de HTML Color Reference sont disponibles à l'adresse http://www.winternet.com/.

Color Manipulation Device

Color Manipulation Device (CMD) est un logiciel simple, en « shareware » au prix modique de 15 dollars américains. Une fois installé, cliquez deux fois sur l'icône CMD – une petite grenouille bleue – et une fenêtre très semblable à celle de HTML Color Reference s'affichera. Vous pourrez, à l'aide de boutons, sélectionner les valeurs RGB des couleurs ainsi que l'attribut du marqueur <BODY> auquel elles seront assignées. Quelques différences existent entre CMD et HTML Color Reference. Ainsi, si CMD ne vous permet pas d'entrer manuellement les valeurs RGB d'une couleur, il possède en revanche quelques fonctions utiles, absentes de HTML Color Reference. Par exemple, CMD peut charger un fichier .GIF ou .JPG permettant de tester les couleurs du texte sur le fond de page choisi. Pour ce faire, allez dans le menu **Tools** (Outils) et sélectionnez **Show Backgrounds** (Afficher fonds) pour afficher les images de fond. Retournez dans le menu **Tools** et choisissez **Load Background** (Charger fond).

Vous pouvez également, dans le menu **Tools**, utiliser **Windows Color Picker** (Pipette des couleurs de Windows) pour afficher la palette standard de Microsoft, ainsi que l'outil de sélection de couleurs pour en choisir une. Quand vous avez fini, cliquez sur « OK » et CMD remplacera la couleur de l'attribut sélectionné.

Vous pouvez sauvegarder un ensemble spécifique de couleurs en choisissant **Save A Scheme** (Sauvegarder un modèle) dans le menu **Schemes** (Modèle). Pour ouvrir un modèle existant, sélectionnez **Open A Scheme** (Ouvrir un modèle) dans le même menu.

Si la combinaison de couleurs sélectionnée ne vous convient pas, vous pouvez revenir à la précédente avec la commande **Reset Colors** (Annuler les couleurs) du menu **Edit**.

Vous pouvez obtenir les versions 16 bits et 32 bits de Color Manipulation Device en cliquant sur le lien « where to get it » au bas de la page de http://www.meat.com/software/cmd.32.

LES OUTILS POUR LES IMAGE MAPS

Il fut un temps où le développeur HTML devait entièrement coder les Image maps à la main. Il fallait alors utiliser un programme graphique pour déterminer les coordonnées de chaque zone cliquable ou « dynamique » (ce qui n'était pas toujours facile), puis écrire leurs références manuellement dans un fichier map. Et, bien entendu, le serveur qui devait héberger l'Image map devait être configuré pour en assurer une bonne gestion. Créer une Image map est devenu un jeu d'enfant aujourd'hui, avec les Image maps côté client et les utilitaires de création de fichiers map.

Lorsque vous cliquez sur une Image map côté serveur, ce dernier traite alors la requête. Lorsque vous cliquez sur une Image map côté client, le client (le navigateur de l'utilisateur) s'en charge. Le traitement côté client présente plusieurs avantages :

■ Il réduit le chargement depuis le serveur, sujet particulièrement controversé récemment.

■ Le serveur n'a pas besoin d'un programme de traitement d'Image maps. Les développeurs HTML, qui n'avaient pas jusqu'ici la possibilité d'utiliser des Image maps côté serveur, peuvent maintenant profiter des Image maps côté client.

■ Les Image maps côté client ne sont pas dépendantes du serveur et sont donc portables.

■ Les liens cibles peuvent être affichés dans la barre d'état, lorsque l'utilisateur fait glisser le curseur sur l'Image map.

■ Les Image maps côté client peuvent être créées et testées localement, sans connexion.

■ Il existe deux principaux outils de mappage d'images pour Windows : Mapedit et MapThis! Ce dernier a déjà été décrit au chapitre 4.

Mapedit

Mapedit est un programme qui coûte 25 dollars en « share-ware » et facilite la création d'Image maps côté serveur et côté client. À l'ouverture, Mapedit affiche la boîte de dialogue **Open/Create Map** (figure 12-2).

Figure 12-2 La boîte de dialogue Open/Create Map de Mapedit.

Cette boîte de dialogue n'est pas très claire, car elle demande un fichier .MAP, ou HTML, et un fichier image. Comment peut-on avoir de tels fichiers sans avoir jamais créé d'Image map ? La boîte de dialogue ne donne aucune explication, cependant Mapedit va créer le fichier .MAP s'il n'existe pas. Mapedit ne crée pas de fichier HTML. Vous trouverez plus loin des informations sur la création d'une Image map côté client. Vous devriez spécifier un fichier .MAP si vous envisagez d'utiliser une Image map côté serveur et un fichier HTML si vous voulez une Image map côté client. Côté serveur, il est indispensable de sélectionner le type de fichier .MAP approprié : NCSA ou CERN. La plupart des serveurs sont compatibles NCSA. Il faut ensuite entrer le nom du fichier .GIF, .JPG ou .PNG qui servira pour l'Image map. Pour les Image maps côté client, si vous spécifiez un fichier HTML existant, Mapedit le parcourra à la recherche d'images internes et vous demandera d'en sélectionner une.

Après avoir cliqué sur « OK » dans la boîte de dialogue **Open/Create Map**, l'image sélectionnée sera chargée dans la fenêtre principale de Mapedit, et vous pourrez commencer à définir les points dynamiques et à leur associer des URL. Il existe, dans le menu **Tools**, trois outils pour créer les points dynamiques : le rectangle, le cercle et le polygone. Pour définir un point actif rectangulaire, choisissez l'outil Rectangle et cliquez, avec le bouton gauche de la souris, à l'endroit où vous voulez placer un angle du point actif, puis à l'endroit où vous voulez placer l'angle diamétralement opposé. L'outil cercle fonctionne de façon similaire, sauf que le premier clic doit s'effectuer au centre du point actif circulaire et le second n'importe où sur la circonférence. L'outil polygone est un peu différent. Vous devez cliquer (toujours avec le bouton gauche) tout autour du périmètre de la zone active. Une fois que vous avez cliqué sur tous les points nécessaires pour déterminer la zone, validez avec la touche ENTRÉE ou avec le bouton droit de la souris.

Dès que vous avez défini un point dynamique, la boîte de dialogue **Object URL** s'affiche à l'écran. Elle vous permet d'entrer l'URL assignée à ce point. Si vous êtes en train de fabriquer une Image map côté client, vous verrez également un champ, en bas de la boîte, dans lequel vous pourrez entrer le nom de la frame cible. C'est pratique pour utiliser des frames dans un document HTML.

Figure 12-3 La boîte de dialogue Object URL de Mapedit.

Vous pouvez également définir une URL appelée par défaut, au cas où un utilisateur cliquerait à côté de la zone active : dans le menu **File**, sélectionnez **Edit Default URL**.

Une fois tous les points dynamiques définis, testez l'Image map en choisissant **Test** puis **Edit** dans le menu **Tools**. Lorsque vous cliquez sur une Image map dans ce mode, une boîte de dialogue s'affiche, indiquant l'URL associée à ce point actif, vous permettant ainsi de la modifier si nécessaire.

Mapedit possède de nombreuses autres fonctions, comme l'ajout ou la suppression de points d'un polygone, le déplacement de points dynamiques et la modification de la couleur de ces points. Vous pouvez vous procurer Mapedit à l'adresse http://www.boutell.com/mapedit/ et l'essayer gratuitement pendant 30 jours. N'oubliez pas de vous enregistrer et d'envoyer 25 dollars si vous décidez de le garder.

LES OUTILS DE CRÉATION DE PAGES HTML

Les jours sont loin où l'on entrait manuellement le code des pages Web. Cette nouvelle est particulièrement bonne pour les développeurs responsables de grands sites. Il est difficile d'écrire des pages tout en surveillant l'évolution du World Wide Web. Vous trouverez ci-après un échantillon des outils de mise en page HTML les plus récents et les plus sophistiqués.

MICROSOFT FRONTPAGE

Microsoft FrontPage permet la création et la maintenance rapide et facile de sites Web extrêmement performants. Si vous avez l'habitude d'utiliser les menus et les barres d'outils de Microsoft Word ou de Microsoft Excel, vous n'aurez aucun mal avec FrontPage. Il comprend un éditeur de pages Web qui génère automatiquement le code HTML voulu, la conversion automatique d'images vers les formats .GIF ou .JPG, un éditeur de points actifs pour transformer rapidement une image en Image map, la création de liens par glisser-déplacer, un éditeur de formulaires ainsi que des assistants et des modèles d'aide à la création de sites. Il dispose de différents composants que vous pouvez insérer dans votre page pour effectuer des tâches interactives, comme les recherches de texte complet, le traitement de formulaires, et des barres de navigation. Il offre également des outils performants pour la maintenance, qui autorisent des vues multiples de votre site et une compréhension de l'interrelation des pages. Ils sont aussi capable de mettre à jour automatiquement des liens lorsque vous renommez ou déplacez un fichier, de vérifier et refaire des liens rompus, etc.

Un avantage considérable de FrontPage est d'avoir été conçu pour permettre à des groupes de travail de créer et de gérer des sites Web. Il possède une architecture client/serveur, gère aussi les mots de passe et l'authentification d'utilisateurs. D'autres caractéristiques de sécurité permettent aux différents membres d'un groupe répartis sur la planète de mettre à jour différentes pages en même temps et sur le même site Web. Dès que le vôtre sera prêt, appuyez simplement sur un seul bouton pour que Microsoft FrontPage le configure afin de l'installer où vous voulez : sur votre propre PC, sur un serveur dans votre entreprise ou votre organisation, ou bien sur un serveur Internet accessible au monde entier.

DHTML (Dynamic HTML) est une version améliorée par Microsoft du langage HTML version 4.0 qui vous permet de créer des effets spéciaux, comme du texte dont les mots semblent s'envoler un par un de la page, ou des effets de transition entre les pages qui simulent la rotation d'un panneau d'affichage.

Dans FrontPage 2000, si vous définissez des pages dans l'onglet Normal en mode Page, il n'est pas nécessaire que vous connaissiez HTML ou DHTML ; FrontPage est un outil de conception WYSIWYG qui génère les codes HTML pour vous. Vous pouvez insérer des images, des contrôles, un script, des applets ou des liens hypertexte sans taper les codes HTML correspondants. Toutefois, si vous voulez voir les balises HTML créées par FrontPage, vous pouvez les afficher dans l'onglet Normal en mode Page.

Dynamic HTML (DHTML) est une extension de HTML 4.0 qui vous offre la possibilité de créer des effets spéciaux, tels que du texte glissant hors de la page ou des images repositionnables. Cependant, certains navigateurs Web ne reconnaissant pas DHTML, les visiteurs de votre site risquent de ne pas pouvoir afficher correctement les pages contenant du code DHTML, ou de les afficher avec des erreurs.

Microsoft FrontPage vous permet de choisir les navigateurs Web avec lesquels votre site devra être compatible. Si vous activez ou désactivez DHTML, ou que vous destinez votre site Web à un navigateur ne prenant pas en charge DHTML, les commandes DHTML ne seront pas disponibles (elles apparaîtront grisées) sur les menus FrontPage au moment de la création du site.

MICROSOFT OFFICE 2000

Microsoft a créé des éléments additionnels destinés à l'ensemble des produits de Microsoft Office, afin de permettre une conversion facile de fichiers Office en documents HTML. Si vous utilisez déjà l'un des produits de cette gamme, vous ne rencontrerez aucune difficulté particulière.

Les applications Microsoft Office 2000 comportent un large éventail de fonctions utiles pour tirer profit du World Wide Web et d'Internet.

Microsoft Word

Microsoft Word 2000 permet la création de pages Web, leur personnalisation, l'ajout d'effets visuels et la création d'un site.

La commande Enregistrer votre document en tant que page Web enregistre vos documents Word pour une utilisation sur le Web. Vous pouvez placer vos documents Web sur Internet par la fonctionnalité Dossiers Web pour gérer vos fichiers stockés sur un serveur. Vous pouvez accéder aux dossiers Web par l'intermédiaire de l'Explorateur Windows ou d'un programme Microsoft Office.

L'Assistant Pages Web propose des modèles Web personnalisés, que vous adapterez facilement à vos besoins. Ces modèles recouvrent un large éventail de pages Web couramment utilisées.

Vous pouvez insérer un lien hypertexte dans un document et cliquer pour lier un fichier Office, une page Web ou un autre fichier situé sur un site Web interne ou externe ou sur un serveur de fichiers.

L'Assistant Pages Web vous permet d'utiliser des cadres et de définir ainsi un site Web bien organisé, pour communiquer davantage d'informations.

La commande Fichier, Aperçu de la page Web du menu Fichier affiche un aperçu de votre page Web dans un navigateur sans enregistrer le fichier

Les commandes Outils, Options, onglet Général, bouton « Options Web » vous permettent de changer rapidement la manière dont Office 2000 génère et met en forme les pages. Par exemple, vous pouvez personnaliser l'emplacement de stockage des graphismes et autres fichiers de prise en charge et indiquer le format d'enregistrement des graphismes pour une utilisation sur des pages Web. Lorsque cela est possible, ces options sont partagées par tous les programmes Microsoft Office.

Si vous créez des pages Web pour une utilisation internationale, Office 2000 enregistre les fichiers en utilisant le codage international approprié, afin que les utilisateurs sur n'importe quel système puissent afficher les caractères corrects.

Les thèmes contiennent des éléments de conception unifiés et des jeux de couleurs pour les images d'arrière-plan, les puces, les polices, les lignes horizontales et les autres éléments d'un document afin de créer des pages Web d'aspect cohérent. Les thèmes sont coordonnés entre les applications Word, Microsoft Access et Microsoft FrontPage.

Vous pouvez ajouter une image à une page Web, tout comme dans un document Word. Une fois votre document enregistré en tant que page Web, vous avez toujours la possibilité de modifier les graphismes et les objets lorsque vous ouvrez votre page Web dans un programme Office. Office 2000 génère automatiquement un texte de remplacement pour les graphismes basés sur un nom de fichier image.

Word fournit une prise en charge WYSIWYG (« tel écrit, tel écran ») pour créer des pages Web avec des balises utilisées fréquemment, telles que des tableaux, des polices et des fonds sonores. La commande Affichage, Source HTML permet si nécessaire d'afficher le code HTML qui crée la page Web.

Office 2000 offre désormais aux développeurs la possibilité de créer des scripts et des solutions clientes HTML à l'intérieur des programmes Office à l'aide de l'environnement de développement Visual Studio. Il comprend une prise en charge intégrale par le navigateur pour le débogage et des ancres de script peuvent être placées dans les documents.

Les programmes Office gèrent automatiquement les fichiers compagnon, tels que les graphismes. Lorsque vous créez une page Web, tous les fichiers de prise en charge sont stockés dans un dossier portant le même nom que le fichier. Lorsque vous enregistrez votre document à un nouvel emplacement, Office 2000 contrôle les liens et répare ceux qui ne fonctionnent pas.

Microsoft Excel

Une page Web peut contenir des illustrations, des rapports de tableau croisé dynamique, du texte et d'autres éléments.

À l'aide des fonctionnalités de publication et d'enregistrement de Microsoft Excel, vous pouvez enregistrer un classeur Excel ou une partie de celui-ci, telle qu'un seul élément du classeur, au format HTML et le placer sur un site HTTP, sur un site FTP, sur un serveur Web ou un serveur de réseau. Si vous placez votre page Web à l'un de ces endroits, à l'exception du serveur de réseau, les utilisateurs peuvent y accéder sur Internet ou sur votre intranet à l'aide de leurs navigateurs Web.

Vous pouvez enregistrer vos données avec ou sans fonctionnalité interactive. Si vous enregistrez vos données avec une fonctionnalité interactive, les utilisateurs de Microsoft Office 2000 peuvent exploiter les données et les modifier à l'aide de Microsoft Internet Explorer version 4.01 ou ultérieure, comme ils le feraient avec Excel. Par exemple, ils peuvent réorganiser les cellules et mettre à jour les valeurs de ces dernières dans une feuille de calcul, ou filtrer ou modifier la présentation d'une liste de tableau croisé dynamique. Les feuilles de calcul, les listes de tableau croisé dynamique et les graphiques peuvent tous être interactifs. Si vous enregistrez vos données dans un format non interactif, les utilisateurs ne peuvent qu'afficher les données.

Après avoir publié ou enregistré vos données Excel en tant que page Web, vous pouvez réorganiser les éléments dans la page Web, ajouter du texte ou des illustrations supplémentaires ainsi que d'autres fonctionnalités à l'aide de Microsoft FrontPage 2000 ou ultérieur, ou le mode Création de la page d'accès aux données de Microsoft Access 2000.

L'utilisation de vos données sur le Web présente les avantages suivants : les utilisateurs peuvent accéder à vos données et, si les logiciels requis sont installés sur leurs ordinateurs, activer l'interactivité de leurs données sans avoir à installer Excel sur leurs ordinateurs. Il leur suffit de disposer d'un navigateur Web pour accéder à Internet ou à un intranet.

Lorsque vous associez différents types de données sur une seule page Web, les utilisateurs peuvent afficher, analyser et calculer toutes les données dont ils ont besoin à un seul endroit.

Après avoir créé votre page Web dans Excel, vous pouvez publier ou enregistrer les données à un endroit donné. Avant de mettre votre page Web à la disposition des utilisateurs, il est préférable de la tester sur votre ordinateur local afin de vous assurer qu'elle fonctionne correctement. En règle générale, la destination finale de votre page Web est un site de votre serveur Web.

Pour vérifier la présentation et le format de votre page Web dans un navigateur Web avant de la publier ou de l'enregistrer, vous pouvez afficher la page à l'aide de l'aperçu de la page Web. La fonctionnalité d'interactivité ne s'affiche pas lorsque vous effectuez un aperçu de vos données Excel en tant que page Web à l'aide de cette méthode.

Vous pouvez également obtenir un aperçu de la page de manière interactive, en activant la case à cocher « Ouvrir la page publiée dans un navigateur » avant de cliquer sur le bouton « Publier » de la boîte de dialogue Publier en tant que page Web. Si possible, testez votre page Web dans tous les navigateurs pouvant être utilisés pour afficher la page. Lorsque la page vous convient, vous pouvez la publier.

Lorsque vous enregistrez ou que vous publiez vos données, vous pouvez créer une page Web ou ajouter vos données à une page Web existante. La saisie du chemin d'accès et du nom de fichier de la page Web constitue une étape de la procédure de publication. Lorsque vous ajoutez des données à une page existante, Excel ajoute toujours les nouvelles données en bas de la page. Pour déplacer les données, vous pouvez modifier la page Web dans un autre programme.

Si vous travaillez dans un environnement d'entreprise et que l'administrateur de votre système a configuré un serveur Web avec des extensions de serveur FrontPage, vous pouvez créer un dossier Web sur votre ordinateur et utiliser ce dossier de raccourci pour publier ou enregistrer vos données sur un serveur Web. Vous pouvez également utiliser la page Web sur un site HTTP, un site FTP ou un serveur de réseau.

Après avoir publié ou enregistré vos données Excel en tant que page Web, vous pouvez modifier la façon dont les données sont organisées, déplacer les éléments à l'intérieur de la page, ajouter des illustrations ou des effets spéciaux, modifier l'aspect général de la page Web et obtenir des informations sur la mise en forme des données utilisées dans une page Web.

Vous pouvez republier des données Excel déjà utilisées sur le Web en enregistrant ou en publiant de nouveau les données. Pour republier un classeur entier, vous devez enregistrer de nouveau le classeur d'origine (fichier .xls) en tant que page Web. Il n'existe pas d'option de republication dans la boîte de dialogue Enregistrer sous (menu Fichier, commande Enregistrer en tant que page Web) pour un classeur entier.

Pour obtenir de meilleurs résultats, le recours à FrontPage 2000 vous permet d'insérer du texte et des illustrations, de réorganiser les éléments dans votre page ou de modifier les fonctionnalités d'interactivité. Il vous est également possible d'utiliser le mode Création de la page d'accès aux données dans Access, qui propose un environnement de création dans lequel vous pouvez modifier votre page Web et créer des connexions pour afficher et utiliser les données des bases de données.

Microsoft Access

Une page d'accès aux données est un type spécial de page Web créé pour consulter et utiliser des données d'Internet ou d'un intranet (données stockées dans une base de données Microsoft Access ou une base de données Microsoft SQL Server). La page d'accès aux données peut également inclure des données d'autres sources telles que Microsoft Excel.

Une page d'accès aux données se crée comme un objet de base de données contenant un raccourci vers l'emplacement du fichier HTML correspondant à la page.

Utilisez des pages pour afficher, modifier, mettre à jour, supprimer, filtrer, grouper et trier des données vives provenant soit d'une base de données Microsoft Access, soit d'une base de données Microsoft SQL Server, dans Microsoft Internet Explorer, version 5 ou ultérieure. Une page peut également contenir des contrôles supplémentaires comprenant une feuille de calcul, une liste de tableau croisé dynamique et un graphique.

Pour diffuser vos pages sur le Web, il faut les publier dans des dossiers Web ou sur un serveur Web, en mettant la base de données Access ou SQL Server à la disposition des utilisateurs sur la page.

Internet Explorer ne doit télécharger la page qu'une seule fois sur le serveur Web pour vous permettre de consulter et d'interagir avec les données de page. Du fait qu'une page utilise un format HTML dynamique, l'accès à la base de données est ordinairement très efficace en environnement client-serveur.

Vous pouvez créer des fichiers au format HTML généré par serveur, soit ASP, soit IDC/HTX, à partir de tables, de requêtes et de formulaires. Les fichiers HTML générés par serveur s'affichent sous la forme d'un tableau dans un navigateur Web. Faites appel à des fichiers HTML générés par serveur lorsque vous voulez utiliser un navigateur Web, lorsque vos données changent fréquemment et lorsque vous voulez afficher des données vives dans un tableau connecté à une source de données ODBC et n'avez besoin de consulter que des données en lecture seule.

Une fois les fichiers ASP ou IDC/HTX exportés, vous devez les publier sur un serveur ou une plate-forme Web compatible.

Chaque fois qu'un utilisateur ouvre ou actualise un fichier ASP ou HTX dans un navigateur Web, le serveur Web crée dynamiquement un fichier HTML, puis envoie ce fichier HTML au navigateur Web.

Vous pouvez créer des fichiers HTML statiques à partir de tables, de requêtes, de formulaires et d'états. Dans un navigateur Web, les états s'affichent sous la forme d'états, tandis que les tables, les requêtes et les formulaires s'affichent sous la forme d'une feuille de données. Faites appel aux fichiers HTML statiques lorsque vous souhaitez pouvoir utiliser n'importe quel navigateur Web prenant en charge le format HTML, version 3.2 ou postérieure, et lorsque vos données changent rarement.

Pour diffuser vos fichiers HTML statiques sur le Web, vous les publiez dans des Dossiers Web ou sur un serveur Web.

Lorsque vous accédez aux données à l'aide d'un navigateur Web, ce dernier ne doit télécharger le fichier HTML statique qu'une seule fois sur le serveur Web pour vous permettre de consulter les données. Toutefois, les fichiers HTML obtenus sont un instantané des données au moment où vous avez publié les fichiers. Il n'y a pas de source de données ODBC connectée au fichier HTML statique et, si vos données changent, vous devez exporter de nouveau les fichiers pour être en mesure d'afficher de nouvelles données dans un serveur Web.

MICROSOFT INTERNET EXPLORER

Microsoft Internet Explorer est un programme de navigation de dernière génération très complet. Il prend en charge les tableaux, affiche les formats graphiques les plus connus – y compris les .GIF (animés, transparents et non transparents) et les .JPG – dispose d'un support en ligne pour les vidéos .AVI, permet le dimensionnement global des polices de caractères et même de spécifier un fond sonore pour chaque page HTML.

Internet Explorer prend en charge les frames, les contrôles et les scripts ActiveX, les conférences Internet et les feuilles de style.

Internet Explorer autorise les frames flottantes et sans bordures, ou avec des bordures personnalisées. Cela vous offre de réelles opportunités de jouer avec les couleurs et la structure de vos pages. Internet Explorer inclut également la capacité d'utiliser dans vos pages des contrôles et des scripts ActiveX, JavaScript et les applets Java. La prise en charge des scripts et des contrôles signifie que vous pourrez créer des pages interactives qui contiennent des films, des animations et des sons, en utilisant n'importe quel langage de script, comme Visual Basic Script ou JavaScript.

La fonction NetMeeting permet de réaliser des conférences à plusieurs sur l'Internet. Vous pouvez visionner et contrôler n'importe quel programme à distance, partager un mémo, discuter et transférer des fichiers. Vous pouvez même lire des pages écrites en langue étrangère grâce à sa prise en charge de jeux de caractères internationaux. Vous pouvez améliorer vos tableaux en ajoutant des fonctionnalités comme des images pour le fond des cellules, et également contrôler les bordures de tableaux. Internet Explorer supporte aussi les formats graphiques des images .GIF animées, ainsi que les fichiers .BMP.

Enfin, Internet Explorer prend en charge les feuilles de styles. Une feuille de style consiste en une énumération d'attributs qui peuvent s'appliquer aux différents éléments d'un document et définissent la police, la couleur, les marges, les alinéas, la taille et la mise en valeur. Un développeur HTML va pouvoir facilement configurer et modifier la mise en page de sites Web entiers en utilisant des styles partagés. La feuille de style peut être un document séparé ou bien se trouver dans le nouvel élément <STYLE> de la section <HEAD> d'un document HTML.

Les Favoris, dénommés signets dans Netscape Navigator, constituent une méthode pratique pour accéder aux pages Web fréquemment consultées et les classer. Internet Explorer importe automatiquement tous les signets Netscape. La commande Favoris, Signets importés, permet de les consulter. Vous pouvez facilement partager des Favoris entre plusieurs ordinateurs en les important. Par ailleurs, en utilisant à la fois Internet Explorer et Navigator, vous pouvez conserver à jour vos Favoris et vos signets en les important d'un programme à l'autre.

Les Favoris exportés sont enregistrés sous forme de fichiers HTML standards, de sorte qu'ils sont importables dans Internet Explorer et Navigator. Vous pouvez exporter un dossier sélectionné de vos Favoris ou la totalité de vos Favoris. Le fichier des Favoris exportés est peu volumineux, et il est donc possible de le copier sur une disquette ou un dossier réseau, ou de le joindre à un courrier électronique si vous souhaitez les partager avec des tiers.

La commande Fichier, Enregistrer sous, permet d'enregistrer une page Web sur votre ordinateur :

Le type « Page Web complète » permet d'enregistrer la totalité des fichiers nécessaires à l'affichage de la page, y compris les images, les cadres et les feuilles de style. Cette option enregistre tous les fichiers dans leur format d'origine.

Le type « Archive Web » permet d'enregistrer la totalité des informations nécessaires à l'affichage de la page dans un seul fichier de format MIME encodé. Cette option enregistre un cliché de la page Web en cours et n'est disponible que si Outlook Express 5 ou ultérieur est installé.

Le type « Page Web HTML uniquement » permet d'enregistrer uniquement la page HTML en cours. Cette option enregistre les informations de la page Web, mais n'enregistre pas les images, les sons, ni les autres fichiers.

Le type « Fichier texte » permet de n'enregistrer que le texte de la page Web en cours. Cette option enregistre les informations de la page Web en format texte pur.

Les types « Page Web complète » et « Archive Web » permettent de consulter l'intégralité d'une page Web hors connexion, sans l'ajouter aux Favoris ni la sélectionner pour une consultation hors connexion.

LES POLICES TRUETYPE SUR LE WEB

L'usage des polices sur le Web a toujours été le cauchemar de nombreux développeurs. À mesure qu'ils parvenaient à mieux maîtriser la structure d'une page Web, augmentait le désir de contrôler aussi les polices de caractères affichées. C'est un véritable crève-cœur que de s'échiner sur une mise en page pour finalement s'apercevoir que tout est gâché par le choix malheureux d'une police. Pour y pallier, Microsoft a entrepris le développement d'Internet Explorer. Il a rajouté au HTML le marqueur d'extension <FONT FACE>, qui permet d'utiliser la police de son choix pour le texte d'un document HTML. Un navigateur qui ne prend pas en charge ce marqueur affichera la police par défaut.

Voici le format du marqueur <FONT FACE> :

```
<FONT FACE="nom de la police préférée, second choix,
troisième choix"></FONT>
```

Si la première police n'est pas installée sur l'ordinateur client, la deuxième sera utilisée, sinon la troisième, et ainsi de suite, jusqu'à ce qu'une police adéquate soit trouvée. S'il n'y a pas de correspondance, le navigateur utilisera sa police par défaut.

Toute police TrueType ou Type 1 peut être utilisée. Comme les utilisateurs ont au moins une des polices TrueType installées avec Windows, mais que rien ne prouve qu'ils ont acheté et installé Adobe Type Manager, il est plus prudent d'inclure au moins une police TrueType dans votre liste. Tous les navigateurs Web connus les reconnaissant et le format de fichier TrueType étant de plus une spécification du domaine public (ce qui veut dire que l'on peut créer des polices sans payer de droits d'auteur à Apple ou à Microsoft), il existe des milliers de polices TrueType, dont beaucoup sont gratuites. Voilà d'excellentes raisons pour s'en servir avec le marqueur <FONT FACE>.

Si malgré tout vous n'êtes pas convaincu de leur utilité, Microsoft a mis gracieusement en téléchargement plusieurs polices TrueType. Les développeurs de pages Web peuvent sans crainte les inclure, sachant qu'elles sont gratuitement et facilement accessibles à tous les internautes. Les polices suivantes sont disponibles à l'adresse http://www.microsoft.com/truetype/fontpack/win.htm :

Arial	Arial (Bold)
Arial (Italic)	Arial (Bold Italic)
Arial Black	Comic Sans MS
Comic Sans MS (Bold)	Courier New

Courier New (Bold)	Courier New (Italic)
Courier New (Bold Italic)	Impact
Times New Roman	Times New Roman (Bold)
Times New Roman (Italic)	Times New Roman (Bold Italic)

Vous avez probablement déjà des versions de Times New Roman, Courier New et Arial dans votre système Windows. Mais les versions Web contiennent plus de caractères. Ces caractères seront complètement accessibles avec les versions récentes de Microsoft Internet Explorer.

ACTIVEX

Comment gérer l'énergie et l'innovation qui abondent sur le World Wide Web ? Comment ajouter animations, sons, vidéo, interactivité et contenu personnel à vos pages Web ? La réponse de Microsoft s'appelle ActiveX, Microsoft Visual Basic, Scripting Edition (VB Script), ainsi qu'Internet Explorer.

Prenez OLE (*Object Linking and Embedding*), technologie orientée objet conçue pour créer, gérer et accéder à des composants fondés sur les objets, qui se joue des limites de systèmes et de plates-formes matérielles. Maintenant, si vous reconditionnez cette technologie pour télécharger automatiquement depuis un serveur, opérer indépendamment du matériel, fonctionner sans que le programme d'origine de l'objet soit installé sur le terminal, et finalement tourner en code HTML, vous obtiendrez ActiveX.

ActiveX est une API (*Application Programming Interface*) basée sur Win32 et OLE, qui permet aux développeurs de rendre leurs applications compatibles avec Internet. Prise en charge par Internet Explorer, ActiveX adapte des objets de style Visual Basic (au format de fichier .OCX) au Web et y intègre son API « *Internet Server* » (ISAPI). En utilisant l'automatisation OLE et un moteur de scripts enfichable comme

VB Script, vous pouvez créer des pages Web interactives avec un minimum de programmation. Ici, « enfichable » signifie que vous pouvez intégrer le code des scripts dans le code HTML, et l'identifier, pour qu'il s'exécute comme s'il était reconnu par votre navigateur. Cette leçon s'adresse aux développeurs chevronnés de pages Web : nous y verrons comment implémenter ActiveX en utilisant VB Script et HTML et étudierons quelques objets et contrôles ActiveX déjà disponibles. Pour obtenir les dernières informations sur ActiveX, VB Script et Internet Explorer, rendez-vous sur le site Microsoft : http://www.microsoft.com.

Qu'implique ActiveX pour vous ?

Imaginez des entrepôts d'objets autonomes et innovants disséminés sur Internet, gérés par les auteurs d'objets enfichables qui les distribueraient à la demande sur le réseau. Supposons que vous vouliez inclure un traitement interactif de vente par correspondance dans votre page Web, ou intégrer un film sensationnel en 3D dans votre application. Vous vous fournissez, dans un de ces entrepôts, en contrôles d'application ActiveX appropriés et vous vous acquittez des droits d'utilisation associés. Ensuite, vous écrivez les codes HTML et VB Script qui assurent le transfert de variables vers et à partir de l'objet ActiveX ; enfin, vous rédigez votre propre page Web avec le code HTML. Il ne vous reste plus qu'à installer l'application IITML sur un serveur réseau, afin qu'elle s'exécute à chaque fois qu'un utilisateur clique sur l'hyperlien de l'objet ActiveX.

Par exemple, supposons que votre film en 3D ait été créé avec Microsoft SoftImage – outil de création 3D. Mais vos lecteurs n'ont pas SoftImage. Vous intégrez alors le code VB

Script qui doit appeler l'objet (le film en 3D) dans votre code HTML, installez l'objet sur le serveur qui héberge votre page Web et le code d'activation de l'objet, lui permettez de se charger automatiquement sur l'ordinateur d'un utilisateur (sauf s'il s'y trouve déjà) et vous le faites exécuter, sans que la présence de SoftImage soit nécessaire (ni sur le serveur, ni sur le client).

Ou alors, afin de créer un système de vente en ligne, vous achetez l'objet à son auteur. Il vous l'enverra, accompagné de la liste des paramètres (données) requis pour exécuter ses fonctions (le traitement des commandes). Vous aurez besoin de VB Script ou d'un autre outil d'écriture de scripts pour communiquer ces paramètres à l'objet. Vous pouvez valider des données de formulaire, générer automatiquement des pages Web personnalisées, et même écrire des jeux fonctionnant avec VB Script. L'objet utilisera les données pour renvoyer les informations à la page Web. Le nombre d'articles commandés, le montant total, les taxes, et d'autres informations, sont calculés par l'objet et passés au script VB, qui les renvoie au code HTML, pour les afficher sur la page. Le langage de script s'occupe des entrées et sorties de l'objet et les passe au code HTML qui les affiche. Pendant ce temps, l'objet gère les calculs et d'autres tâches internes pour évaluer les champs d'entrée nécessaires à ce genre d'opérations. Étant donné que la plupart des logiciels de comptabilité, comme le traitement de commandes, ont des moyens d'exécution limités, ils tireront un grand profit de la technologie enfichable orientée objet. Les développeurs retrouvent alors la liberté de traiter les aspects les plus créatifs de la programmation, comme par exemple l'ajout d'éléments interactifs multimédias avec VRML.

En tant que développeur, vous aurez très souvent l'occasion de vous approvisionner en contrôles divers dans ces futurs entrepôts. Ces contrôles (glissières personnalisées, zones déroulantes, boîtes de dialogue, boutons, etc.) enfichables dans des objets ActiveX pourront être créés dans n'importe quel langage (par exemple, C++ pour les objets ou JavaScript pour les applets Java). Les objets pourront avoir une apparence unique ou uniforme, selon les contrôles enfichables utilisés pour leur développement. Ensuite, une fois intégrés à une page HTML et visionnés avec Internet Explorer ou un autre programme de navigation compatible, ils pourront être utilisés d'une façon que vous n'aviez pas même imaginée.

Le développement de contrôles et d'objets est une branche commerciale prometteuse. Le besoin en composants enfichables, contrôles et objets, va sans aucun doute s'accroître à l'avenir. Comme leur programmation demande plus de travail que leur intégration dans le code HTML, c'est là que se situera le vrai défi, qui fera appel à votre créativité.

INTERNET EXPLORER ET ACTIVEX

Internet Explorer a un rôle clé à jouer grâce à son support de ActiveX, JavaScript, VB Script et autres moteurs de scripts enfichables. En optimisant vos pages Web pour Internet Explorer, vous offrez à vos utilisateurs une interactivité sans précédent.

Ce programme a une architecture ouverte et extensible, pour que tout le monde puisse y intégrer ses composants, sans se préoccuper du langage, de l'outil, du format de données ou du protocole qui ont servi à les créer. Elle est due à l'utilisation de contrôles personnalisés disponibles à travers ActiveX.

Microsoft l'a incorporé dans Windows 95, 98 et 2000 comme outil de navigation à la place de l'Explorateur Windows, avec l'idée de s'en servir comme interface pour parcourir aussi bien Internet, les réseaux intranets d'entreprise, que le contenu de votre disque dur.

Microsoft y a ajouté également la prise en charge de l'extension HTML pour les frames. Les frames permettent aux développeurs Web de diviser la surface de l'écran en panneaux indépendants. Internet Explorer apporte depuis la version 3 sa contribution à l'élaboration des nouveaux standards en introduisant ses propres extensions HTML, comme le paramètre FACE, du marqueur déjà existant <FONT>, qui donne aux développeurs Web les moyens de contrôler la typographie en spécifiant plusieurs polices de caractères.

Plug-in, ActiveX et Java sont trois déclinaisons d'un même concept : des outils d'interactivité. Microsoft offre le support de ces trois outils en enrobant (de papier cadeau) les applets Java et les plug-in pour imiter les contrôles ActiveX.

INTERNET COMPONENT DOWNLOAD

Le mécanisme utilisé pour télécharger et installer des objets ActiveX sur le système d'un utilisateur s'appelle *Internet Component Download* (téléchargement de composants Internet). Cette technique est utilisée de façon interne par Microsoft Internet Explorer pour manipuler les composants ActiveX insérés dans les pages HTML.

La description suivante de cette technologie n'est pas exhaustive, mais elle vous aidera à comprendre ce qui se passe du côté serveur et du côté client, lorsqu'un utilisateur clique sur une page Web contenant un composant ActiveX.

Microsoft a créé une nouvelle API système, appelée GoGetClassObjectFromURL pour télécharger des composants ActiveX en toute sécurité. D'autres aspects de sécurité sont pris en charge par l'API WinVerifyTrust, ou en utilisant un contrôle ActiveX Setup de haut niveau. Actuellement, la technique Internet Component Download ne peut charger que des objets ActiveX, bien qu'elle charge aussi les composants dans un répertoire de stockage permanent. Toutefois, Microsoft envisage, pour les versions futures, de remplacer ce répertoire par un cache temporaire qui effacera les composants indésirables à la fermeture du navigateur.

Pour conditionner un composant ActiveX au téléchargement, vous devez utiliser le marqueur <OBJECT> dans HTML et choisir l'une de ces trois méthodes de compression : exécutables portables (fichiers .OCX ou .DLL), fichiers Cabinet (fichiers .CAB), ou fichiers autonomes (fichiers .INF).

LE SCHÉMA DE CONDITIONNEMENT D'UN EXÉCUTABLE PORTABLE

Cette méthode utilise un fichier exécutable individuel (tel .OCX ou .DLL) téléchargé, installé et enregistré simultanément. Elle est le moyen le plus simple de conditionner un contrôle ActiveX à fichier unique, mais elle n'utilise pas la compression de fichier et n'est pas indépendante de la plateforme, sauf si elle est combinée avec le contrôle HTTP.

LE SCHÉMA DE CONDITIONNEMENT DES FICHIERS CABINET

Cette méthode utilise un fichier pouvant contenir un ou plusieurs fichiers tous chargés ensemble dans un fichier Cabinet

(.CAB) compressé. Elle n'est pas non plus indépendante de la plate-forme, sauf si on l'utilise avec le contrôle HTTP.

LE SCHÉMA DE CONDITIONNEMENT DE FICHIERS .INF AUTONOMES

Cette méthode utilise un fichier qui contient les spécifications d'autres fichiers à télécharger et installer pour qu'un .OCX s'exécute. L'URL des fichiers à télécharger est comprise dans le fichier .INF. Ce schéma de conditionnement peut, grâce au listage des fichiers pour différentes plates-formes, être indépendant de celles-ci. Il ne nécessite donc pas le contrôle HTTP. Vous devriez inclure un fichier .INF dans vos spécifications de fichiers Cabinet.

ASTUCE Lorsque vous insérez un contrôle ActiveX dans une page, utilisez l'attribut OBJECT= pour spécifier l'affichage d'un autre objet au cas où le contrôle serait introuvable.

LA CRÉATION D'UN CONDITIONNEMENT

Après avoir défini votre méthode de compression, vous devez créer votre conditionnement à l'aide, soit d'un script, soit de l'un des outils inclus dans le kit du développeur MADK (*Microsoft ActiveX Developer's Kit*).

Le processus de téléchargement est compliqué, mais on peut le résumer ainsi :

1. Téléchargez les fichiers requis (.CAB, .INF ou exécutable) en utilisant les noms d'URL.

2. Appelez l'API WinVerifyTrust pour vous assurer que les fichiers téléchargés peuvent être installés sans risques.

Dans le cadre de cette API, l'utilisateur devra confirmer au préalable s'il veut les installer.

3. Utilisez l'argument de ligne de commande /regserver pour les fichiers .EXE et DLLRegisterServer() pour les autres exécutables (comme les fichiers .DLL et .OCX), pour l'auto-enregistrement de tous les composants ActiveX.

4. Ajoutez des entrées de base de registres de façon à suivre le code téléchargé.

5. Appelez GoGetClassObjectFromURL pour obtenir la *rclsid* (l'identité de classe) de l'objet à installer.

6. Placez les fichiers téléchargés dans le répertoire WINDOWS\SYSTEM\OCCACHE.

 ASTUCE Tous les visiteurs de votre page n'ont peut-être pas un contrôle ActiveX installé sur leur machine. Utilisez alors l'attribut CODEBASE= pour pointer vers un emplacement où il leur sera possible de trouver le contrôle nécessaire.

Télécharger du code ActiveX sur Internet est également une opération complexe. Pour obtenir plus d'informations sur ce processus, rapidement abordé ici, allez à l'adresse http://www.microsoft.com ou sur MSN, le réseau de Microsoft.

LA SÉCURITÉ ET ACTIVEX

Bien que les fichiers .OCX permettent aux utilisateurs de profiter d'une interactivité flexible et puissante, ils présentent aussi un risque potentiel de destruction des données. Certains malfaisants, hélas, n'attendent que le moment d'écrire un virus dévastateur utilisant la technologie .OCX. Microsoft a heureusement pris toutes les mesures nécessaires pour vous mettre à l'abri.

Étant donné que les fichiers .OCX peuvent directement accéder au matériel, cela leur confère un pouvoir diabolique, comme formater votre disque dur. Pour éviter cela, Microsoft a commencé à élaborer un programme de certification capable de garantir qu'un fichier .OCX est sain.

Avant de charger un tel fichier .OCX, vous verrez un message signalant : « L'application que vous allez télécharger a été certifiée par le fabricant X, elle est conforme aux recommandations de certification Microsoft. Voulez-vous continuer ? » Inversement, si vous tentez de charger un contrôle .OCX non certifié, vous recevrez un message vous indiquant que cette opération peut s'avérer dangereuse. Vous pourrez ainsi l'annuler avant qu'il ne soit trop tard.

LES OBJETS-DOCUMENTS OLE

Même si HTML fournit un standard unique de prise en charge de documents et de navigation, il n'offre aucun moyen de publier un document sur le Web dans n'importe quel format – quels que soient les outils – et consultable sans que son application de création soit installée sur l'ordinateur de l'utilisateur. Les documents ActiveX sont des objets qui vous permettent de publier des documents au format de votre choix, tout en étant sûr que le code nécessaire pour visionner l'objet est disponible pour l'utilisateur. En intégrant des hyperliens dans vos documents ActiveX, vous pouvez également y ajouter des fonctions de navigation.

En termes techniques, les objets-documents OLE sont un ensemble d'interfaces OLE construites sur les interfaces d'activation OLE standard déjà en place, et utilisées aujourd'hui dans les objets OLE. Un serveur de documents est propriétaire de toute la zone client du conteneur de documents dans lequel il s'exécute. En d'autres termes, lorsqu'un navigateur compatible ActiveX (comme Internet Explorer) essaye d'afficher un tel document, il télécharge le conteneur du serveur de documents vers le terminal de l'utilisateur (après en avoir demandé la permission), et l'exécute. Le conteneur prend ensuite le contrôle de toute la zone client du navigateur et affiche le fichier. Pour l'utilisateur final, le processus est fluide ; il utilise le même outil pour visionner le document et pour parcourir Internet.

LES SCRIPTS OLE

Le développement d'OLE a été envisagé en premier lieu pour permettre aux programmeurs d'être plus productifs en créant des modules logiciels réutilisables. Avec ActiveX, Microsoft a étendu cet objectif au-delà des frontières de l'entreprise vers le réseau des réseaux, Internet.

Avec les scripts OLE, vous pouvez appeler des modules réutilisables écrits dans n'importe quel langage pris en charge, sans avoir beaucoup plus que des notions de programmation. Supposons que vous vouliez exécuter un programme pour mapper une URL à un objet d'automatisation (composant qui vous permet d'étendre la fonctionnalité de votre script sans avoir recours à Windows), avec une communication à cheminement sûr *(thread-safe)* vers n'importe quel serveur d'automatisation à syntaxe simple. Une communication à cheminement sûr est une méthode d'exécution protégée, garantissant que, lorsque l'objet d'un utilisateur est exécuté par le serveur, un autre client ne peut en interrompre l'exécution, même s'il utilise le même objet. En cas de cheminement multiple *(multithreading)*, l'objet est multiplié en copies séparées ayant chacune un cheminement distinct allant du client vers l'objet.

Prenons un exemple : vous avez un objet d'automatisation nommé monobjet, une méthode appelée maméthode, et deux paramètres, param1 et param2. Le code suivant illustre comment vous devriez exécuter la méthode à travers un nom d'URL pour renvoyer les données sous forme de page Web spécifique. Comme il passe par un IIS *(Internet Information Server)* l'exemple emploie le protocole HTTP et l'étend en pointant simplement l'URL vers l'objet. Voilà pourquoi communiquer avec un objet OLE en utilisant le script OLE est simple.

```
http://ordinateur/chemin/monobjet.maméthode?param1=donnée
1&param2=données2
```

N'importe quel langage peut servir à créer des applications OLE, à condition d'être conforme à l'interface de script OLE dont voici les caractéristiques :

■ Les applications doivent pouvoir localiser facilement un moteur de script, exécuter un script, et cela sans en connaître la syntaxe, la grammaire ni le modèle d'exécution.

■ Les événements provoqués par des composants internes de l'application (comme les contrôles OLE) sont bloqués par le moteur de script et peuvent être associés à d'autres scripts.

■ Le moteur de script exécute l'espace de l'application en tant que service, et non le contraire.

■ La servitude du moteur de script devrait être négligeable.

■ Le moteur de script devrait être capable de personnaliser des objets d'application de base. (Brett Morrison, *PPI*

Technology White Paper: OLE, Java, or Both? [1996 Pinnacle Publishing, Inc., 1996] p. 10.)

VB SCRIPT ET ACTIVEX

Le langage VB Script est un sous-ensemble de Visual Basic à compatibilité ascendante qui ajoute des capacités de script dans des pages Web, visionnées avec Internet Explorer ou d'autres explorateurs prenant en charge les mêmes standards. Il s'exécute en HTML sans que l'hôte ait besoin de créer ou de prendre en charge d'autres codes d'intégration, contrairement aux langages comme CGI, qui ont besoin du code d'intégration pour s'exécuter. En termes techniques, il s'agit d'un composant qui est utilisé par un hôte (un navigateur ou une autre application, par exemple) sans recourir à d'autres composants de script.

VB Script est un langage sûr et épuré de toutes les opérations à risque, c'est-à-dire qu'il ne comprend pas de composants de développement de Visual Basic, tels que l'éditeur, le débogueur, le gestionnaire de projets ou le contrôleur de code source. Il peut être utilisé sur n'importe quelle plateforme matérielle en tant que langage d'automatisation de commandes permettant des fonctionnalités de script.

L'exemple classique de VB Script utilise le marqueur <INSERT>, actuellement révisé par le *World Wide Web Consortium* afin de l'inclure dans les spécifications officielles du HTML. <INSERT> vous permet d'incorporer toute sorte d'objets dans un navigateur. Dans l'exemple suivant, nous insérons un contrôle .OCX :

```
<INSERT>
    CLSID = {"ACME OCX control"}
```

```
   OLEcontrol.forecolor = true
   OLEcontrol.animate
   javaapplet.forecolor = olecontrol.forecolor
<\INSERT>
```

Cet exemple montre combien il est facile d'écrire quelques lignes de code VB Script capables de communiquer avec votre programme externe. Le marqueur <INSERT> pourrait apparaître comme le remplaçant du marqueur <IMG>, mais <IMG> reste utile pour la compatibilité descendante, car ses paramètres sont dynamiques au lieu d'être incorporés dans la définition. Par exemple, le code suivant insère un fichier .AVI, si ce format est pris en charge par le navigateur ; mais, dans le cas contraire, il utilise le marqueur <IMG> à compatibilité descendante pour insérer une image compatible dans une page Web :

```
<INSERT DATA=interview.avi
TYPE="application/avi">
<PARAM NAME=LOOP VALUE=INFINITE>
<IMG SRC="still.gif" ALT="Entretien avec un client">
</INSERT>
```

Voici l'exemple d'un marqueur <INSERT> qui charge une applet Java en se référant à une classe Java :

```
<INSERT CODE="BounceItem.class" WIDTH=500 HEIGHT=300>
</INSERT>
```

Vous pouvez également utiliser le marqueur <INSERT> en spécifiant le nom d'une application dans sa section CLASSID. Même si nous avons pris l'habitude de considérer CLASSID comme un entier, ce peut être en fait n'importe quoi. Le navigateur peut ensuite interpréter CLASSID pour localiser le code de la classe en interrogeant le registre OLE ou en le téléchargeant à l'aide d'un nom d'URL :

```
<INSERT
CLASSID="Word.Basic"
CODE="http://ole.acme.com/apps/Word"
WIDTH=400
HEIGHT=75
ALIGN=BASELINE
>
<PARAM NAME=TEXT VALUE="Voici la visionneuse OLE">
</INSERT>
```

Le principal avantage de cette technologie est que le navigateur n'est que la partie frontale de l'application. En d'autres termes, les applications Internet n'ont pas d'opérations particulières à effectuer. Une application OLE bien conçue ne se préoccupe pas du programme avec lequel elle communique.

Lorsque vous écrivez une application qui utilise Internet Explorer (ou tout autre navigateur compatible ActiveX) comme interface utilisateur, vous créez un programme qui peut avoir Visual Basic, Visual C++, Access, ou tout autre outil de développement d'hôte compatible OLE et Visual Basic, comme partie frontale.

LES CONTRÔLES ACTIVEX

Les contrôles suivants supportés par ActiveX sont fournis par Microsoft dans le kit de développement ActiveX SDK. Ceux décrits dans cette section sont en outre compris dans le pack *Internet ActiveX Control*. Ils sont conçus pour vous aider à créer des applications puissantes fondées sur les protocoles Internet actuels.

FTP (*FILE TRANSFER PROTOCOL*) (CLIENT)

Protocole réseau standard très répandu pour le transfert de fichiers sur les réseaux. Le contrôle FTP Client permet aux développeurs d'utiliser les programmes Microsoft comme Access, Visual Basic ou Visual FoxPro pour implémenter facilement FTP dans leurs applications.

LE CONTRÔLE HTML (*HYPERTEXT MARKUP LANGUAGE*) (CLIENT)

Le contrôle HTML permet l'analyse et la présentation de données HTML, ainsi que le défilement de la page sélectionnée.

LE CONTRÔLE HTTP (*HYPERTEXT TRANSPORT PROTOCOL*) (CLIENT)

Le contrôle HTTP implémente le client du protocole HTTP, basé sur les spécifications HTTP.

LE CONTRÔLE NNTP (*NETWORK NEWS TRANSFER*) (CLIENT)

Le contrôle NNTP vous permet de vous connecter à un serveur de données, de télécharger des listes de discussion disponibles et leur description, d'entrer dans un newsgroup, d'obtenir des listes d'articles ou l'ensemble des articles. Ce contrôle implémente le protocole client NNTP élémentaire.

Le contrôle POP (*Post Office Protocol*) (client)

Le contrôle POP donne accès aux serveurs de messagerie Internet en utilisant le protocole POP3. Les développeurs de ces messageries et les intégrateurs système peuvent s'en servir pour la récupération de messages sur un serveur UNIX ou d'autres serveurs supportant le protocole POP3.

Le contrôle SMTP (*Simple Mail Transfer Protocol*) (client)

Le contrôle SMTP fournit un composant réutilisable permettant aux applications l'accès aux serveurs de messagerie SMTP ainsi que l'envoi de courrier.

Le contrôle WinSock TCP (*Transmission Control Protocol*) (client et serveur)

Le contrôle WinSock TCP est analogue au téléphone. Il est basé sur une connexion que l'utilisateur doit établir au préalable.

Le contrôle WinSock UDP (*User Datagram Protocol*) (client et serveur)

Le contrôle WinSock UDP fonctionne sans connexion et est analogue à la radio. L'ordinateur qui envoie les données peut simplement « émettre » sans établir de connexion, et l'ordinateur destinataire n'a pas besoin de répondre.

REMARQUE Les contrôles WinSock TCP et WinSock UDP permettent l'échange bidirectionnel de données.

L'UTILISATION DE SCRIPTS VB POUR EXÉCUTER DES OBJETS ACTIVEX

Cette section traite de contrôles supplémentaires élaborés par Microsoft et ses partenaires pour Windows et Internet Explorer. Ces objets ajoutent du son, de la vidéo et des éléments interactifs à vos pages Web. Certains d'entre eux sont en fait des contrôles d'écriture qui permettent de créer des objets. D'autres sont des contrôles auxquels on peut indiquer des paramètres avant d'afficher une sortie. Par exemple, vous pouvez définir le type, la couleur, les légendes, etc., d'un diagramme. ActiveX réceptionne les paramètres que vous lui passez et utilise .OCX pour créer le graphique demandé.

ACTIVEMOVIE

ActiveMovie Stream est un kit d'outil additionnel fonctionnant avec Internet Explorer. Vous pouvez utiliser des fichiers au format ActiveMovie Stream (.ASF), sur des réseaux à faible bande passante comme Internet. Ces fichiers envoient du son, des images et des URL via Internet en temps réel (flux continu). Il s'agit d'un format ouvert, extensible et indépendant des données, utilisé pour archiver, annoter, indexer et transmettre un contenu multimédia synchronisé. Plus précisément, un fichier .ASF permet de combiner et de stocker des objets-données multiples (par exemple, des objets audio ou vidéo, des images fixes, des événements, des URL, des pages HTML et des programmes) dans un seul flux multi-média synchronisé. Vous pouvez incorporer ces objets encapsulés dans le code HTML pour qu'ils soient affichables et exécutables à partir de n'importe quel serveur HTTP. En outre, ce format permet le rendu progressif et l'empilage d'images pour une reproduction rapide.

L'encapsulation de ActiveMovie Stream permet la synchronisation et le stockage efficaces des moyens de communication et des formats les plus courants comme MPEG, .AVI, .WAV et Apple QuickTime sur une grande variété de serveurs. Vous pouvez transmettre des données .ASF à travers divers protocoles et réseaux, y compris TCP/IP, IPX/SPX, UDP, RTP et ATM, sous quelques réserves. Par exemple, la qualité de la lecture peut être gravement altérée par les limites de la largeur de bande et par des pertes de données sur Internet. Vous pouvez cependant insérer des informations pour la correction d'erreurs dans vos fichiers afin de compenser le *« jitter »* (effet de sautillement) et les éventuelles pertes de données. Comme les fichiers .ASF ne peuvent pas traverser les *firewalls* (protections de réseaux internes d'entreprise), vous vous heurtez à une nouvelle restriction.

ACTIVEMUSIC

Ce contrôle vous offre la possibilité de créer de la musique à l'intérieur et à travers plusieurs pages d'un site Web. Il fournit une interface se situant entre le moteur AudioActive et Internet Explorer. Il gère les transferts de fichiers et le repérage des sauts de page. Il ne peut être appelé qu'à partir de scripts Visual Basic. Ce n'est pas une interface pour les programmes compilés en Visual Basic, C ou C++.

Considérez AudioActive comme un système musical intelligent, capable de traduire la technique d'un musicien en logiciel. Imaginez un compositeur vivant dans un ordinateur à qui vous demandez d'écrire de la musique répondant aux programmes, au fur et à mesure qu'ils s'ouvrent – mais rassurez-vous nous n'avons jamais reclus de pauvre musicien dans un boîtier d'ordinateur exigu, poussiéreux et hostile.

Actuellement, ce contrôle est doté des fonctionnalités suivantes :

- Support continuel du contrôleur.

- Support d'accords polyphoniques.

- Optimisation de DLL 32 bits.

- Implémentation COM de DLL 32 bits.

- Implémentation OCX pour utilisation en ligne.

- Intégration du moteur de synthèse RenderActive.

Pour avoir une idée de ActiveMusic, consultez l'échantillon *Sonic Pizza* qui se trouve dans ActiveX Gallery à l'adresse http://www.microsoft.com.

ACTIVEVRML

ActiveVRML *(Active Virtual Reality Modeling Language)* est un nouveau contrôle qui vous permet de créer des animations interactives, de façon simple et intuitive. Par exemple, ActiveVRML vous libère de la programmation complexe d'événements, du multithreading, de l'échantillonnage et de la génération de frames. Il prend en charge les types de média suivants :

Types de Média	Description
Géométrie 3D	Prend en charge l'importation, l'agrégation et la transformation. Supporte aussi le mappage de textures d'images interactives animées, la manipulation des couleurs et de l'opacité, l'incorporation de sons et de lumières.
Images	Fournit des images à résolution et domaines infinis. Prend en charge l'importation, la transformation en 2D, la manipulation de l'opacité et la superposition d'images. Supporte également le rendu d'images à partir d'un modèle 3D ou de texte mis en page (format .RTF). Les rendus d'images géométriques ont aussi une résolution et un domaine infinis, car la discontinuité et le recadrage sont à la charge de la configuration de l'affichage, toujours implicite.
Sons	Fournit un support rudimentaire pour l'importation, la manipulation et le mixage de sons. Fournit également le rendu acoustique de modèles en 3D (écouter et regarder en même temps). Conceptuellement, ActiveVRML prend en charge des taux et une précision d'échantillonnage infinis.
Montages	Supporte les images composites en $2^{1/2}$ D des cellules multicouches d'une animation.
Tranformations	Supporte conversions, échelle, rotation, découpage, identité.
2D et 3D	Composition, inversion et construction basée sur matrice. Peut être étendu à des déformations non linéaires.
Couleurs	Prend en charge les constantes variées, la construction et la déconstruction en espaces couleur RGB et HSL.
Texte	Prend en charge le texte rudimentaire, y compris le texte mis en page (couleurs, familles de polices, et gras et italique en option).
Divers	Supporte chiffres, caractères et chaînes.

ActiveVRML prend en charge tant de types de médias différents que vous pouvez utiliser presque tout le matériel disponible sur Internet comme point de départ de développement
d'animations interactives. Ensuite, entrez les définitions, les
caractéristiques de mappage de texture, les valeurs d'échelle
et de palette nécessaires, les comportements, les valeurs son
requises, les comportements réactifs, les événements concur-
rents, les répétitions, les types d'événements, etc. Par exemple, voici le code pour importer un élément existant vers une
image earth.gif :

```
sphere = first(import("sphere.wrl"));
earthMap = first (import("earth-map.gif')
```

Pour appliquer une texture d'écorce terrestre à votre globe,
saisissez le code suivant :

```
unitEarth = texture(earthmap, sphere);
```

Comme vous pouvez le voir dans les exemples ci-dessus, les
conventions de code pour ActiveVRML sont simples. La dénomination et la composition sont des processus complètement indépendants, et l'auteur peut alors choisir le nombre
et l'emplacement des noms qu'il veut introduire, selon son
style personnel et ses projets de réutilisation.

Pour incorporer le contrôle d'affichage ActiveVRML dans une
page HTML, vous devez utiliser le marqueur <OBJECT> et
connaître la valeur GUID de la CLASSID du contrôleur d'affichage. L'exemple suivant illustre comment procéder. Notez
que vous devez insérer la même CLASSID que celle de l'exemple.

```
<OBJECT CLASSID="{389C2960-3640-11CF-9294-00AA00B8A733}"
WIDTH=50 HEIGHT=50></OBJECT>
```

Propriétés

Lorsque vous ajoutez le contrôle d'affichage à un formulaire, vous devez préciser les propriétés du contrôle indiquant quel script ActiveVRML, ou fichier .AVR, doit être utilisé et quelle expression doit être affichée. Par exemple, supposez que http://www.MyStore.com/Merchandise/shelf.avr contienne le script ActiveVRML suivant :

```
myGeo, ptMin, ptMax = import("cube.wrl");
model = renderedImage(myGeo, defaultCamera);
```

Le contrôle ActiveVRML suppporte les propriétés DataPath et Expression. (Ici, DataPath="http://www.MyStore.com/Merchandise/shelf.avr" et Expression="model"). Vous devez préciser ces deux propriétés pour que le contrôle ActiveVRML puisse procéder à un affichage.

Lorsque vous incorporez le contrôle d'affichage dans un formulaire Visual Basic, vous pouvez en utiliser la fenêtre des propriétés pour définir les propriétés de l'afficheur, ou bien cliquer avec le bouton droit sur le contrôle d'affichage et sélectionner « ActiveVRML Viewer Properties » Dans ce cas, une boîte de dialogue affichera la feuille des propriétés du contrôle d'affichage.

Propriété DataPath

Indique l'emplacement de l'URL du fichier ActiveVRML à utiliser. C'est une valeur chaîne. Exemples :

```
http://www.MyStore.com/Merchandise/shelf.avr
c:\merchandise\shelf.avr
\\myserver\merchandise\shelf.avr
```

Propriété Expression

Indique quelle expression exposée par le script ActiveVRML doit être affichée. C'est une valeur chaîne.

Propriété Environment

Cette propriété définit un espace nom pour le modèle. C'est une valeur chaîne qui peut rester vide.

Propriété Border

Cette propriété booléenne indique si le contrôle d'affichage doit afficher une bordure interne. La valeur par défaut est True (Vrai). Si la valeur est False (Faux), il n'y aura aucune bordure.

Propriété Frozen

Cette propriété indique si la visionneuse doit actualiser l'affichage à la suite de modifications des propriétés DataPath, Expression ou Environment. C'est une propriété booléenne dont la valeur par défaut est False. Elle est utile pour modifier les propriétés DataPath, Expression ou Environment pendant l'affichage d'un script ActiveVRML. Étant donné que la visionneuse actualise par défaut l'affichage lorsque l'une de ces propriétés est modifiée, vous pouvez empêcher tout affichage en définissant la propriété Frozen à la valeur True. Lorsque toutes les propriétés ont été définies, attribuer la valeur False à la propriété Frozen contraint le navigateur à afficher les nouveaux éléments.

Paramétrage des propriétés avec Internet Explorer

Le contrôle ActiveVRML étant incorporé dans Internet Explorer, vous devez utiliser le marqueur <PARAM> pour paramétrer les propriétés de contrôle. Voici un exemple de définition de quelques propriétés de contrôle :

```
<OBJECT CLASSID="{389C2960-3640-11CF-9294-00AA00B8A733}"
WIDTH=50 HEIGHT=50>
<PARAM NAME="DataPath"
VALUE=»http://www.ASite.com/avrml/myown.avr">
<PARAM NAME="Expression" VALUE="myImage">
<PARAM NAME="BORDER" VALUE=False>
</OBJECT>
```

LE CONTRÔLE *ANIMATED BUTTON* (BOUTON ANIMÉ)

Le contrôle Animated button affiche diverses séquences de trames d'un fichier .AVI selon l'état du bouton, et utilise le contrôle Windows Animation Common Control. Le fichier .AVI doit être compressé en RLE ou en 8 bits. RLE *(run-length encoding)* est un standard de compression de bitmaps, utilisé par de nombreux outils graphiques sous Microsoft Windows, qui consomme beaucoup moins de mémoire que les bitmaps normaux et sans délai sensible d'affichage. La compression 8 bits est une autre forme de compression. Assurez-vous que la première trame de chaque séquence est une trame clé *(key frame*, restriction basée sur le contrôle Windows Animation Common Control). La palette du fichier doit correspondre à celle utilisée par Internet Explorer. Aujourd'hui, cela signifie que la palettc de demi-tons de Windows est rendue par l'API CreateHalftonePalette. Dans l'avenir, un plus grand nombre de palettes sera pris en charge.

Le contrôle Animated Button peut être dans l'un des états suivants :

■ DOWN : lorsque le contrôle est cliqué avec le bouton gauche.

■ FOCUS : lorsque le contrôle reçoit un focus. L'état FOCUS donne la possibilité de recevoir les entrées de l'utilisateur, à travers le clavier ou la souris. Lorsqu'un objet en est doté, il est donc à même de recevoir les entrées de l'utilisateur.

■ MOUSEOVER : lorsque le pointeur de la souris passe sur le contrôle.

■ DEFAULT : lorsque ni le curseur ni le focus ne sont activés pour le contrôle.

Tous ces états s'excluent mutuellement. Mais vous verrez parfois que le pointeur de la souris peut glisser sur le contrôle alors même qu'il reçoit un focus. Il existe cependant une hiérarchie. L'état DOWN prend le pas sur tous les autres, alors que DEFAULT vient en dernier. MOUSEOVER a la priorité sur FOCUS. Donc, si un contrôle se trouve dans l'état FOCUS et si la souris passe dessus, l'état devient MOUSEOVER.

Les propriétés suivantes sont associées au contrôle Animated Button :

URL

Adresse URL du fichier AVI à utiliser.

DefaultFrStart

Trame de début pour l'état DEFAULT.

DefaultFrEnd

Trame de fin pour l'état DEFAULT.

MouseoverFrStart

Trame de début pour l'état MOUSEOVER.

MouseoverFrEnd

Trame de fin pour l'état MOUSEOVER.

FocusFrStart

Trame de début pour l'état FOCUS.

FocusFrEnd

Trame de fin pour l'état FOCUS.

DownFrStart

Trame de début pour l'état DOWN.

DownFrEnd

Trame de fin pour l'état DOWN.

La méthode suivante est associée au contrôle Animated Button :

AboutBox

Affichage de la boîte **À propos de ...**

Les événements suivants sont associés au contrôle Animated Button :

ButtonEvent_Click

Déclenchement par un clic sur le bouton.

ButtonEvent_DblClick

Déclenchement par un double clic.

ButtonEvent_Focus

Déclenchement par le focus.

ButtonEvent_Enter

Déclenchement lorsque le pointeur de la souris pénètre dans la zone du bouton.

ButtonEvent_Leave

Déclenchement lorsque le pointeur de la souris quitte la zone du bouton.

Le code HTML pour insérer le contrôle Animated Button dans cette page est le suivant :

```
<OBJECT
 CODEBASE="http://ohserv/ie/download/activex/
 ieanbtn.ocx#Version=4.70.0.1085"
    ID=anbtn
    classid="clsid:0482B100-739C-11CF-A3A9-
    00A0C9034920"
    width=300
    height=200
    align=CENTER
    hspace=0
    vspace=0
>
<PARAM NAME="defaultfrstart" value="0">
<PARAM NAME="defaultfrend" value="7">
<PARAM NAME="mouseoverfrstart" value="8">
<PARAM NAME="mouseoverfrend" value="15">
<PARAM NAME="focusfrstart" value="16">
<PARAM NAME="focusfrend" value="23">
<PARAM NAME="downfrstart" value="24">
```

```
<PARAM NAME="downfrend" value="34">
<PARAM NAME="URL" value="http://ohserv/win95.avi">
</OBJEC>
```

LE CONTRÔLE *CHART* (DIAGRAMME)

Le contrôle Chart (IECHART) vous permet de dessiner et définir des types de diagrammes variés :

■ Diagramme en secteurs (camembert)

■ Diagramme à points

■ Diagramme linéaire

■ Diagramme de zone

■ Diagramme à barres

■ Diagramme à colonnes

■ Diagramme gradué

Le contrôle Chart prend en charge seulement une méthode, AboutBox, et aucun événement. Pour insérer un contrôle Chart dans une page Web, suivez les exemples évoqués plus loin dans cette section. Définissez les paramètres pour les éléments du diagramme comme la couleur, la grille, la légende, le renvoi à l'objet, et regardez comment ActiveX le crée. Vous pouvez utiliser VB Script pour ajouter des valeurs temps à votre diagramme.

Le code suivant insère un diagramme dans une page HTML. Il s'agit dans les deux cas d'objets ActiveX. Notez la commande CODEBASE qui indique l'emplacement de l'objet contrôle (fichier .OCX).

```
<OBJECT
        CLASSID="{FC25B780-75BE-11CF-8B01-
        444553540000}"
```

```
        CODEBASE="http://www.microsoft.com/ie/
        download/activex/iegrad.ocx#Version=4, 70, 0,
        1082"
        IDid=chart1
        WIDTH=300
        HEIGHT=150
        ALIGN=CENTER
        HSPACE=0
        VSPACE=0
>
<PARAM NAME="_extentX" VALUE="300">
<PARAM NAME="_extentY" VALUE="150">
<PARAM NAME="ChartStyle" VALUE="0">
<PARAM NAME="ChartType" VALUE="0">
<PARAM NAME="hgridStyle" VALUE="0">
<PARAM NAME="vgridStyle" VALUE="0">
<PARAM NAME="colorscheme" VALUE="1">
<PARAM NAME="rows" VALUE="4">
<PARAM NAME="columns" VALUE="4">
<PARAM NAME="data[0][0]" VALUE="30">
<PARAM NAME="data[0][1]" VALUE="60">
<PARAM NAME="data[0][2]" VALUE="20">
<PARAM NAME="data[0][3]" VALUE="40">
<PARAM NAME="data[1][0]" VALUE="31">
<PARAM NAME="data[1][1]" VALUE="61">
<PARAM NAME="data[1][2]" VALUE="21">
<PARAM NAME="data[1][3]" VALUE="41">
<PARAM NAME="data[2][0]" VALUE="32">
<PARAM NAME="data[2][1]" VALUE="62">
<PARAM NAME="data[2][2]" VALUE="22">
<PARAM NAME="data[2][3]" VALUE="42">
<PARAM NAME="data[3][0]" VALUE="33">
<PARAM NAME="data[3][1]" VALUE="63">
```

```
    <PARAM NAME="data[3][2]" VALUE="23">
    <PARAM NAME="data[3][3]" VALUE="43">
    </OBJECT>
<OBJECT id=timer CLASSID="{59CCB4A0-727D-11CF-AC36-
00AA00A47DD2}" >
<PARAM NAME="TimeOut" VALUE="750">
<PARAM NAME="enable" VALUE="1">
</OBJECT>
<SCRIPT LANGUAGE="VBS">
sub timer_time
    i = chart1.chartstyle
    chart1.chartstyle = chart1.chartstyle + 1
    if i = chart1.chartstyle then
            chart1.chartstyle = 0
            i = chart1.charttype
            chart1.charttype = chart1.charttype + 1
            if i = chart1.charttype then
                    chart1.charttype = 0
                    chart1.chartstyle = 0
            end if
    end if
end sub
</SCRIPT>
```

Les lignes en gras montrent comment VB Script est incorporé dans le code HTML. Le script exécute, ici, une sous-routine appelée timer_time.

COMIC CHAT

Comic Chat développé par Microsoft est un nouveau type de programme de conversation graphique, genre qui a connu, ces dernières années, son heure de gloire pour les services en ligne et pour Internet. Toutefois l'approche de Comic Chat est différente, car sa représentation visuelle d'une conversation se fonde sur les conventions de la bande dessinée. On voit une bande dessinée s'ouvrir et représenter les différents personnages en train de converser. Leurs dialogues (en l'occurrence, le texte que les utilisateurs saisissent) s'affichent dans des bulles. Pour que l'utilisateur puisse se concentrer sur la conversation sans se préoccuper de son personnage, Comic Chat automatise un certain nombre de processus. Il choisit automatiquement des gestes et des expressions en rapport avec le texte. Il décide qui va apparaître dans chaque dessin et où. Nul besoin de tourner en rond à la recherche de participants. Si quelqu'un vous aborde, vous trouverez sans problème votre interlocuteur.

Comic Chat s'exécute sous Windows 95. Il utilise le protocole IRC, protocole de conversation le plus répandu sur Internet, et tourne sur des serveurs IRC standards.

LE CONTRÔLE *GRADIENT* (DÉGRADÉ)

Ce contrôle applique un dégradé de couleurs dans une zone spécifiée, en passant graduellement d'une couleur donnée à une autre. Vous pouvez choisir deux couleurs différentes ou toute une palette de nuances d'une même couleur. Vous pouvez également choisir la direction, ainsi que les coordonnées de début et de fin du dégradé.

Propriétés

Le contrôle Gradient a les propriétés suivantes :

StartColor

Définition de la couleur initiale du dégradé.

EndColor

Définition de la couleur finale du dégradé.

Direction

Définition de la direction que prend la couleur. Cette propriété prend l'une des valeurs suivantes :

Valeur	Direction
0	Dégradé horizontal.
1	Dégradé vertical.
2	Dégradé convergeant au centre.
3	Dégradé vers les angles.
4	Dégradé diagonal vers le bas.
5	Dégradé diagonal vers le haut.
6	Le dégradé s'agence autour du point de départ défini dans la propriété StartPoint.
7	Le dégradé s'agence autour de la ligne reliant les propriétés StartPoint et EndPoint.

StartPoint

Définition des coordonnées x, y du point de départ.

EndPoint

Définition des coordonnées x, y du point de fin.

Méthodes

Le contrôle Gradient a la méthode suivante :

AboutBox

Affichage de la boîte de dialogue **À propos de Gradient.**

Événements

Le contrôle Gradient n'a aucun événement.

Voici le code pour insérer un dégradé de couleurs dans une zone carrée :

```
<CENTER>
<FONT SIZE=5><B>Contrôle Gradient</B></FONT>
</CENTER>

<BR>
Ce contrôle crée un dégradé de couleurs dans la zone en
effectuant des transitions graduelles d'une couleur
donnée vers une autre couleur donnée.
<HR>
Voici un objet Gradient.
<BR>
<OBJECT
ID=iegrad1
TYPE="application/x-oleobject"
CLASSID="clsid:017C99A0-8637-11CF-A3A9-00A0C9034920"
CODEBASE="http://www.microsoft.com/ie/download/activex/ie
grad.ocx#Version=4,70,0,1082"
WIDTH=50
HEIGHT=50
>
<PARAM NAME="StartColor" VALUE="#0000ff">
<PARAM NAME="EndColor" VALUE="#000000">
<PARAM NAME="Direction" VALUE = "4">
</OBJECT>
```

LES CONTRÔLES INTRINSÈQUES

Internet Explorer inclut plusieurs contrôles intrinsèques ou communs. Des contrôles, tels que les boutons, cases à cocher, boîtes combinées et mots de passe, sont compris dans le kit ActiveX SDK et installés avec Internet Explorer. Ces contrôles se trouvent dans le fichier HTMLCTL.OCX, copié sur le disque dur et enregistré pendant l'installation. Utilisez les marqueurs de formulaires et valeurs HTML standards pour les implémenter.

Les contrôles suivants se trouvent dans HTMLCTL.OCX :

CONTRÔLE	MARQUEUR
ButtonCtl Object	INPUT TYPE=BUTTON
CheckboxCtl Object	INPUT TYPE=CHECKBOX
ComboCtl Object	SELECT MULTIPLE
ListCtl Object	SELECT
PasswordCtl Object	INPUT TYPE=PASSWORD
RadioCtl Object	INPUT TYPE=RADIO
TextAreaCtl Object	TEXTAREA
TextCtl Object	INPUT NAME

LE CONTRÔLE *LABEL* (ÉTIQUETTE)

Le contrôle Label affiche du texte sous un angle donné et reconnaît l'événement Clic.

Voici le code HTML pour insérer le contrôle Label dans une page Web à 270 degrés :

```
<OBJECT
        CLASSID="clsid:{99B42120-6EC7-11CF-A6C7-
        00AA00A47DD2}"
```

```
        ID=sprlbl1
        WIDTH=150
        HEIGHT=500
        VSPACE=0
        ALIGN=left
>
<PARAM NAME="_extentX" VALUE="14">
<PARAM NAME="_extentY" VALUE="14">
<PARAM NAME="angle" VALUE="270">
<PARAM NAME="alignment" VALUE="2">
<PARAM NAME="BackStyle" VALUE="0">
<PARAM NAME="caption" VALUE="Properties">
<PARAM NAME="FontName" VALUE="Times New Roman">
<PARAM NAME="FontSize" VALUE="130">
</OBJECT>
```

LE CONTRÔLE *NEW ITEM* (NOUVEL ÉLÉMENT)

Le contrôle New Item sert à mettre en valeur les éléments nouveaux d'une page Web. Il affiche l'image choisie jusqu'à une date spécifiée. Après cette date, le contrôle ou l'élément cesse d'être affiché. Voici le code HTML pour insérer le contrôle New Item dans une page Web :

```
<OBJECT
        ID=ienewb
        TYPE="application/x-oleobject"
        CLASSID="clsid:{642B65C0-7374-11CF-A3A9-
        00A0C9034920}"
        WIDTH=20
        HEIGHT=10
>
<PARAM NAME="date" VALUE="5/1/1996">
```

```
<PARAM NAME="image" VALUE="/ie/images/new.gif">
</OBJECT>
```

Le paramètre « date » spécifie la date à partir de laquelle vous ne voulez plus afficher l'élément. Le paramètre image définit l'image que vous voulez afficher.

LE CONTRÔLE *POPUP MENU* (MENU DÉROULANT)

Le contrôle Popup Menu affiche un menu déroulant à chaque fois qu'il est activé. Ce menu est appelé par la méthode PopUp.

Marqueur <PARAM>

Le contrôle Popup Menu utilise le marqueur <PARAM> avec l'attribut suivant.

Menuitem[]

Création des éléments de menu à afficher.

Méthodes

Le contrôle Popup Menu a les méthodes suivantes :

AboutBox

Affichage des informations sur le menu.

PopUp([in] int x, [in] int y)

Affichage du menu à l'écran. Si aucune valeur n'est précisée, la position de la souris détermine l'emplacement du menu déroulant.

Clear()

Suppression de tous les éléments du menu.

RemoveItem([in] int index)

Suppression de l'élément spécifié. Si l'élément n'existe pas, rien ne se produit.

AddItem([in] String, [in/optional] int index)

Ajout des éléments passés au menu à l'index spécifié. Si aucun index n'est indiqué, l'élément est annexé à la fin.

Événements

Le contrôle Popup Menu est associé à l'événement suivant.

Click(int item)

L'élément cliqué est un des paramètres passés.

Code HTML

Voici le code HTML pour insérer le contrôle Popup Menu dans une page :

```
<OBJECT

CODEBASE="http://www.microsoft.com/ie/download/activex
/iemenu.ocx#Version=4,70,0,1082"
    ID=iemenu1
    CLASSID="clsid:0482B100-739C-11CF-A3A9-
    00A0C9034920"
    WIDTH=1
    HEIGHT=1
    ALIGN=left
    HSPACE=0
```

```
    VSPACE=0
  >
  <PARAM NAME="Menuitem[0]" VALUE="Premier élément">
  <PARAM NAME="Menuitem[1]" VALUE="Deuxième élément">
  <PARAM NAME="Menuitem[2]" VALUE="Troisième élément">
  <PARAM NAME="Menuitem[3]" VALUE="Cela n'est pas le
  cinquième élément">
  <PARAM NAME="Menuitem[4]" VALUE="Cinquième élément">
  </OBJECT>
<SCRIPT LANGUAGE="VBScript">
sub Iepop1_Click(ByVal x)
    Alert "Menu click on item:  "&x
    Randomize
    call Iepop1.RemoveItem(x)
    call Iepop1.AddItem("Added Me", x)
    call Iepop1.PopUp(Rnd*640,Rnd*480)
end sub
sub timer1_timer
    Alert "Got timer"
    timer1.Enabled = False
    call Iepop1.PopUp()
end sub
</SCRIPT>
```

LE CONTRÔLE *PRELOADER* (PRÉCHARGEUR)

Preloader est un contrôle invisible car l'utilisateur n'a rien à
faire tandis que le code contrôle se charge derrière une image
déjà affichée. Ce contrôle vous permet de spécifier une image
qui ira dans le cache de l'Explorer, quand l'utilisateur l'aura
décidé. Télécharger vers le cache prend moins de temps que
vers le disque dur, particulièrement avec les grandes images.

Votre page Web aura donc l'air d'être opérationnelle plus rapidement.

Voici le code pour précharger un objet avec Preloader.

```
<OBJECT
            ID=movie
            CLASSID="clsid:16E349E0-702C-11CF-A3A9-
            00A0C9034920"
            CODEBASE="http://ohserv/ie/download/activex/
            ieprld.ocx"
            WIDTH=1
            HEIGHT=1
    >
    <PARAM NAME="URL" VALUE="http://ohserv/win95.avi">
    <PARAM NAME="enable" VALUE="1">
</OBJECT>
```

LE CONTRÔLE *LABEL*

Le contrôle Label sert à afficher du texte sous un certain angle et le long de lignes que vous définissez. Il prend en charge les événements CLICK, CHANGE, MOUSEDOWN, MOUSEOVER et MOUSEUP. Ce contrôle fonctionne de la même façon que WordArt.

Caption

Spécifie le texte à afficher.

Angle

Spécifie en degrés la rotation dans le sens trigonométrique du texte.

Alignment

Spécifie l'alignement du texte dans le contrôle. L'alignement prend les valeurs suivantes.

0 : aligné à gauche.

1 : aligné à droite.

2 : centré.

3 : aligné en haut.

4 : aligné en bas.

BackStyle

Contrôle l'arrière-plan. BackStyle accepte les valeurs suivantes.

0 : transparent

1 : opaque

FontName

Nom d'une police TrueType.

FontSize

Taille de la police.

FontItalic

Indicateur de mise en italique.

FontBold

Indicateur de mise en gras.

FontUnderline

Indicateur de soulignement du texte.

FontStrikeout

Indicateur de texte barré.

Mode

Spécifie le mode dans lequel le texte doit être rendu. Mode prend les valeurs suivantes.

0 : mode normal (identique au contrôle Label).

1 : mode texte normal avec rotation.

2 : cette valeur applique les lignes spécifiées par l'utilisateur lors du rendu, sans rotation.

3 : cette valeur applique les lignes spécifiées par l'utilisateur lors du rendu, avec rotation.

Pour spécifier les deux lignes directrices de l'affichage du texte, utilisez les marqueurs <PARAM>, comme TopPoints TopXY, BotPoints et BotXY. Vous pouvez utiliser cette fonction dans VB Script qui reconnaît TopPoints, TopIndex, TopXY, BotPoints, BotIndex et BotXY. Vous pouvez également utiliser une feuille de propriétés (fonction OLE activée lorsqu'une fenêtre Propriétés en Visual Basic est trouvée) avec ce contrôle.

Code HTML

Le code HTML suivant insère le contrôle Label (IELABEL.OCX) dans vos pages Web avec un rendu vertical de 270 degrés.

```
<OBJECT
    CLASSID="clsid:99B42120-6EC7-11CF-A6C7-00AA00A47DD2"
```

```
CODEBASE="http://ohserv/ie/download/activex/
ielabel.ocx#version=4"
        ID=sprlbl1
        WIDTH=150
        HEIGHT=150
        VSPACE=0
        ALIGN=LEFT
>
<PARAM NAME="Angle" VALUE="270">
<PARAM NAME="Alignment" VALUE="2">
<PARAM NAME="BackStyle" VALUE="0">
<PARAM NAME="Caption" VALUE="Properties">
<PARAM NAME="FontName" VALUE="Times New Roman">
<PARAM NAME="FontSize" VALUE="60">
</OBJECT>
```

LE CONTRÔLE *TIMER* (HORLOGE)

Le contrôle Timer provoque des événements périodiquement, c'est un contrôle *run-time* invisible.

Le code HTML ci-après insère le contrôle Timer (IETI-MER.OCX) dans une page Web : lorsque vous cliquez sur un bouton, vous alternez entre les états Activé et Désactivé. Lorsqu'il est activé, vous pouvez utiliser le contrôle Timer pour reporter l'exécution d'une commande ou pour l'exécuter automatiquement, ou encore faire tourner une application à intervalles donnés.

```
<OBJECT
    CLASSID="clsid:59CCB4A0-727D-11CF-AC36-00AA00A47DD2"
CODEBASE="http://ohserv/ie/download/activex/ietimer.ocx#
version=4,70,0,1085"
    ID=timer1
```

```
    ALIGN=MIDDLE
>
<PARAM NAME="Interval" VALUE="200">
<PARAM NAME="Enabled" VALUE="True">
</OBJECT>
<OBJECT
    CLASSID="clsid:59CCB4A0-727D-11CF-AC36-00AA00A47DD2"

CODEBASE="http://ohserv/ie/download/activex/ietimer.ocx#
version=4,70,0,1085"
    ID=timer2
    ALIGN=MIDDLE
>
<PARAM NAME="Interval" VALUE="1000">
<PARAM NAME="Enabled" VALUE="True">
</OBJECT>

<SCRIPT LANGUAGE="VBSCRIPT">
Sub BtnToggle_ONCLICK
    Timer1.Enabled = Not Timer1.Enabled
    Timer2.Enabled = Not Timer2.Enabled
End Sub

sub timer1_timer
    label.Angle = (label.Angle + 5) mod 360
end sub
sub timer2_timer
    cool.forecolor = rnd() * 16777216
end sub
</SCRIPT>
```

Exemples de ActiveX et scripts VB

Vous trouverez dans la section suivante des conseils relatifs à l'utilisation de scripts VB avec des composants ActiveX. Vous y trouverez également des exemples opérationnels de code VB Script dans son implémentation actuelle. Ils concernent deux applications de démonstration d'ActiveX de Microsoft : «Volcano Coffee Company » et « Sonic Pizza ». Ils ont été conditionnés avec le code du kit ActiveX SDK ; les dernières versions peuvent être téléchargées sur MSN ou à l'adresse http://www.microsoft.com. Mais avant d'aborder ces exemples, examinons quelques erreurs fréquentes commises par les développeurs utilisant cette nouvelle technique.

Erreurs fréquentes

VB Script n'est pas capable, malgré tout ce qu'on a pu en dire, d'effectuer des E/S (entrées/sorties) de fichiers ou d'accéder directement au matériel. Il s'exécute en tant que partie intégrante d'un programme de navigation. Dans sa version actuelle, par souci de sécurité, tout code susceptible d'endommager l'ordinateur d'un utilisateur a été désactivé. Lorsque la sécurité sur Internet ne sera plus un problème majeur, ces mesures n'auront probablement plus lieu d'être.

Nombre de développeurs ont du mal à comprendre que les objets ne sont pas de simples variables. Avec toutes les versions de VB, y compris VB Script, vous devez utiliser des opérateurs spéciaux pour manipuler des objets. Le code suivant affichera une erreur si vous l'exécutez :

```
<SCRIPT LANGUAGE="VBScript">
Sub Button1_ONCLICK
    if x = empty then
```

```
      msgbox "x is empty"
   end if
   if addrbook = empty then
     msgbox "no addrbook"
   end if
  End Sub
Sub Button2_ONCLICK
   if x = empty then
     msgbox "x is empty"
   end if
   if addrselector = empty then
     msgbox "no addrselector"
   end if
  End Sub
</SCRIPT>
```

Essayez maintenant l'opérateur Is et pour effectuer une assignation, utilisez Set, comme dans l'exemple suivant :

```
Dim X
  Set X = SomeOtherObj
  If X Is Nothing Then
        ' The assignment didn't work
  Else
        X.method
  End If
```

Si X est un objet, utilisez une ligne de code comme celle-ci :

```
 If X = empty Then
```

ce qui revient à dire :

```
 If X.Defaultproperty = 0 Then
```

Car « empty » n'a aucune signification (Visual Basic l'interprète comme une variable que vous venez de créer). Si

l'objet en question n'a pas de propriété par défaut, une erreur signalera que l'objet ne prend pas en charge cette propriété ou cette méthode.

L'ÉCRITURE DE CODE AVEC ACTIVEX

Passons maintenant à quelques échantillons de codes. La section suivante utilise le programme de démonstration « Volcano Coffee Company » pour illustrer la combinaison de HTML, VB Script et des objets ActiveX dans une page Web fonctionnelle servant de catalogue et de système de vente en ligne.

La page « Volcano Coffee Company » est composée de frames (figure 13-1). Chacune a été écrite dans un fichier HTML séparé ; ces fichiers sont reliés entre eux par un fichier HTML maître. Le code suivant provient du fichier maître (VOL-CANO3.HTM). Il décrit chaque frame, les nomme « *lefty* » et « *righty* », et encode les sources des autres fichiers frames afin de les exécuter depuis le programme principal. En outre, il charge une source dynamique, qui tourne en boucle infinie.

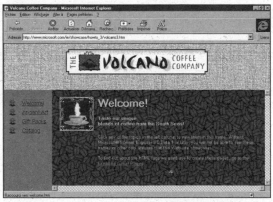

Figure 13-1 L'écran de bienvenue de « Volcano Coffee Company ».

Ce code affiche la tasse de café dans le coin supérieur gauche de l'écran de bienvenue et la fait tourner indéfiniment. Notez que le code qui indique la boucle sonore n'est pas utilisé immédiatement, mais seulement à partir du moment où la frame Welcome (righty) est effectivement créée.

Si vous avez accès à Internet, vous trouverez la toute dernière version de cette démonstration sur le site suivant : http://www.microsoft.com/ie/TeckNet/exchange/tools/AppFarm/Forms/volcano.asp.

```
<HEAD>
<TITLE> Volcano Coffee Company</TITLE>
</HEAD>
<FRAMESET ROWS="137,65%" frameborder=0 framespacing=0>
    <FRAME SRC="/ie/showcase/howto3/masthead.htm"
    SCROLLING="no" NORESIZE>
    <FRAMESET COLS="145,*">
    <FRAME name="lefty"
SRC="/ie/showcase/howto_3/contents.htm"
SCROLLING="no" NORESIZE SCROLL=NO>
        <FRAME NAME="righty"
SRC="/ie/showcase/howto_3/welcome.htm"
SCROLLING="yes" NORESIZE>
    </FRAMESET>
</FRAMESET>

<NOFRAMES>

<BODY TOPMARGINTopMargin="0"
BACKGROUND="/ie/images/canvas2.gif" BGPROPERTIES=FIXED
LINK="#000000" VLINK="#000000">
<BGSOUND SRC="/ie/audio/drmshort.wav" loop=3 >
<CENTER>
```

```
<TABLE BORDER=0 CELLSPACING=0 CELLPADDING=0>
<TR VALIGN="TOP">
<TD><IMG SRC="/ie/images/masthead.gif" HSPACE=5 Alt="The
Volcano Coffee Company" WIDTH=424 HEIGHT=75>
</TD>
</TR>
</TABLE>
<P>
<P>
<CENTER>
<TABLE BORDER=1 BORDERCOLORBordercolor=black
BGCOLOR=#FFFCC WIDTH=90%  CELLPADING=3 CELLSPADDING=3>

<TR BGCOLOR="#F3D2A6"#D36D32 ALIGN=LEFT VALIGN=TOP>
<TD ROWSPAN=2><IMG DYNSRC="/ie/AVI/cup.avi"
SRC="/ie/avi/cupalt.gif" HSPACE=2  LOOP=INFINITE
WIDTH=100
HEIGHT=100 ALIGN=LEFT></TD>
<TD><FONT FACE="HELV"helv SIZE=6
COLOR="#F3D2A6"><B>Welcome!</B></FONT>
</TD>
</TR>
<TR BGCOLOR="#F3D2A6"#D36D32>
<TD VALIGN=TOP><FONT FACE="HELV" Size=3
COLOR=»#F3D2A6"><B>Taste our unique</B>
<BR>
blends of coffee from the South Seas!</FONT>
</TD>
</TR>

<TR BGCOLOR="#F3D2A6#D36D32">
<TD COLSPAN=2><IMG SRC="/ie/images/volbttn.gif"
ALIGN=MIDDLE WIDTH=24 HEIGHT=24 HSPACE=6><A
```

```
HREF="/ie/showcase/howto_3/welcome.htm"><fONT FACE=helv
SIZE=3>Welcome</FONT></A>
<BR>
</TD>
</TR>


<TR BGCOLOR="#F3D2A6"#D36D32>
<TD COLSPAN=2><IMG SRC="/ie/images/volbttn.gif"
ALIGN=MIDDLE WIDTH=24 HEIGHT=24 HSPACE=6>
<A HREF="/ie/showcase/howto_3/ancient.htm"><FfONT
FACE="HELV" SIZE=3>Ancient
Art</FONT></A>
<BR>
</TD>
</TR>


<TR BGCOLOR="#F3D2A6"#D36D32>
<TD COLSPAN=2><IMG SRC="/ie/images/volbttn.gif"
ALIGN=MIDDLE WIDTH=24 HEIGHT=24 HSPACE=6>
<A HREF="/ie/showcase/howto_3/catalog.htm"><fONT
FACE=helv SIZE=3>Catalog</FONT></A>
<BR>
</TD>
</TR>
<TR>
<TD COLSPAN=2><FONT FACE="HELV" Size=2
Color="#black">Because you are viewing this page in
Internet Explorer 2.0, you cannot see how the browser
window is divided into frames or see other cool features
of Microsoft Internet Explorer 3.0. You can:
<BR>
<P>
<IMG SRC="/ie/images/volbttn.gif" ALIGN=MIDDLE WIDTH=24
```

```
HEIGHT=24 HSPACE=6>View the showcase page for <A
HREF="/ie/showcase/howto/iedemo.htm">Microsoft Internet
Explorer 2.0</A>
<BR>
<P>
<IMG SRC="/ie/images/volbttn.gif" ALIGN=MIDDLE WIDTH=24
HEIGHT=24 HSPACE=6>View the demo that explains the <A
HREF="/ie/showcase/howto_3/pdcdemo.htm">Microsoft
Internet Explorer 3.0 showcase pages.</A>
<BR>
<P>
<IMG SRC="/ie/images/volbttn.gif" ALIGN=MIDDLE WIDTH=24
HEIGHT=24 HSPACE=6>Download a beta version of <A
HREF="/intdev/sdk/"><B>Microsoft Internet Explorer 3.0.
including the Microsoft ActiveX(tm) Developers
Kit.</B></A></FONT>
</TD>
</TR>
</TABLE>
</CENTER>
</CENTER>
</BODY>
</NOFRAMES>
</HTML>
```

L'encadré de tête (*masthead*) est appelé par un code supplémentaire. Le code suivant montre comment il a été placé
dans l'écran de bienvenue :

```
<HTML>
<HEAD>
<TITLE>The Volcano Coffee Company</TITLE>
</HEAD>
<BODY BACKGROUND="/ie/images/canvas2.gif"
```

```
BGPROPERTIES=FIXED VLINK="">
<BGSOUND SRC="/ie/audio/drmshort.wav" loop=3 >
<CENTER>
<Table BORDER=0 CELLSPACING=0 CELLPADDING=0>
<TR VALIGN="TOP"><TD>
<IMG SRC="/ie/images/masthead.gif" HSPACE=5 ALTAlt="The
Volcano Coffee Company" WIDTH=424 HEIGHT=75>
</TD>
</TR>
</TABLE>
</CENTER>
</BODY>
</HTML>
```

Voici maintenant le code de la frame de la table des matières.
Notez particulièrement les lignes en gras qui indiquent où
la prochaine frame (« righty ») doit être placée, où obtenir le
fichier .HTM de la frame suivante, et le contenu de son encadré de tête *(masthead)*.

```
<HTML>
<HEAD>
<TITLE>Contents - Volcano Coffee Company </TITLE>
<META NAME="GENERATOR" CONTENT="Internet Assistant for
Microsoft Word 2.0z Beta">
</HEAD>
<BODY BGCOLOR="#F3D2A6#D36D32" LEFTMARGIN=10 TOPMARGIN=10
LINK="#000000" VLINK="#F3D2A6">
<BASEFONT SIZE=2 FACE="HELV">
<BR>
<Table WIDTH=140 CELLPADDING=0 CELLSPADDING=3>
<TR>
<TD><IMG SRC="/ie/images/volbttn.gif" ALIGN=MIDDLE
WIDTH=24 HEIGHT=24></TD>
```

```
<TD><A TARGET="righty"
HREF="/ie/showcase/howto_3/welcome.htm">
<FfONT SIZE=3>Welcome<BR></TD></FONT></A>
</TR>
<TR>
<TD><IMG SRC="/ie/images/volbttn.gif" ALIGN=MIDDLE
WIDTH=24 HEIGHT=24></TD>
<TD><A TARGET="righty"
HREF="/ie/showcase/howto_3/ancient.htm">
<fONT SIZE=3>Ancient Art<BR></TD></FONT></A>
</TR>
<TR>
<TD><IMG SRC="/ie/images/volbttn.gif" ALIGN=MIDDLE
WIDTH=24 HEIGHT=24></TD>
<TD><A TARGET="righty"
HREF="/ie/showcase/howto_3/giftpack.htm">
<fONT SIZE=3> Gift Packs<BR></TD></FONT></A>
</TR>
<TR>
<TD><IMG SRC="/ie/images/volbttn.gif" ALIGN=MIDDLE
WIDTH=24 HEIGHT=24></TD>
<TD><A target="righty"
HREF="/ie/showcase/howto_3/catalog.htm">
<FfONT SIZE=3>Catalog<BR></TD></FONT></A>
</TR>
<TR>
<TD><IMG SRC="/ie/images/volbttn.gif" ALIGN=MIDDLE
WIDTH=24 HEIGHT=24></TD>
<TD><A target="righty"
HREF="/ie/showcase/howto_3/coffee.htm">
<FONT SIZE=3>Brew A Cup!</FONT></A><BR></TD>
</TR>
</TABLE>
```

```
</BODY>
</HTML>
```

En suivant le code, vous pouvez voir où HTML cible la frame et où il place le texte.

La deuxième page Web s'appelle « Ancient Art of Coffee Brewing » (figure 13-2). Il s'agit simplement d'un changement de frame, mais qui inclut du texte déroulant. Si vous consultez cette page HTML avec un navigateur autre que Internet Explorer, vous verrez probablement une barre noire à la place du texte.

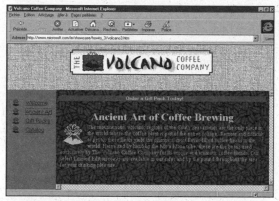

Figure 13-2 La frame « Ancient Art of Coffee Brewing ».

Voici le code de la frame qui affiche la page « Ancient Art of Coffee Brewing ».

```
<HTML>
<HEAD>
<TITLE>HTML document for the World Wide Web</TITLE>
<META NAME="GENERATOR" CONTENT="Internet Assistant for
Microsoft Word 2.0z Beta">
</HEAD>
```

```
<BODY BACKGROUND="/products/ie/images/beans.gif"
BGPROPERTIES=FIXED >
<A HREF="/ie/showcase/howto_3/giftpack.htm"><FONT
FACE="HELV" SIZE=2 COLOR="F3D2A6"><b><Marquee WIDTH=100%
DIRECTION=LEFT ALIGN=MIDDLE BORDER=0 BGCOLOR=#8F237D>
Order a Gift Pack Today!
</MARQUEE></A></FONT></B>
<BR>
<BR>
<BR>
<TABLE BORDER=0>
<Caption> <FONT FACE="Brush Script MT Italic" SIZE=4
COLOR="#F3D2A6">
<B><H1>Ancient Art of Coffee Brewing</H1>
</B></FONT></CAPTION>
<TR>
<TD VALIGN=TOP><IMG SRC="/products/ie/images/volctan.gif"
ALIGN=LEFT left HSPACE=6 HEIGHT=66 WIDTH=65> <FONT
FACE="Comic Sans MS" COLOR="#F3D2A6">The mountainous,
volcanic regions of the South Seas islands
are the only place
in the world where the coffee plant is part
of the native foliage.
Remote and difficult to get to, these fields yield
the plumpest, most flavor-filled coffee beans in the
world. Harvested
by hand by the Mo'a Mana tribe, these are
the beans used exclusively
by The Volcano Coffee Company for its unique
and aromatic coffee
blends. Our select Limited Edition roasts
are available in our cafes
and by the pound throughout the area for your drinking
```

```
pleasure.</FONT></TD>
</TABLE>
</BODY>
</HTML>
```

Remarquez le code pour ajouter un texte déroulant dans votre frame :

```
<A HREF="/ie/showcase/howto_3/giftpack.htm">
<FONT FACE="HELV" SIZE=2 COLOR="F3D2A6"><B>
<Marquee WIDTH=100% DIRECTION=LEFT ALIGN=MIDDLE BORDER =0
BGCOLOR="#8F237D">
Order a Gift Pack Today!
</marquee></A></FONT></B>
```

Vous pouvez définir la direction, la police, la taille des caractères, l'alignement, les bordures et la couleur de fond pour le texte déroulant. Placez le texte que vous souhaitez voir apparaître dans cette zone, dans une ligne séparée sans code HTML.

La page « Design a Gift Pack » (figure 13-3) est l'une des plus compliquées de la démonstration « Volcano Coffee Company ». Elle utilise VB Script pour générer le code HTML, indique si des éléments ont été commandés et calcule le montant total de la commande. Notez que, dans la quatrième ligne de code, il est indiqué qu'un langage de script a été utilisé (bien que VB Script ne soit utilisé que plus tard).

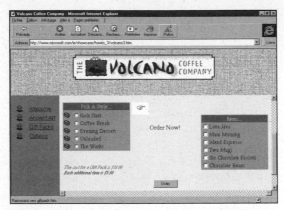

Figure 13-3 La page « Design a Gift Pack ».

```
<HTML>
<HEAD><TITLE>Design a Gift Pack</TITLE></HEAD>
<BODY BGCOLOR="#FFFCC">
<SCRIPT LANGUAGE="VBScript">
</SCRIPT>
<FONT FACE="Comic Sans MS" COLOR="8F237D" SIZE=2>
<CENTER>
<TABLE>
<CAPTION><FONT SIZE=6>Design a Gift
Pack<P></FONT></CAPTION>
<TR><FONT FACE="Comic Sans MS" COLOR="8F237D" SIZE=2>
<TD>
South Sea Blends!
<P>
Hand-Crafted Mugs!
</TD>
<TD> <IMG SRC="/ie/images/giftpack.GIF" WIDTH=143
HEIGHT=151 ALIGN=MIDDLE></TD>
<TD> Chocolate Biscotti!
```

```
<P>Order Now!</TD>
</TR></FONT>
</TABLE>
</CENTER>
<BR>
<FONT FACE="Comic Sans MS" SIZE=2 COLOR="8F237D">
```

Voici le code pour afficher le style "panier" :

```
<TABLE BGCOLOR="C9A177" WIDTH=200 ALIGN=LEFT>
   <TR><TD BGCOLOR=8F237D ALIGN=CENTER><FONT
   COLOR="FFFFCC">Pick A Style...</FONT></TD></TR>
   <TR><TD><IMG SRC="/ie/images/beanicon.GIF" WIDTH=18
   HEIGHT=16 ALT="*" ALIGN=CENTER> <INPUT TYPE=RADIO
   NAME=R ONCLICK="KickStart_ONCLICK">Kick Start</TD></TR>
   <TR><TD><IMG SRC="/ie/images/beanicon.GIF" WIDTH=18
   HEIGHT=16 ALT="*" ALIGN=CENTER> <INPUT TYPE=RADIO
   NAME=R ONCLICK="Coffeebreak_ONCLICK">Coffee
   Break</TD></TR>
   <TR><TD><IMG SRC="/ie/images/beanicon.GIF" WIDTH=18
   HEIGHT=16 ALT="*" ALIGN=CENTER> <INPUT TYPE=RADIO
   NAME=R ONCLICK="Evening_ONCLICK">Evening Dessert
   </TD></TR>
   <TR><TD><IMG SRC="/ie/images/beanicon.GIF" WIDTH=18
   HEIGHT=16 ALT="*" ALIGN=CENTER> <INPUT TYPE=RADIO
   NAME=R ONCLICK="Unleaded_ONCLICK">Unleaded</TD></TR>
   <TR><TD><IMG SRC="/ie/images/beanicon.GIF" WIDTH=18
    HEIGHT=16 ALT="*" ALIGN=CENTER> <INPUT
    TYPE=RADIO NAME=R ONCLICK="TheWorks_ONCLICK">The
    Works</TD></TR>
</TABLE>
</FONT>
```

Le code ci-dessus utilise la méthode ONCLICK pour déterminer le moment où une image doit afficher un bouton radio sélectionné.

Le code suivant décrit les éléments que vous pouvez sélectionner pour votre boîte. Dans la boîte de style, des boutons radio avaient été utilisés, tandis que dans cette section de l'écran, on a préféré des cases à cocher. Vous choisissez ce que vous souhaitez dans votre propre code. Notez que vous pouvez également définir la police, sa taille, ainsi que la couleur du fond du tableau et des caractères.

```
<FONT FACE="Comic Sans MS" SIZE=2 COLOR="8F237D">
<TABLE BGCOLOR="C9A177" WIDTH=200 ALIGN=RIGHT>
    <TR><TD BGCOLOR="8F237D" ALIGN=CENTER>
<FONT COLOR="FFFFCC">Items...</FONT>
</TD></TR>
    <TR><TD><INPUT TYPE=CHECKBOX NAME=Lavajava
    ONCLICK=SetTotalCost>Lava Java</TD></TR>
    <TR><TD><INPUT TYPE=CHECKBOX NAME=Mauimorn
    ONCLICK=SetTotalCost>Maui Morning</TD></TR>
    <TR><TD><INPUT TYPE=CHECKBOX NAME=Island
    ONCLICK=SetTotalCost>Island Espresso</TD></TR>
    <TR><TD><INPUT TYPE=CHECKBOX NAME=Mugs
    ONCLICK=SetTotalCost>Two Mugs</TD></TR>
    <TR><TD><INPUT TYPE=CHECKBOX NAME=Biscotti
    ONCLICK=SetTotalCost>Six Chocolate Biscotti</TD>
    </TR>
    <TR><TD><INPUT TYPE=CHECKBOX NAME=Beans
    ONCLICK=SetTotalCost>Chocolate Beans</TD></TR>
</TABLE>
</FONT>
```

Le code suivant utilise la police WingDings qui permet, en tapant la lettre « F » d'afficher des mains dans le cadre de la zone déroulante. Si cela vous tente, vous pouvez jouer avec cette fonction pour afficher d'autres caractères WingDings.

```
<FONT FACE="WINGDINGS" SIZE=6>
   <MARQUEE WIDTH=50 DIRECTION=RIGHT ALIGN=MIDDLE
   BGCOLOR=WHITE>F</MARQUEE>
</FONT>
<BR>
   <CENTER>
      <BR><FONT SIZE=4>Order Now!</FONT>
      <BR><BR>
</CENTER>
 <P>
<BR><BR><BR><BR>
<P>
<P>
<BR><BR>
      <FONT SIZE=2>
<I> The cost for a Gift Pack is $10.00 </I> <BR>
<I> Each additional item is $5.00 </I>
<P>
<CENTER>
<INPUT TYPE=SUBMIT VALUE="Order" NAME="Order">
<P>
   Description: <INPUT NAME=Text1 SIZE=60><BR>
   Total = <INPUT NAME=Sum VALUE=»$0.00" SIZE=8><BR>
</CENTER>
<BR>
</FONT>
```

Le code suivant est le script Visual Basic utilisé pour contrôler l'action qui résulte d'un clic sur le bouton « Order ». Si vous ajoutez d'autres éléments, le programme recalculera et affichera le nouveau montant.

```vbscript
<SCRIPT LANGUAGE="VBSCRIPT">
'_____

'- SetTotalCost
'-
'- Cette méthode calcule le montant total du
'- paquet-cadeau.
'-
'_____

SUB SetTotalCost
    '____
    '- Obtenir le nombre total d'articles.
    '____
    total = Lavajava.checked + Mauimorn.checked    +
            Island.checked + _
            Mugs.checked    + Biscotti.checked +
Beans.checked
    '____
    '- Le prix d'un paquet-cadeau est de $10... ajoutez
    '- ensuite le nombre d'articles.
    '____
    sum.VALUE = "$" + CStr(10 + (total * 5)) + ".00"
END SUB


'_____

'- Lorsque l'utilisateur clique sur le bouton Order,
'- envoyer la commande et avertir le client que sa
'- commande lui parviendra bientôt...
'_____

SUB Order_ONCLICK
    '____
    '- Assurez-vous que le montant total est fixé
    '- et envoyez un message de remerciement au client.
    '____
```

```
    SetTotalCost
    text1.VALUE = "Thank you, your gift pack will arrive
    in two days."
END SUB


'_____

'- KICK START GIFT PACK
'-

'-   A Kick Start contains Lava Java, Maui Morning,
'-   and Two Mugs.
'_____

SUB KickStart_ONCLICK
    Lavajava.checked  = True
    Mauimorn.checked  = False
    Island.checked    = True
    Mugs.checked      = True
    Biscotti.checked  = False
    Beans.checked     = False
    text1.VALUE       = "Our pick-me-up package. Great on
                        Monday mornings."

    SetTotalCost
END SUB


'_____

'- Coffee Break Gift Pack
'-

'-   A Coffee Break gift pack contains Maui Morning,
'-   Two Mugs, and Biscotti.
'_____

SUB Coffeebreak_ONCLICK
    Lavajava.checked  = False
    Mauimorn.checked  = True
```

```
    Island.checked     = False
    Mugs.checked       = True
    Biscotti.checked   = True
    Beans.checked      = False
    text1.VALUE        = "Relax before going back to
                          work."


    SetTotalCost
END SUB


'_____

'- Evening Dessert Gift Pack
'_

'-   An Evening Dessert gift pack contains Island
'-   Espresso, Two Mugs, Biscotti, and Beans.
'_____

SUB Evening_ONCLICK
    Lavajava.checked   = False
    Mauimorn.checked   = False
    Island.checked     = True
    Mugs.checked       = True
    Biscotti.checked   = True
    Beans.checked      = True
    text1.VALUE        = "Savor our sweet desserts over a
                          cup of espresso with a friend."


    SetTotalCost
END SUB
'_____

'- Unleaded Gift Pack
'_

'_
```

```
'-   An Unleaded gift pack contains decaffeinated Lava
'-   Java, Island Espresso, and Two Mugs.
'_____

Sub Unleaded_ONCLICK
    Lavajava.checked    = True
    Mauimorn.checked    = False
    Island.checked      = True
    Mugs.checked        = True
    Biscotti.checked    = False
    Beans.checked       = False
    text1.VALUE         = "Our decaffeinated versions of
                          Volcano's best brews."

    SetTotalCost
END SUB

'_____

'- The Works Gift Pack
'_ _

'_ _
'-   A gift pack with the works contains everything.
'_____

SUB TheWorks_ONCLICK
    Lavajava.checked    = True
    Mauimorn.checked    = True
    Island.checked      = True
    Mugs.checked        = True
    Biscotti.checked    = True
    Beans.checked       = True
    text1.VALUE = "Splurge and purchase our most popular
                  gift pack."
    SetTotalCost
```

```
END SUB
</SCRIPT>
</FONT>
</BODY>
</HTML>
```

La dernière page de la démonstration « Volcano Coffee
Company » contient le catalogue. Malheureusement, comme
il a été placé dans une frame au lieu d'être affiché sur une
page Web entière, il a été difficile d'en faire une bonne copie
d'écran. Dans la figure 13-4, vous pouvez donc voir une partie de la frame contenant le catalogue ainsi que deux objets
dynamiques sensibles au passage du curseur. L'objet 1 est
une cafetière qui émet le bruit caractéristique du percola-
teur lorsqu'elle verse du café. Le niveau du café baisse en
même temps que ces sons sont reproduits. L'objet 2 est un
volcan éteint qui entre en éruption à chaque fois que le curseur passe dessus. Ces deux objets rendent le catalogue plus
attirant et plus ludique. Ils créent une ambiance particulière
et plus plaisante. Laissez aller votre imagination, et vous trouverez nombre d'idées pour utiliser ce genre d'objets dans
vos propres pages Web.

Figure 13-4 La page de catalogue de la démonstration « Volcano Coffee Company ».

Le code suivant crée la frame du catalogue de la démonstration « Volcano Coffee Company ». Il contient des cellules de tableaux à l'intérieur de la frame, afin de créer des boîtes individuelles pour chaque article.

```
<HTML>
<HEAD>
<TITLE>Volcano Coffee Company Catalog</TITLE>
<META NAME="GENERATOR" CONTENT="Internet Assistant for
Microsoft Word 2.0z Beta">
</HEAD>
<BODY BGCOLOR=C9A177>
<CENTER>
```

Le code suivant crée un tableau à l'intérieur de la frame du catalogue, « Cool Coffee Collectibles ».

```
<TABLE WIDTH=80% HEIGHT"=80% BGCOLOR=#FFFCC
CELLSPADDING"=2 CELLPADDING=5 RULES=BASIC  FRAME=BOX
BORDER=5 BORDERCOLOR=BLACK>
<THEAD>
```

```
<TR ALIGN=CENTER bgcolor=#FFFFFF>
    <TH COLSPAN=4 ALIGN=RIGHT> <FONT FACE="HELV"
    COLOR="#F3D2A6"#D36D32 SIZE=4>Cool Coffee
    Collectibles</FONT></TH></TR></THEAD>
```

Voici le code de la première boîte, « Coffee Press ». Cette
boîte contient un fichier source dynamique, POUR.AVI, qui
génère mouvements et sons lorsque le curseur passe sur
l'image.

```
<TBODY><TR>
    <TD HEIGHT=1 COLSPAN=3 BGCOLOR="#F3D2A6"#D36D32
    ></TD></TR>
<TR VALIGN=TOP>
    <TD VALIGN=MIDDLE ALIGN=CENTER BGCOLOR=#8F237D
    ROWSPAN=2><IMG DYNSRC="/ie/avi/pour.avi"
    SRC="/ie/avi/pour.gif" START=MOUSEOVER,FILEOPEN
    HSPACE=2 WIDTH=102 HEIGHT=100><FONT FACE=  "HELV"
    SIZE=2>
    <P><H5> Coffee Press</H5>Brew your coffee at the
    table! </FONT><FONT FACE=helv SIZE=1><P><B>Catalog
    #65-986 $39.95 each </B></TD></FONT>
    <TD VALIGN=top ROWSPAN=2><IMG SRC="/ie/images/mug.gif"
    ALIGN=LEFT HSPACE=2 WIDTH=72 HEIGHT=69> <FONT
    FACE=helv SIZE=2><H5> Coffee Mugs</H5></FONT>
    <P>Imported from Brazil, these mugs are perfect for
    lattes. Pick from three festive colors: canary yellow,
    peacock blue, and aqua green. Dishwasher safe.
    <P> <FONT FACE=helv SIZE=1><b>Catalog #65-897 Six for
    $36.00</b></TD></FONT>
```

Le code suivant désigne la deuxième image dynamique, VOL-
CANO.AVI, qui déclenche l'éruption du volcan lorsque le curseur passe dessus. Il crée également la cellule de tableau
contenant le texte de cette boîte.

```
<TD VALIGN=TOP> <IMG DYNSRC=»/ie/avi/volcano.avi»
START=MOUSEOVER,FILEOPEN HSPACE=2 WIDTH=72
HEIGHT=70><FONT FACE=helv SIZE=2><b>Hot Goods from The
Volcano!</b></FONT></TD></TR>
<TR>
```

Voici le code de la boîte « Volcano Coffee Co ». Comme vous pouvez le constater, il est facile de créer des boîtes à l'intérieur d'une frame. Vous pouvez attribuer à chaque « boîte », ou cellule de tableau, une couleur de fond, une police et un texte différents.

```
<TD BGCOLOR="#F3D2A6"#D36D32 ROWSPAN=2><FONT
Color= "#FFFCC" FACE= "HELV  "
SIZE=4><B> <BR>Volcano Coffee Co.<BR>
123 Lava Street<BR>
Honolulu, HI 99999-1234<P>
1-800-999-9999</B></FONT><BR>   </TD></TR>
<TBODY>
<TR>
    <TD COLSPAN=2 ROWSPAN=2> <IMG
    SRC="/ie/images/grinder.gif" WIDTH=71 HEIGHT=72
    ALIGN=RIGHTright> <FONT FACE= "HELV" SIZE=2><H5>Hand
    Grinder</H5>
    <P>Smell the aromas of the South Seas when you grind
    your Volcano Coffee beans by hand in this classic oak
    grinder. </FONT>
    <P><FONT FACE="HELV" SIZE=1><B>Catalog #54-268 $35.50
    each</Bb></TD></FONT>
```

Voici le code de la boîte « Call Today! ».

```
<TR>
    <TD ALIGN=CENTER BGCOLOR=#FFFFFF><FONT
    Color="#F3D2A6"#D36D32 FACE= "HELV" SIZE=4><B> Call
    Today! </B></FONT></TD></TR>
```

```
</TBODY>
</TABLE>
</CENTER>
</BODY>
</HTML>
```

Vous venez de voir que de superbes pages Web interactives,
remplies de sons, de clips vidéo et d'objets dynamiques, en utilisant des objets VB Script et ActiveX n'exigeaient pas un travail trop contraignant. Cette leçon n'avait pas la prétention
d'être exhaustive, mais voulait plutôt vous offrir un aperçu
de l'avenir palpitant de l'interactivité sur le Web. La technologie évolue à toute allure. À l'heure où j'écris ces lignes, je
suis parfaitement conscient que, dans le monde entier, d'in-
nombrables développeurs et sociétés s'efforcent de trouver
de nouvelles méthodes qui vous aideront à créer des pages
Web encore plus sensationnelles. Le Web représente l'avenir,
et seuls ces développeurs visionnaires ont une idée de la
direction qu'il prendra. La technologie avance au galop et
vous entraîne dans son sillage. Attachez vos ceintures, le jeu
en vaut la chandelle...

Bonne chance !

REMARQUE   Vous pouvez dénicher sur le Web nombre de sociétés
offrant des dépôts de code ActiveX. Vous pouvez également aller
faire un tour sur le site http://www.microsoft.com pour avoir les
dernières informations sur les contrôles de VB Script et ActiveX.
C'est une technologie qui évolue rapidement, mais le Web est suffisamment dynamique pour être en mesure de refléter ces changements. Utilisez Yahoo ou tout autre moteur de recherche pour
trouver des pages de VB Script et d'ActiveX.

LE MODÈLE OBJET DE DYNAMIC HTML

Traditionnellement, les documents HTML étaient des pages statiques. De la même manière que les pages de ce livre sont immuables une fois qu'elles sont imprimées, les pages Web ne changeaient plus une fois qu'elles étaient affichées. Si une information nouvelle devait être présentée à l'utilisateur, les développeurs de contenus Web devaient créer de nouvelles pages. Certains développeurs contournèrent ces limitations en affichant de l'information dans des contrôles ActiveX ou des applets Java, qui permettaient une modification dynamique du contenu, mais ces approches étaient également limitées et exigeaient des composants ou des contrôles propriétaires que l'utilisateur devait télécharger.

En 1996, Microsoft et la société SoftQuad ont présenté au World Wide Web Consortium (W3C, l'organisation responsable des standards pour le Web) une proposition définissant un modèle objet pour les documents HTML. La proposition esquissait une méthode de représentation d'une page HTML par le navigateur et un mécanisme d'accès à toutes les parties d'un document. Le modèle objet de Dynamic HTML de Microsoft Internet Explorer 4 est une implémentation de cette proposition.

Cette leçon examine les principes qui sous-tendent le modèle objet de Dynamic HTML, et propose ensuite une vue d'ensemble des composants qui le constituent

LES PRINCIPES DE BASE DU MODÈLE OBJET DE DYNAMIC HTML

Les avancées technologiques apportées par les navigateurs ont consisté traditionnellement en des extensions du langage HTML par addition d'éléments et d'attributs variés. C'était de la haute stratégie aussi longtemps que le langage lui-même constituait la restriction principale imposée aux développeurs ; toutefois, à partir de la version 3.2, l'extension du langage a pris moins d'importance que l'augmentation du contrôle conféré aux développeurs sur la page HTML.

Le modèle objet de Dynamic HTML a été créé avec plusieurs objectifs en tête :

- Définir une structure hiérarchique représentant toutes les parties d'une page Web.

- Permettre la modification de cette structure par addition et suppression de contenu.

- Fournir un moyen de gestion et de manipulation des caractéristiques de contenu de la page.

- Fournir une information sur la façon dont les éléments d'une page interagissent entre eux et avec l'utilisateur.

En conséquence, le modèle objet de Dynamic HTML permet à un développeur de contrôler par la programmation chaque constituant de la page et de modifier virtuellement chaque chose, à tout moment. Il permet de saisir l'inventaire des événements au clavier ou à la souris, et, de surcroît, autorise un développeur à modifier dynamiquement les éléments HTML qui produisent la page. Ces changements sont immédiatement visibles pour l'utilisateur. L'incorporation du modèle objet de Dynamic HTML représente le changement le plus important dans Internet Explorer 4.

Comme le modèle objet de Dynamic HTML autorise un contrôle sans précédent sur la page, il encourage le développeur à introduire bien plus d'interactivité entre un utilisateur et une page Web qu'il n'était possible auparavant. Voici quelques exemples d'effets qui peuvent être obtenus en utilisant le modèle objet de Dynamic HTML :

■ Un index s'ouvre ou se referme lorsque l'utilisateur clique sur une entrée.

■ Quand l'utilisateur passe le pointeur de la souris sur un bouton graphique placé dans son état par défaut, l'image peut être échangée contre une image du même bouton mais, cette fois, dans l'état activé, en donnant l'impression que le bouton jaillit.

■ L'utilisateur peut déplacer du texte ou des images dans la page HTML.

■ Des éléments peuvent être déplacés sans intervention de l'utilisateur, et positionnés exactement là où le concepteur voulait qu'ils soient.

■ Du texte apparaît quand l'utilisateur pointe la souris sur une image.

■ Le formatage de texte, de graphisme et de tables peut être modifié en un clin d'œil.

■ Des parties de la page sont créées ou supprimées dynamiquement, en fonction d'une entrée effectuée par l'utilisateur.

Les composants de base du modèle objet de Dynamic HTML

Maintenant que vous avez vu ce qui peut être fait avec le modèle objet de Dynamic HTML, jetons un coup d'œil aux composants de ce modèle. Dans l'exposé qui suit, vous noterez que nous utilisons la forme plus abrégée « modèle objet » ou « modèle objet dynamique » pour nous référer au modèle objet de Dynamic HTML.

Les objets

Comme vous l'aurez observé dans les leçons précédentes, une page HTML contient des éléments qui sont habituellement définis par des marqueurs d'ouverture et de fermeture, encadrant un contenu spécifique. Certains de ces éléments sont imbriqués dans d'autres éléments ; l'élément ligne TR d'une table est contenu dans l'élément Table, par exemple.

Chaque élément de la page est représenté dans le modèle Dynamic HTML comme un objet, qui est l'unité de base du modèle objet. Ces éléments comprennent une image, une portion de texte, la zone body du document HTML ou un contrôle ActiveX – en bref, toute chose décrite dans le texte du fichier HTML.

Le modèle objet est une représentation hiérarchique de tous ces objets. Au plus haut niveau de la hiérarchie se trouve l'objet window (fenêtre), qui représente la frame ou la fenêtre Internet Explorer, dans lesquels la page courante est affichée. Tous les autres objets d'une page particulière sont des sous-objets de l'objet window de cette page. En d'autres termes, tous les éléments HTML sont représentés dans le modèle objet à un niveau hiérarchique inférieur à celui de l'objet window.

Si un élément de la page est contenu dans un autre élément (tel qu'une cellule dans une table), il est représenté dans le modèle objet comme un sous-objet de l'objet qui le contient. Un sous-objet est également appelé un fils de l'objet qui le contient, tandis que le conteneur est connu sous le nom de parent. Ainsi, une table est un élément parent pour tous les éléments TR à l'intérieur de la table, et l'objet window est un parent pour tous les autres objets de la page.

La manière la plus courante de se référer à un objet consiste à utiliser l'attribut ID qui lui confère un nom. Par exemple, la ligne HTML suivante assigne le nom MonImage à un élément image :

```
<IMG ID=MonImage>
```

Lorsqu'un objet est pourvu d'un nom, on peut s'y référer facilement dans un script. Dans presque tous les cas un nom d'objet devrait être unique. L'utilisation d'un même nom pour plusieurs objets risque de causer de nombreux problèmes.

Un objet peut contenir des propriétés, des événements, des méthodes et des collections. Le modèle objet décrit tous ces aspects d'un objet, les rendant accessibles et contrôlables. La suite de cette section offre une vue d'ensemble de ces propriétés, événements, méthodes et collections.

LES PROPRIÉTÉS

En HTML traditionnel, vous pouvez modifier un élément en paramétrant ses attributs. Les attributs contiennent une information qui décrit cet élément. À l'instar d'un élément HTML représenté par un objet dans le modèle objet dynamique, un attribut est représenté par une propriété. Par exemple, voici un simple marqueur d'images :

```
<IMG SRC="oldpic.gif" WIDTH="10" ID="MonImage">
```

Ce marqueur <IMG> a trois attributs HTML : SRC, WIDTH, et ID. Sur la page Web, ce code crée un élément image doté de trois attributs ; l'attribut ID nomme l'image, tandis que SRC et WIDTH spécifient respectivement le fichier source et la largeur de l'image. Cet élément résultant est représenté dans le modèle objet par un objet, et les trois attributs sont représentés comme les propriétés *src*, *width* et *id* de cet objet. Dans le modèle objet, ces propriétés sont accessibles – autrement dit, elles peuvent être lues et modifiées par le code d'un script.

Le modèle objet met à disposition de nombreuses autres propriétés relatives à un objet image, telle celle figurant à l'exemple précédent. Par exemple, bien que notre exemple HTML ne contienne pas un attribut HEIGHT, la propriété *height* de l'objet image est accessible à travers le modèle objet. En fait, l'objet Img a plus d'une cinquantaine de propriétés, qui décrivent chaque chose depuis l'alignement de l'image jusqu'à la date de création du fichier source.

LES ÉVÉNEMENTS

Internet Explorer traque chaque chose qui apparaît dans une page. Par exemple, si un utilisateur clique sur une image, Internet Explorer sait que le bouton de la souris a été cliqué et qu'il a été cliqué alors que le pointeur de la souris était positionné sur cette image particulière. Une action ou une occurrence sur la page, telle qu'un clic de la souris, est appelée un *événement*. Lorsqu'un événement survient dans la page, l'élément qui a reçu l'événement notifie au modèle objet dynamique que l'événement a bien eu lieu. On appelle cela *activer l'événement*. Un événement est récupéré ou *traité* si le script qui répond de l'événement est présent. Un tel script est connu sous le nom de *gestionnaire d'événements*.

Internet Explorer supporte de nombreux types d'événements, avec une emphase particulière sur la souris, le clavier et les événements sélectionnés. Voici quelques exemples :

Événement onmousedown	Activé lorsque l'utilisateur presse le bouton de la souris.
Événement onmouseover	Activé lorsque l'utilisateur positionne le pointeur de la souris sur un objet.
Événement onmouseout	Activé lorsque l'utilisateur déplace le pointeur de la souris hors des limites d'un objet.
Événement onkeypress	Activé lorsque l'utilisateur presse une touche
Événement onfocus	Activé lorsque un objet reçoit une priorité.

REMARQUE Un objet a une *priorité* quand il est sélectionné. Un seul élément à la fois peut avoir la priorité à un moment donné. Par exemple, lorsque vous travaillez sur un grand formulaire en ligne qui contient de nombreux champs d'entrée texte, vous ne pouvez saisir que dans un champ à la fois. Le champ dans lequel il vous est possible de saisir est celui qui a la priorité. Si l'on clique sur un autre champ, la priorité est transférée à ce champ ; l'appui sur la touche TAB déplace la priorité vers différents éléments dans une page.

L'événement *onclick* est un événement spécial qui peut être activé par la souris ou par le clavier. Cet événement est conçu pour faciliter l'accessibilité d'une page à un utilisateur qui n'a pas de souris. Voici, page suivante, certaines situations dans lesquelles l'élément est activé.

- L'utilisateur clique sur un objet avec la souris.

- Un objet a la priorité et l'utilisateur presse la touche ENTRÉE.

- Une case à cocher ou un bouton de liste (connu également sous le nom de bouton radio) a la priorité, et l'utilisateur presse la barre d'espacement.

- L'utilisateur presse au clavier une touche d'accès à un objet (connue souvent comme *touche d'accès rapide*). Une touche d'accès rapide est définie à l'aide de la propriété *accessKey*.

Internet Explorer supporte également une quantité d'événements plus spécialisés, et parmi ceux-ci :

événement onhelp	Activé lorsque l'utilisateur presse la touche F1.
événement onload	Activé lorsqu'un objet est chargé en mémoire.
événement onresize	Activé lorsque la fenêtre est redimensionnée.
événement onscroll	Activé lorsque le contenu de la fenêtre est déplacé.

LA DÉLÉGATION D'ÉVÉNEMENTS

Le modèle objet supporte une fonctionnalité appelée délégation d'événements (*event bubbling*). Lorsqu'un objet active un événement, il notifie à son objet parent que l'événement a eu lieu. L'objet parent active alors l'événement et le notifie à son objet parent. L'événement continue à voyager vers le haut de la hiérarchie comme une « bulle » jusqu'au sommet où l'action est explicitement annulée. Une équivalence empruntée au quotidien consisterait à demander une importante augmentation à votre patron, laquelle emprunterait alors la voie hiérarchique pour aboutir dans les mains de quelqu'un qui aurait autorité à traiter la demande.

LES MÉTHODES

Les Méthodes (*Methods*) décrivent les actions qu'un objet peut exécuter. Par exemple, l'objet window a une méthode appelée *open*, qui contraint la fenêtre à ouvrir une nouvelle fenêtre Internet Explorer.

Certaines méthodes sont génériques, tandis que d'autres sont totalement spécifiques. Par exemple, presque tous les objets supportent la méthode *focus* qui donne simplement la priorité à l'élément (avec comme résultat l'activation de l'événement *onfocus*). D'autres méthodes sont spécifiques à un seul objet. Par exemple, un contrôle ActiveX utilisé pour afficher des séquences vidéo pourrait supporter une méthode appelée *Run*, qui démarre la séquence. On trouve aussi la méthode *reload*, supportée uniquement par l'objet *location*, qui entraîne le rechargement de la page courante dans le navigateur.

LES COLLECTIONS

Les Collections (*Collections*) sont en général la partie la moins utilisée du modèle objet dynamique. Les Collections sont des listes d'items qui sont associés à un objet particulier. De la même manière qu'un musée a des collections de peintures ou une bibliothèque, un fonds de livres, le modèle objet maintient des collections. Par exemple, l'objet document supporte une collection appelée images, une liste des objets image, qui apparaissent dans le document, dans l'ordre où ils apparaissent dans le code.

Les scripts permettent d'appliquer les concepts esquissés dans ce chapitre. Les scripts constituent un moyen puissant, souple et aisé, tant pour manipuler les composants du modèle objet dynamique que pour accomplir de nombreuses tâches de programmation traditionnelles.

LES SCRIPTS

L'une des innovations parmi les plus importantes et attrayantes pour les navigateurs Web traditionnels a trait à l'addition de scripts. En utilisant les scripts, les concepteurs du Web peuvent ajouter un niveau d'interactivité et de sophistication à leurs pages Web que l'on ne trouve que dans les applications avancées. Les scripts sont des blocs de code qui sont « incrustés » dans les pages Web, et interprétés au lancement. Cela signifie en clair que le fichier texte recelant le code HTML contient également du texte supplémentaire qui agit comme du code. De la même manière que Microsoft Internet Explorer interprète HTML pour déterminer ce qu'il faut afficher à l'écran, il interprète aussi tout script qu'il rencontre pour déterminer les actions à effectuer.

Ce script doit être écrit dans un des jeux de langages de programmation spécifiques que le navigateur comprend. Par exemple, la page Web figurant au listing ci-après contient un script simple, qui provoque la modification d'une image lorsque l'utilisateur clique dessus.

```
< HTML>
<HEAD>
<TITLE>Listing 6-1</TITLE>
```

```
</HEAD>
<BODY>
<IMG ID="MonImage" SRC="oldpic.gif"
onclick="MonImage.src='newpic.gif'">
</BODY
</HTML>
```

LES OPTIONS RELATIVES AUX SCRIPTS
DANS INTERNET EXPLORER

Internet Explorer inclut deux langages de script, Microsoft Visual Basic, Scripting Edition (VBScript) et Microsoft JScript (compatible JavaScript).

Internet Explorer a également des capacités d'accueil pour d'autres langages, tels que PERL et REXX, en sus de VBScript et JScript. Ses capacités d'accueil permettent aux développeurs et aux concepteurs Web d'utiliser des langages de script avec lesquels ils se sentent à l'aise directement depuis Internet Explorer, sans avoir à apprendre d'autres langages. Cette capacité d'accueil leur permet d'utiliser des scripts préalablement écrits dans l'un de ces autres langages, sans avoir à réécrire les scripts.

VBScript

VBScript est apparenté au populaire langage de programmation de Microsoft, Visual Basic. VBScript présente beaucoup d'attraits pour les programmeurs qui sont déjà familiarisés avec Visual Basic, car de nombreux cas de constructions et la syntaxe des deux langages sont identiques (ou pour le moins très similaires), facilitant d'autant le processus d'apprentissage.

JavaScript et JScript

Quoique son intitulé puisse laisser percevoir en JavaScript un dérivé de Java, les langages n'ont en fait aucune parenté. JavaScript est un langage séparé qui a été développé par une autre société (Java a été développé par Sun Microsystems, tandis que JavaScript a été développé par Netscape Communications.) Cependant, en dépit des différences, JavaScript partage certaines constructions et la syntaxe de son homonyme. Les développeurs Java reconnaîtront les indications du langage Java dans JavaScript et bien que JavaScript ne soit pas tout à fait aussi simple que VBScript, même les novices le trouveront relativement facile à apprendre et à utiliser.

JScript est la version de Microsoft de JavaScript qui fait partie d'Internet Explorer. Par bien des côtés, JScript est exactement identique à JavaScript. Toutefois, tandis que JScript se conforme aux spécifications définies par l'ECMA (European Computer Manufacturers Association), organisation européenne de normalisation, les diverses versions existantes de JavaScript ne sont pas conformes aux normes de l'ECMA.

LES CAPACITÉS DES SCRIPTS

Les scripts présentent des caractéristiques puissantes mais aussi certaines limites inhérentes. Les scripts (dans leur forme simplifiée) sont faciles à apprendre et utiliser : ils tournent du côté du client, ils peuvent être développés rapidement et sont puissants. C'est là leur bon côté. Mais ils peuvent présenter des garanties limitées en matière de sécurité, et parfois être complexes. C'est leur mauvais côté.

Facilité d'utilisation

La programmation de base des scripts est extrêmement facile à apprendre et à utiliser. Les scripts recèlent l'essentiel de la puissance qu'apporte la programmation à des non-programmeurs, sous la forme de simples blocs de code qui répondent aux actions initiées par l'utilisateur (code piloté par l'événement). Par exemple, lorsque l'utilisateur clique sur une image, une portion spécifique de code est exécutée. Lorsque vous utilisez des langages de script, il vous est également possible d'éviter bon nombre des tâches difficiles et gourmandes en temps de la programmation traditionnelle, telles que la gestion de la mémoire et le nettoyage des listes (*garbage collection*). En outre, nul besoin d'outils spécialisés ni d'environnement de développement pour démarrer avec les scripts. Les avantages de cette programmation sont accessibles à quiconque possède Internet Explorer et un simple éditeur de texte.

Traitement côté client

Autre avantage significatif des scripts : ils tournent côté client. Lorsqu'une page a été téléchargée, tous ses scripts tournent sur le navigateur de l'utilisateur plutôt que sur un serveur qui peut se trouver à l'autre bout du monde. Cet avantage est particulièrement significatif, combiné avec d'autres caractéristiques d'Internet Explorer 4, telles que le multimédia et le modèle objet de Dynamic HTML. Tous ceux qui visualisent vos pages Web dans Internet Explorer peuvent utiliser vos scripts sans installer de logiciel particulier – et sans même savoir que des scripts sont utilisés. Les scripts sont invisibles pour le spectateur.

Un développement rapide

Les langages de scripts sont des langages interprétés – autrement dit, il n'est pas nécessaire de compiler le code avant de le lancer, comme c'est le cas pour C++ et d'autres langages de programmation traditionnels. En tant que développeur, vous pouvez créer un script dans un fichier HTML et l'exécuter immédiatement dans Internet Explorer. Si vous devez effectuer un changement dans le script, vous pouvez simplement éditer le fichier HTML, le recharger dans Internet Explorer et visualiser immédiatement l'effet de ce changement.

La puissance

Malgré leur simplicité, les scripts peuvent être très puissants. Tandis que les novices savourent la facilité d'apprentissage, les programmeurs avertis se satisfont de la puissance, de la souplesse et des caractéristiques avancées des scripts. Ces caractéristiques intègrent l'orientation objet, la possibilité de créer des objets au lancement, le support de nombreux types de données et le contrôle presque complet de l'environnement Internet Explorer. Les scripts offrent aux créateurs de pages Web l'intégration d'une logique sophistiquée à leurs pages, rendant par là même ces dernières actives et interactives.

Les problèmes de sécurité

La puissance des scripts est limitée à certains égards. Excepté dans le cas spécifique des « cookies », Internet Explorer ne permet pas aux scripts de lire ou d'écrire sur le disque dur de l'utilisateur. Cette interdiction a pour objet d'empêcher les programmeurs Web mal intentionnés de provoquer des dégâts dans le disque dur des utilisateurs, ou de leur voler des données. Les cookies constituent l'exception. Ce sont de petits fichiers conservés dans un répertoire spécifique et auxquels sont imposées des restrictions sécuritaires.

La complexité

Une méprise généralement répandue consiste à penser que la programmation de scripts est aisée parce que l'écriture de scripts basiques le serait. En fait, VBScript et JScript sont des langages sophistiqués et leur maîtrise requiert une bonne compréhension des concepts de programmation. En raison de cette complexité, les débutants sont un peu dépassés lorsqu'ils sont confrontés pour la première fois à des scripts élaborés.

Par chance, bien des utilisateurs n'auront pas besoin de faire appel à des techniques de programmation avancée tant il est vrai que l'on obtient déjà beaucoup de simples portions de code pilotées par événements.

Au bout du compte, vous trouverez que les scripts constituent de précieuses ressources pour la création de pages Web interactives et sophistiquées, qui tirent pleinement profit de la puissance d'Internet Explorer. Examinons maintenant le fonctionnement des scripts.

LES SCRIPTS ET HTML

Chaque élément dans HTML contient des marqueurs, et les scripts ne sont pas différents à cet égard. Dans la plupart des cas, pour que le navigateur reconnaisse un script et l'exécute correctement, le script doit être placé entre deux marqueurs spécifiques. Les marqueurs de scripts ressemblent généralement à ceci :

```
<SCRIPT LANGUAGE="JavaScript">
<!--
```

```
-->
</SCRIPT>
```

La première ligne est le marqueur d'ouverture du script. Il vous faut un marqueur d'ouverture pour un script <SCRIPT>, comme pour un bloc de texte en gras <B> ou un titre de document HTML <TITLE>. La première ligne spécifie aussi le langage de script utilisé grâce à l'attribut Language (nous avons spécifié JavaScript plutôt que JScript parce que d'autres navigateurs ne reconnaissent pas le terme JScript). Comme cela peut vous apparaître, il vous est possible de mixer des blocs de scripts de différents langages dans la même page, tels que VBScript et JScript.

Les marqueurs d'ouverture et de fermeture d'un commentaire en HTML sont indiqués par les symboles <!- et - >. Quoique ces marqueurs ne soient pas indispensables, il est recommandé de les inclure. Les navigateurs plus anciens qui ne reconnaissent pas les scripts ignoreront tout ce qui est placé entre les marqueurs du commentaire. La dernière ligne de cet exemple de code est le marqueur de fermeture du script, </SCRIPT>. Il sert à définir la fin du script, tout comme le marqueur </TITLE> sert à marquer la fin du titre d'une page. La seule exception relative au placement d'un script à l'intérieur des marqueurs <SCRIPT> concerne les gestionnaires d'événements, que nous verrons plus loin dans ce chapitre.

LES SCRIPTS ET LE MODÈLE OBJET DYNAMIQUE

Comme vous l'aurez compris, tout élément, ou presque, dans Internet Explorer, d'une image sur la page à la couleur de fond de la page elle-même, est disponible (représenté) comme un objet. Cette disponibilité signifie que tous les objets peuvent être accessibles à travers des scripts.

Le listing ci-après montre une page HTML avec un marqueur image.

```
<HTML>
<HEAD>
<TITLE>listing 6-2</TITLE>
</HEAD>
<BODY>
<IMG ID="MonImage" SRC="oldpic.gif">
</BODY>
</HTML>
```

Le code du listing précédent est en HTML standard. Le marqueur <IMG> spécifie une image. L'attribut ID utilisé avec ce marqueur attribue un nom à l'image – ici, MonImage - afin que nous puissions le référencer ensuite dans le modèle objet dynamique. La dernière partie du marqueur image utilise l'attribut SRC pour en spécifier la source : Internet Explorer affiche une image depuis le fichier appelé oldpic.gif.

Le script que nous allons maintenant créer va exercer un effet sur l'image que nous avons spécifiée :

```
<SCRIPT LANGUAGE="JavaScript">
<!--
MonImage.src="newpic.gif";
-->
</SCRIPT>
```

Le noyau de ce script est la ligne Monimage.src="newpic.gif". Dans le code HTML montré précédemment, nous avons spécifié l'attribut SRC du marqueur image MonImage. Dans le modèle objet dynamique, cela définit la propriété src de l'objet MonImage. Pour vous référer à une propriété d'objet, il vous faut spécifier le nom de l'objet et utiliser un point pour le séparer du nom de la propriété : MonImage.src, par exemple. Lorsqu'il est lancé, le script que nous venons d'écrire accède à l'objet MonImage dans le modèle objet dynamique et modifie la valeur de la propriété src de oldpic.gif à newpic.gif, qui affecte visuellement l'image.

Les gestionnaires d'événements

Le code précédent a bonne apparence. Voilà donc une page HTML qui contient une image, munie d'un script qui transforme l'image spécifiée dans le code HTML en une autre image. Il nous faut combiner le tout et faire savoir à Internet Explorer quand il doit appeler le script qui modifie l'image.

La plupart des scripts peuvent être activés lorsque survient un événement. Par exemple, le chargement de la page HTML est un événement. Le déplacement de la souris est un autre événement. Chaque fois qu'un événement survient dans une page, Internet Explorer en est informé. Les scripts qui gèrent des événements sont qualifiés, à juste raison, de gestionnaires d'événements. Le listing suivant ajoute un gestionnaire d'événements qui lance le script lorsqu'on clique sur MonImage.

```
<HTML>
<HEAD>
<TITLE>Listing 6-3 </TITLE>
<SCRIPT LANGUAGE="JavaScript" FOR="MonImage" EVENT="onclick">
<!-
MonImage.src="newpic.gif"
-->
</SCRIPT>
</HEAD>
<BODY>
<IMG ID="MonImage" SRC="oldpic.gif">
</BODY>
</HTML>
```

Le gestionnaire d'événements apparaît à l'intérieur des marqueurs <SCRIPT> dans le listing. Il est constitué de deux parties : la déclaration *for* fait savoir au script que l'objet appelé MonImage nous concerne ; la déclaration *event* détermine quel événement sera géré – ici, l'événement est *onclick* (un clic de souris). Ainsi, ce bloc de script n'est activé que lorsque l'utilisateur clique sur l'objet MonImage.

REMARQUE Nous avons inséré le script dans la zone d'en-tête du code HTML dans le dernier listing. Les scripts peuvent être insérés à tout endroit d'une page, en fonction des préférences de l'auteur du script et des contraintes de la page. Il est cependant conseillé de grouper tous les scripts au même endroit dans une page HTML, pour faciliter le repérage et le processus de débogage. En plaçant un script dans l'en-tête du document, on s'assure que le script est chargé avant le reste de la page, ce qui peut être utile en phase de débogage.

Les gestionnaires d'événements incorporés

Les gestionnaires d'événements incorporés sont souvent plus faciles à créer que celui décrit dans le listing précédent. Pour incorporer un gestionnaire d'événements, nous pouvons insérer le code pour traiter l'événement à l'intérieur du marqueur lui-même, comme le montre le listing suivant :

```
<HTML>
<HEAD>
<TITLE>Listing 6-4 </TITLE>
</HEAD>
<BODY>
<IMG ID="MonImage" SRC="oldpic.gif" onclick="MonImage.src
='newpic.gif'">
</BODY>
</HTML>
```

La page Web au listing précédent fonctionne comme la page créée précédemment ; lorsque l'utilisateur clique sur l'image, celle-ci change. Toutefois, le marqueur image contient maintenant un gestionnaire d'événements, qui spécifie ce qui doit se passer lorsque l'on effectue un clic sur l'image et que l'événement *onclick* survient. Dans ce cas, *onclick* est fixé à MonImage.src='newpic.gif'. Dans ce dernier listing, des doubles guillemets encadrent toute l'expression *onclick*, qui décrit ce qui devrait se passer quand on clique sur l'image. À l'intérieur de cette expression, des guillemets simples encadrent des parties de l'expression, telles que le nom de fichier newpic.gif. Les doubles guillemets indiquent à Internet Explorer le début et la fin du gestionnaire d'événements ; si nous avions utilisé des doubles guillemets plutôt que des guillemets simples, nous aurions mis, par exemple, prématurément fin à l'expression *onclick*.

Les gestionnaires d'événements incorporés ont peu de limitations. Seuls JavaScript et JScript les supportent. Ils peuvent rendre le code HTML quelque peu difficile à lire, particulièrement si vous utilisez une longue série de commandes.

Les fonctions

Les scripts que nous avons vus jusqu'à présent dans ce chapitre ont été attachés à un événement spécifique pour un objet spécifique de la page (un clic sur MonImage). Pour rendre un script accessible depuis plusieurs événements survenant sur de multiples objets, nous pourrions créer des copies individuelles du script, une pour chaque image, chacune avec son propre gestionnaire d'événements. Toutefois cette technique implique plusieurs scripts et de la maintenance. Il existe une meilleure façon de procéder.

Une fonction est un bloc de programme qui peut être appelé par son nom. La séparation d'un script d'un gestionnaire d'événements spécifique et sa transformation en fonction permettent à de multiples événements d'y accéder :

```
<SCRIPT LANGUAGE="JavaScript">
<!--
function changeImage(){
    MonImage.src="newpic.gif"
}
-->
</SCRIPT>
```

Notez que nous avons enlevé la partie gestionnaire d'événements du marqueur <SCRIPT> (les attributs FOR et EVENT), et modifié les parties internes du script pour en faire une fonction. Dans ce cas, le nom de la fonction est changeImage. Nous pouvons utiliser ce nom pour exécuter le code à l'intérieur de la fonction depuis n'importe quel emplacement de la page HTML.

Comme les fonctions accomplissent une action, il est conseillé d'utiliser des verbes pour les désigner. Les parenthèses, qui sont exigées dans JScript, suivent le nom de la fonction. Dans les fonctions avancées, vous observerez des noms d'arguments entre ces parenthèses. Un argument est simplement de l'information passée à la fonction. Les parenthèses vides, dans notre exemple de fonction, indiquent que nous ne passons aucun argument à la fonction.

Notez également la présence d'accolades { et } après le nom de la fonction et à la fin du script. Ces accolades, qui sont souvent utilisées pour décrire conceptuellement des blocs distincts de code, définissent le bloc de code qui intègre la fonction.

Un événement va maintenant nous permettre d'activer cette fonction. Le code suivant utilise un gestionnaire d'événements incorporé :

```
<BODY>
<IMG ID="MonImage" SRC="oldpic.gif" onclick="changeImage(
)">
</BODY>
```

Le gestionnaire *onclick* que nous avions ajouté au marqueur <IMG> a été paramétré sur changeImage(). Internet Explorer est ainsi averti qu'il faut lancer la fonction changeImage lorsque l'utilisateur clique sur ce graphique. En d'autres termes, le gestionnaire d'événements *onclick* appelle la fonction changeImage. Intéressons-nous maintenant à l'aspect général de tout cela. Le listing suivant remet le code HTML avec le code du script. Lorsque vous lancez ce script, il se comporte comme les scripts des listings précédents. Toutefois, le script est désormais une fonction et peut être utilisé par tout ce qui peut appeler une fonction.

```
<HTML>
<HEAD>
<TITLE>Listing 6-5 </TITLE>
<SCRIPT LANGUAGE="JavaScript">
<!--
function changeImage(){
  MonImage.src="newpic.gif"
}
-->
</SCRIPT>
</HEAD>
<BODY>
<IMG ID="MonImage" SRC="oldpic.gif" onclick="changeImage(
)">
```

```
</BODY>
</HTML>
```

Le listing suivant illustre l'utilisation de plusieurs gestionnaires d'événements HTML pour une fonction. Ici la fonction changeImage est appelée par une nouvelle image, qui a pour nom MonImage2. Lorsque vous lancez ce script, vous constatez qu'un clic sur l'une ou l'autre des images a pour effet de modifier la première image. La seconde image modifie la première parce qu'elle appelle la fonction changeImage, qui modifie MonImage, et non MonImage2.

```
<HTML>
<HEAD>
<TITLE>Listing 6-6 </TITLE>
<SCRIPT LANGUAGE="JavaScript">
<!--
function changeImage(){
MonImage.src="newpic.gif"
}
-->
</SCRIPT>
</HEAD>
<BODY>
<IMG ID="MonImage" SRC="oldpic.gif" onclick="changeImage(
)">
<P>
<IMG ID="MonImage2" SRC="oldpic.gif" onclick="changeImage
()">
</BODY>
</HTML>
```

Une fonction effectue parfois une action légèrement différente, selon l'appel qu'elle reçoit. Par exemple, il peut être plus utile de changer l'image sur laquelle on clique plutôt que de modifier MonImage indépendamment de l'image qui était cliquée. Dans le listing suivant, nous avons modifié le gestionnaire d'événements, afin qu'il passe un argument à la fonction l'informant sur l'image qui a été cliquée. Nous avons aussi modifié la fonction pour qu'elle n'agisse que sur l'image qui a été cliquée.

```
<HTML>
<HEAD>
<TITLE>Listing 6-7 </TITLE>
<SCRIPT LANGUAGE="JavaScript">
<!--
function changeImage(clickedButton){
  clickedButton.src="newpic.gif"
}
-->
</SCRIPT>
</HEAD>
<BODY>
<IMG ID="MonImage" SRC="oldpic.gif" onclick="changeImage
(MonImage)">
<P>
<IMG ID="MonImage2" SRC="oldpic.gif" onclick="changeImage
(MonImage2)">
</BODY>
</HTML>
```

Dans le script du listing précédent, chaque gestionnaire d'événements appelle la fonction changeImage et inclut son propre nom dans les parenthèses. Cette information remplit un argument de la fonction.

La première ligne de la fonction se lit ainsi :

```
function changeImage(clickedButton){
```

Comme vous pouvez l'observer dans cette ligne de code, la fonction changeImage requiert maintenant un argument appelé clickedButton. Cet argument est fixé à n'importe quelle valeur passée par le gestionnaire d'événements qui appelle la fonction. Nous avons écrit notre gestionnaire d'événements en vue de passer le nom de l'image qui a été cliquée. Ainsi, la ligne suivante montre que, lorsque l'utilisateur clique sur l'image appelée MonImage, la fonction changeImage est appelée, et MonImage est passée :

```
<IMG ID="MonImage" SRC="oldpic.gif" onclick="changeImage
(MonImage)">
```

À l'intérieur de la fonction elle-même, nous ne paramétrons plus la propriété src de MonImage, contrairement à ce que nous avions fait dans tous les scripts précédents de ce chapitre.

Nous allons plutôt paramétrer la propriété src de clickedButton, qui se réfère à l'image cliquée par l'utilisateur. Voici comment cela fonctionne. Lorsqu'un utilisateur clique sur MonImage2, le gestionnaire d'événements onclick note l'événement. Il appelle la fonction changeImage, passant MonImage2 comme argument. La fonction changeImage accepte cet argument comme clickedButton. Finalement, la propriété src de clickedButton est modifiée. Le résultat est que MonImage2 se transforme en une nouvelle image sur l'écran. Si l'utilisateur avait cliqué sur MonImage, c'est MonImage qui se serait modifiée, et non MonyImage2.

INDEX

Achevé d'imprimer en France
par l'imprimerie Hérissey
à Évreux (Eure)
Dépôt légal : juin 2000
N° d'imprimeur : 87096